Japan In-House Lawyers Association

Q&Aでわかる
業種別法務
学校

日本組織内弁護士協会〔監修〕

河野敬介・神内 聡〔編〕

中央経済社

シリーズ刊行にあたって

　本書を手に取る人の多くは，これから法務を志す人，すでに法務に従事している人，異なる業界へ転職を考えている人，他職種から法務に転身してみようという人などでしょう。そういった方々の期待に応えようとしたのが本書です。

　これまで本書のような，シリーズとして幅広い業種をカバーした業種別法務の解説書は存在しませんでした。しかし，経験のない法務や業種に飛び込む前に，その業界の法務のイメージを摑み，予習をしておくことができれば不安を除くことができます。また，一旦業務を開始した後でも，業界の指針となるような参考書がそばにあると安心ではないか，と考えました。

　社会の複雑高度化，多様化，国際化等によって企業法務に対する経済界からの強いニーズが高まるとともに，先行して進められてきた政治改革，行政改革，地方分権推進と関連して官公庁や地方自治体からのニーズも高まり，弁護士の公務員への就任禁止の撤廃や営業許可制度の廃止等による参入規制の緩和，司法試験合格者の増加，法科大学院設立等の法曹養成制度をはじめとする司法制度の抜本的改革が行われました。その結果，企業内弁護士の届出制の導入と弁護士の公務員就任禁止の完全撤廃がなされた2004年当時，組織内弁護士数は約100名だったのが，現在では20倍以上の約2,300人に到達しました。さらに，企業のみならず官公庁，地方自治体，大学，各種の団体など弁護士の職域も拡大し，法化社会への道がますます拓けてきました。

　このような環境変化により，業種別法務も専門化・複雑化しつつあります。以前は，どこの業種に属していても，法務はほとんど変わらない，という声もありました。しかし，これだけ外部環境が変化すると，各業種の企業法務も複雑化し，どこの業種の法務も同じ，という状況ではなくなりつつあります。ま

た，同様に官公庁，地方自治体，NPO法人等の業務も複雑高度化等の影響を受けており，たとえば，自治体内弁護士といってもその職務の内容は千差万別です。

　そんな環境下で，満を持して日本組織内弁護士協会の組織内弁護士たちが業種別法務の解説書シリーズを順に出版していくことになりました。現在および将来の法務の羅針盤として，シリーズでご活用いただければ幸いです。

　2019年7月

日本組織内弁護士協会　理事長

榊原　美紀

はしがき

　本書は学校法務と呼ばれる分野の入門書です。学校法務とは，学校で発生するトラブル解決や，学校経営で必要となる契約関係などで必要になる法務を指します。本書は，JILA（日本組織内弁護士協会）に所属し，学校を設置する組織のインハウスロイヤーとして活動する弁護士23人が，豊富な実務経験から学校法務のさまざまなケースを紹介しています。

　学校にはさまざまな種類があります。学校教育法1条に規定されている学校は，幼稚園，小学校，中学校，義務教育学校，高等学校，中等教育学校，特別支援学校，大学，高等専門学校ですが，それ以外にも専修学校や各種学校と呼ばれる学校もあります。また，学校は設置者によって，公立学校，私立学校，国立学校の3つに大きく分類されます。学校法務で必要となる知識や技法は，あらゆる校種や設置者に共通するものもあれば，それぞれの校種や設置者の違いによって異なるものもあります。

　本書では，学校全般，小中高，大学，その他の学校，の4つに区別して，それぞれの分野で必要になる学校法務のケースを紹介しています。いずれのケースも実務上極めて重要なものでありながら，類書ではほとんど取り上げられていないケースばかりです。

　学校法務は他の業種の法務と異なり，体系性や専門性が確立されているわけではありません。これまでは学校の顧問弁護士が学校法務の著作を刊行することが一般的であり，そのスタンスも一般の企業法務や自治体法務の延長上に学校法務が位置付けられているもので，独自性を見出しているものではありませんでした。しかし，実際の学校では企業や自治体とは明らかに異なる法務のニーズがあり，しかもそのニーズに応えることは非常に難しいものがあります。

　そのような中で本書は，組織内弁護士として学校法務に携わる弁護士によって執筆された，極めてユニークなものです。企業や自治体とは異なる，学校という組織に内部から関わる立場だからこそわかる学校法務の特殊性を，豊富な

ケースを掲載して紹介しています。少し前までは，学校を設置する組織に弁護士がインハウスとして勤務する例は極めて少なかったのですが，近年は急速に増えています。このことは，学校法務に精通した人材を組織内で育成したいというニーズの現れであるとも言えます。

　本書が学校法務の実務に日々携わる方々にとって，また子どもたちや学生のために日々奮闘している教職員の方々にとって，有意義なガイドブックになれば幸いです。

　本書の執筆にあたっては，中央経済社の川副美郷氏に執筆から編集に至るまで，さまざまなご支援をいただきました。この場を借りて厚くお礼申し上げます。

　2020年12月10日

執筆者一同

目　次

序 章　学校の特色

第 1 章　学校共通の問題

第4章　専修学校 … 247

第5章　通信制学校・通信教育 … 259

COLUMN

凡　例

■法令

個人情報保護法	個人情報の保護に関する法律
景品表示法	不当景品類及び不当表示防止法
不競法	不正競争防止法
地公法	地方公務員法

■判例集・雑誌

民（刑）集	最高裁判所民（刑）事判例集
裁民	最高裁判所裁判集民事
行集	行政事件裁判例集
高刑集	高等裁判所刑事判例集
訟月	訟務月報
判時	判例時報
判タ	判例タイムズ
判自	判例地方自治
労経速	労働経済判例速報

序章 ▶▶

学校の特色

1 　**業界の状況**

1．学校の歴史

　学校は紀元前から既に存在していましたが，歴史的には小中学校のような初等教育よりも，むしろ大学のような高等教育のほうが先に出現しています。ヨーロッパやイスラーム世界，インドなどでは，宗教上の知識人を養成するための，中国や日本などでは，国家の中枢を担う官僚を養成するための，それぞれ高等教育機関が古くから存在していました。また，12世紀頃の中世ヨーロッパでは，学生のギルド（組合）を元に，今日の大学と呼ばれる高等教育機関が成立します。

　しかし，西洋では近代に至るまでその多くは貴族などの限られた階層の学びの場であり，一般大衆のものではありませんでした。一方，東洋では古くから一般大衆にも門戸を開く教育が存在し，中国では科挙制度の下で一般大衆が儒学の教養を学ぶ場が各地に存在していました。また，日本では江戸時代に寺子屋が普及し，庶民の多くが基本的な教育を受けていたことから，当時としては世界屈指の高い識字率でした。

　今日の学校の一般的な形態でもある，国家的な制度としての学校制度が提唱されたのは18世紀末のヨーロッパにおいてです。フランス革命期の数学者であり，教育学者でもあったコンドルセは，公教育の概念を義務性，無償性，世俗性（宗教的中立性）の３つの原則を用いて提唱しました。この原則は，現在でも日本国憲法に受け継がれています。また，フランス革命に影響を与えた思想家ルソーは，主著『エミール』の中で，「子ども」が大人とは異なる存在であり，学びの主体として尊重される立場にある新しい「子ども観」を提唱しました。この思想は，現在でも子どもの人権を尊重する考え方や子どもの権利条約に大きな影響を与えています。

　公教育としての学校制度は，国民国家を形成するための制度であり，近代的な法治国家によって整備されていきます。このため，「法律に基づく教育」により，学校教育は国の定める法律によって営まれることになりました。日本も明治初期に学制を施行して以降，ヨーロッパにならって近代的な学校制度を整

備します。戦前の日本で導入された学校制度は，小学校を義務教育段階とし，その後は進路が分かれる分岐型学校システムでした。また，教育政策においては法律よりも勅令が重視されており，その教育勅語に代表されるような国家主義的な色彩が濃いものでした。

　戦後の日本ではアメリカにならって，6・3・3・4制の単線型学校システムが導入されました。また，日本国憲法26条で教育を受ける権利が保障され，教育基本法と学校教育法が制定されて，民主主義的な教育が営まれることになり，私立学校法の制定により私学の独自性も保障されることになりました。教育委員会制度も整備され，文部科学省の下で教育行政は主として地方公共団体と教育委員会が運営するシステムが定着し，今日に至っています。

2．今日の学校を取り巻く状況

　戦後の学校制度は法制度としてはほとんど変化がないものの，学校を取り巻く状況は大きく変化しているため，法制度の理念と学校現場の実態の乖離が目立つようになり，さまざまなトラブルが生じています。

　教育は社会の価値観の変化に影響を受けやすいため，数十年も前に作られた法制度では価値観の変化に対応できなくなっている場合も少なくありません。いじめや校則をめぐるトラブルはこのようなケースと言えます。また，今日の教育現場では子どもたちの多様なニーズに対応したり，専門的な対応を迫られる場合も急増しています。不登校や発達障害への対応はこのようなケースと言えます。

　また，日本の教育は小学校から大学まで，少子化とグローバル化の2つの大きな波に対応する必要性に迫られています。少子化については，市場の縮小の中で合理化や効率化を図りながら，特色ある教育を打ち出すことで，生き残りを賭けて厳しい学校経営を迫られる状況にあります。また，グローバル化については，外国人の児童・生徒の増加，留学事業，海外の大学との共同研究や競争など，多様で専門的な対応が必要になっています。こうした少子化とグローバル化に対応するために必要となるリーガル・サービスを提供するのも，学校法務を担う法律家にとって重要なスキルになりつつあります。

3．学校とは何か

　では，そもそも学校とはどのようなものを指すのでしょうか。一般的に学校とは，教育者が，児童，生徒，学生その他の被教育者に対して組織的に教育を行う組織・施設のことをいいます。学校教育法 1 条は，「この法律で，学校とは，幼稚園，小学校，中学校，義務教育学校，高等学校，中等教育学校，特別支援学校，大学及び高等専門学校とする。」と定めています。学校は，公立学校と私立学校，通学制学校と通信制学校等，目的に応じてさまざまな観点で分類することができます。

　本書では，学校の中で，特に「小中高」，「大学・大学院」，「専修学校」，「通信制学校・通信教育」における法務上の問題点に焦点を当てて解説します。それぞれの学校の概要は次のとおりです。

① 　小中高

　小学校は，「心身の発達に応じて，義務教育として行われる普通教育のうち基礎的なものを施すことを目的とする」教育機関です（学校教育法29条）。

　中学校は，「小学校における教育の基礎の上に，心身の発達に応じて，義務教育として行われる普通教育を施すことを目的とする」教育機関です（同法45条）。

　小中学校は義務教育であり，学校教育法21条に列挙する目標を達成する教育が行われます。

　高等学校は，「中学校における教育の基礎の上に，心身の発達及び進路に応じて，高度な普通教育及び専門教育を施すことを目的とする」教育機関です（同法50条）。

　また，一般的な小中高という分類だけでなく，小学校と中学校の教育課程を一貫して行う義務教育学校や，中学校と高等学校の教育課程を一貫して行う中等教育学校もあります。

② 　大学・大学院

　大学・大学院は，学術研究および教育における高等教育機関です。大学・大学院における教員は，教育だけでなく研究活動も行っていることに特色があります。

③　専修学校

　専修学校は，「職業若しくは実際生活に必要な能力を育成し，又は教養の向上を図ること」を目的とする教育機関です（同法124条）。実践的な職業教育，専門的な技術教育に力を入れている点が大きな特色です。

④　通信制学校・通信教育

　通信制学校とは，通信による教育を行う課程のことです。そのうち，通信制高校は，学校教育法に定められた高等学校（いわゆる１条校）であり，卒業要件を満たせば，全日制高校と同様の卒業資格を得ることができます（同法54条）。修業年限は全日制高校と同様３年以上とされているものの，郵送やインターネットにより授業を受け，年に数日の登校（スクーリング）により単位を取得し，単位要件を満たすことで卒業できる点が大きな特色です。さまざまな事情を抱えた方が通信制高校を利用していますが，近年では，スポーツや芸能活動など，学業以外の活動に注力したい人の利用も目立っています。

　なお，通信教育とは，主に郵便，ラジオ，テレビ等を用いて提供する教育のことであり，離れた場所から提供する教育全般のことを言います。インターネットを利用した教育について，昨今では遠隔教育という言葉が使われるようになり，通信教育は遠隔教育の一部と位置付けられています。

2 学校の経営

　学校も組織である以上，企業と同じように適切な経営（マネジメント）を行って組織を発展ないし存続させる必要があります。もっとも，法律に定める学校はすべて「公の性質」を有するものと教育基本法６条で規定されており，公立学校のように公的サービスによって経営される組織も多く，民間企業によって形成される他の業界とは異なる特徴があります。

　まず，公立学校は原則として教育委員会によって設置され，公費によって運営される公的組織です。そのため，公立学校の経営は市場原理よりも教育の機会均等といった理念が重視されます。もっとも，今日の公立学校は学校間格差も広がっており，限られた教育予算の中で納税者の子女に対して最大限の教育サービスを提供しなければならない状況にあることから，少なからず市場原理

や効率性を意識せざるを得なくなっています。

【図表序－1】公立学校の所管

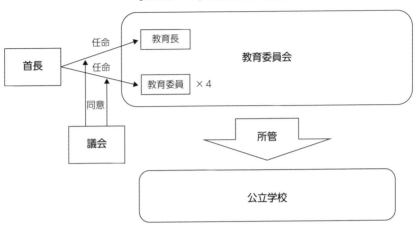

　これに対し，学校法人が設置する私立学校や，国立大学法人が設置する国立学校は，基本的に市場原理に基づく学校経営が行われます。公立学校と国私立学校は，教育市場における競争者同士です。私立学校は私立学校法においてその自主性と建学の精神が尊重されるため，公立学校よりは法令の統制が緩やかであると言われます。また，私立学校を設置する学校法人は，法的には民間企業と同様の扱いを受けることが多いです。しかし，私学助成金によって公的な助成を受ける一般的な私立学校の経営は民間企業よりもはるかに公益性が重視されます。

【図表序－2】私立学校の所管

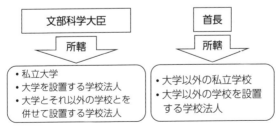

注1：国立学校を設置する国立大学法人は政府及び文部科学大臣の関与を受ける。
注2：公立大学は地方公共団体が設立する地方独立行政法人の一種である公立大学法人が設置する。

　学校経営は大きく分けて，初等中等教育を担う小中高と，高等教育を担う大学・専門学校で，その性質が異なります。前者は子どもたちの教育が主な目的であり，原則として未成年者が対象であることから，学校経営も未成年者である子どもとその保護者を主なステークホルダーとして行われます。これに対し，大学は学生に対する教育だけでなく，研究活動も行う機関であり，経営上意識されるステークホルダーは小中高よりも多様で幅広いものです。

　また，前述のように，今日の学校は少子化とグローバル化の2つの大きな波の中で学校経営を行っていかなければなりません。私立学校や大学は特にそうですが，公立学校であっても，少子化による統廃合が進められていたり，外国人の子どもや保護者の対応を適切に行うことが求められているなど，グローバル化を意識する必要性が高まっています。

　さらに，学校であっても，コンプライアンスやディスクローズなど，民間企業と同様の経営概念を意識しなければならないことは当然です。本書で紹介する学校法務は，このような学校経営上のニーズを支えるための手法と言えます。

3　学校法務の特色

1．他の業界の法務と学校法務の違い

　金融法務や不動産法務など，他の業界の法務と比べた学校法務の違いはどのようなものでしょうか。それはおそらく，学校という組織の特徴に起因するものと言えます。

　学校は私たちにとってとても身近な存在です。たとえば，小中学校は義務教育でもあることから，ほとんど誰もが児童・生徒として通ったことのある存在です。また，子どものいる保護者にとっては，人生で2度も関わる存在です。しかも，学校は身近な存在ゆえに，誰もが「素人的な意見」を持つことができる存在でもあります。たとえば，銀行はほとんどの人が一生に一度は利用しますが，銀行が担う金融業務はその専門性ゆえに部外者が素人的な意見を持つことはあまりありません。しかし，学校はそうではありません。ほとんどの人がそれぞれの個人的な学校体験をもとに素人的な意見を持っています。学校をめ

ぐるトラブルの多くは，こうした素人的な意見の衝突であり，このことが学校法務の難しさでもあります。

　また，学校が担う教育活動は，その効果が現れるのに何十年もかかることが珍しくありません。小学校で学んだ知識が人生の後半で役に立つこともあります。教育政策の効果も数十年後に評価される場合もあります。大学が担う研究活動も，その成果が正当に評価されるまでに何十年もかかることが一般的です。このように，すぐに効果が現れるわけでもなく，評価されるわけでもない教育や研究を支えていくことが学校法務の難しさであり，やりがいでもあると言えます。

　本書で紹介する学校法務には，このような特徴があることを理解していただけると，本書で紹介するさまざまな法的回答の背景事情が理解できるのではないかと考えています。

2．学校法務の具体的内容

　学校において教員が教育活動を行う際に，他人の著作物を利用せざるを得ない，または利用したほうが教育的効果が高い場合があるため，著作権に関する問題が生じます（Q11・12・13）。また，学校には学生，生徒（以下「学生等」といいます）がおり，学生等の成績評価，学生が問題行動を起こした場合等の問題が生じます（Q1・2・3）。教員は，学生等に対し指導や成績評価を行う権限を持ち，学生等に対して強い立場にあることから，相対的に弱い立場にある学生等に対するパワー・ハラスメント，セクシュアル・ハラスメント（以下「セクハラ」とします）等の問題が生じる場合もあります（Q4・5）。学校の教員は学校の従業員であるため，企業と同様に労働問題が生じます（Q6・7・8・9）。また，学校は学生等の個人情報を扱うため，個人情報管理の問題が生じます（Q14・15）。

　また，大学・大学院においては，教員が教育活動だけでなく，研究活動も行うため，研究活動に伴う問題も生じます。たとえば，企業と共同研究等の産学連携活動を行う場合の留意点（Q49・50・51・53），研究活動に伴い発明等の知的財産が生まれた場合の知的財産権の取扱いの問題（Q54），外国人留学生に技術情報を提供する際の安全保障輸出管理上の問題（Q55）等が生じます。

3．学校法務における組織内弁護士の活躍

　従来の学校法務は，主として学校を設置する学校設置者と顧問契約を結んだ顧問弁護士が担っていました。しかし，今日ではあらゆる業界での組織内弁護士が増加していることに伴って，学校組織に所属する組織内弁護士も増加しており，学校法務の新たな担い手として注目されています。たとえば，大学に勤務する組織内弁護士は，研究上の契約関係に関する法務や，特許などに関する知的財産管理などに従事し，幅広く活躍しています。

　また，近年では「スクールロイヤー」と呼ばれる弁護士も注目されています。現状では教育委員会から特定の相談業務を委託された外部の弁護士をスクールロイヤーと呼称する風潮がありますが，教育委員会や学校法人の職員として勤務する組織内弁護士のスクールロイヤーも増えつつあり，教員を兼務するスクールロイヤーもいます。こうした組織内のスクールロイヤーは，組織外のスクールロイヤーよりも学校現場と接点を持ち，子どもたちの利益の実現のために貢献しています。

　本書の特徴は，学校組織で勤務する組織内弁護士が，外部の顧問弁護士では気づきにくい着眼点や，学校組織として考慮しなければならないポイントなどを交えて，学校法務の実務を解説している点にあります。

第 **1** 章 ▶▶

学校共通の問題

1　**成績評価**

Q1　成績に関する不服申立て

(ⅰ)　単位を取得できなかった大学生とその保護者から，採点や成績評価が公正でないと，連絡がありました。対応する上で留意しなければいけない点を教えてください。

(ⅱ)　中学校や高校で実技科目やアクティブ・ラーニングによる授業の成績評価を行った際に，生徒や保護者から成績評価について苦情があった場合の対応について，留意すべき点を教えてください。

A

(ⅰ)　基本的には成績評価に関する不服申立規程に則って対応することになりますが，対応の過程でアカデミックハラスメント問題に発展する可能性があることに留意が必要です。丁寧な事実確認と毅然とした態度が求められます（Q4・5参照）。

(ⅱ)　小中高の成績評価は原則として教員の裁量権に基づくものであり，著しく不合理な成績評価でなければ違法ではないため，教員は自ら行った成績評価の合理性を主張し，毅然と対応すべきです。

1．法的性質

(1)　大学における単位認定

　国公立大学の単位認定および専攻科修了認定行為について，「各種学校における教育上の措置，教育的判断については，法律上の係争であっても，一般市民法秩序と直接の関係を有しない内部的な問題に止まる限り司法審査の対象にならないが，一般市民法秩序に直接関係する場合には司法審査の対象となる」とした判例があります（最判昭52・3・15判タ348号208頁）。他に，大学院博士課程の在学期間延長不許可（高松高判平元・4・26判タ713号97頁），大学の退学処分（最判昭29・7・30民集31巻2号280頁），大学の除籍処分（福岡地判昭55・

3・4訟月26巻4号670頁）について判断したものがあります。

　これらの解釈に当てはめると，成績評価や単位認定行為は，「優」か「可」かだけの問題やその単位を落としても進級に影響ない場合は，内部的な問題に属する教育上の措置として裁判で争うことはできず，他方で進級がかかっている単位認定や在学期間の制限があるために落第が除籍につながるような場合は裁判の対象となると考えられます。

(2)　小中高における成績評価

　小中高の教員が行う成績評価については，教員の教育専門家としての見地に基づく裁量に委ねられており，平等原則や比例原則などに反する著しく不合理な成績評価でない限り，原則として違法とはならないと考えられます。極端に言えば，試験で満点だった生徒の評定値が1で，零点だった生徒の評定値が5といったように，誰がどう考えても不平等であると思われるような成績評価でない限り違法ではありません。

　しかし，実技科目やアクティブ・ラーニングを用いた授業では，客観的な試験により生徒のパフォーマンスを測るだけではなく，平素の生徒の授業態度を教員の主観的判断に基づいて成績評価をする場合も少なくありません。このため，試験による成績評価と比べて成績を悪くつけられた生徒や保護者からの苦情のリスクも大きいです。

　また，中学校の成績は高校入試の内申書として，高校の成績は大学入試の調査書として，それぞれ重要な資料になるため，教員の成績評価が生徒の進路に非常に大きな影響を与える可能性があります。

2．不服申立てへの対応

(1)　大学の成績評価における不服申立てへの対応

①　成績評価に対する不服申立規程の整備

　多くの大学は，成績評価に対する不服申立の手続を規定化し，学生に公開していると思われますので，それらに則って対応すれば足りるといえます。

　まだそのような規程を整備していない場合には，公表されている他大学の手続を参考に早急に整備したほうがよいでしょう。

　一旦規程を策定したら，他の在学生に対する透明性，公平性の観点から，例

外的取扱いは極力避けるべきです。したがって，画一的申立手続とは別に教育指導的な相談の仕組みを併せ持つことが望ましいといえます。

② 対応上留意すべき点

対応上留意すべき点が2つあります。

第一は，当該申立てに係る事実確認を迅速にするということです。この一次調査は事務部門の動きが重要な役割を果たします。申立てに係る単位認定が一見して妥当な範囲と感じられるのか，あるいは，出席点も筆記試験の成績も他の学生とほぼ同等であるにもかかわらず，単位認定の明暗が分かれているような状況が存在するのか，第三者である事務部門の見極めは重要です。単なるメッセンジャーのように当該教員の意見をうかがうだけでは，先手を打った危機管理はできません。当該教員の回答だけでなく確認した周辺の事実関係を含め，管理部門に報告する必要があります。

第二は，事実確認の過程でハラスメント問題に発展しないよう，万全の注意を払う必要があります。成績評価や単位認定は，進級や退学などのその学生の人生に重大な影響を及ぼす場合はもちろんのこと，仮にそうでないとしても，自己が励んだ成果を評価されるものですから，学生にとっては大きな関心事であるといえます。したがって，仮に当該申立てが学生の思い違いに近いものであったとしても，高圧的な態度ではなく教育指導的なスタンスを貫くことが大切です。

ただし，どんなに学生や保護者の主張が強硬であっても，当該成績評価が妥当であると判断した場合には，毅然とした態度を崩してはいけません。

③ 成績評価

数値化できるものについては事前に明確な基準を開示しておくことで余計な紛争は防げます。もっとも，数値化できない評価もありますが，評価のプロセスに不正が生じないよう，大学としての体制整備を考える必要があります（複数評価制など）。博士の学位不授与の決定が違法な手続に基づいてなされた場合には，その無効確認または取消しを求めることができるとした裁判例があります（東京高判昭37・6・11行集13巻6号1213頁）。

(2) 小中高の成績評価に対する苦情対応

① 毅然とした対応が原則

前述のとおり，小中高の教員が行う成績評価は教員の教育専門家から裁量で行うものであり，原則として違法になりません。そのため，実技科目やアクティブ・ラーニングの成績評価のように，教員の主観的判断が入らざるを得ない成績評価であっても，教員が教育専門家として一定の合理的根拠に基づく判断基準により成績評価を行ったのであれば違法ではありません。

そのため，生徒や保護者からの苦情に対しては，教員は自ら行った成績評価の合理性を主張し，毅然と対応すべきです。

② 成績評価基準の作成と公表

もっとも，教員が成績評価の合理性を主張する際には，ある程度明確で客観的な評価基準を作成し，これを公表しておくことが望ましいと言えます。中学校や高校では，成績評価の基準を教員が生徒に事前に公表するということは一般的ではありませんが，実技科目やアクティブ・ラーニングのように評価が難しいものについては，ある程度の評価基準を示しておくことで生徒に予測可能性を持たせることができ，教員自身が生徒を評価することがやりやすくなるとも考えられます。

また，小中高においても，成績評価に対する苦情があった場合に備えて，大学のように不服申立手続を制度化しておくことも考えられますが，小中高と大学では教育内容，教育目的，生徒・学生の能力などが大きく異なるため，制度化することが望ましいとまでは言えないと思われます。

《参考文献》
- 村田英幸『学校教育法に関する裁判例』（Amazon Services International, Inc., 2019）
- 神内聡『スクールロイヤー 学校現場の事例で学ぶ教育紛争実務Q＆A170』（日本加除出版，2018）

学生の問題行動，懲戒処分，不祥事対応

Q2　懲戒処分における調査・事実認定

　学生の不祥事が判明しました。懲戒処分を検討しているのですが，調査や事実認定の方法について教えてください。

A

　調査委員会を設置して，資料の確認や関係者からの聴き取りを行いましょう。本当に学生が不祥事を起こしたのか，一つひとつの事実を確認し，学生の言い分も聴くことが必要です。先入観や推測で判断することのないようにしましょう。

1．調査の準備

(1)　先入観や推測で判断しない

　学生の不祥事があった場合，学生に対する懲戒処分を検討することが必要です。懲戒処分については，学校教育法施行規則26条2項において，「懲戒のうち，退学，停学及び訓告の処分は，校長（大学にあっては，学長の委任を受けた学部長を含む。）が行う。」と規定しています。また，同条3項において，退学処分については，

　「一　性行不良で改善の見込がないと認められる者

　　二　学力劣等で成業の見込がないと認められる者

　　三　正当の理由がなくて出席常でない者

　　四　学校の秩序を乱し，その他学生又は生徒としての本分に反した者」

に対して行うことができると規定しています。しかし，懲戒処分は，教育的措置という一面を持つと同時に，停学処分や退学処分といった学生に重大な不利益を与える処分も含まれており，特に退学処分については，学生の身分をはく奪するものであるため，場合によっては懲戒処分が裁量権の範囲を逸脱して違法と判断されることもあります。そのため，懲戒処分の前提となる調査や事実認定については慎重に行わなければなりません。「あの学生だったらやりかね

ない」などと先入観や推測で判断することのないようにしましょう。

(2)　調査委員会を設置する

　公正中立な調査をするためにも，まずは役員を中心とした責任ある役職の教職員の中から，幅広い立場の者で構成する調査委員会を設置しましょう。懲戒処分の権限と責任を有する校長（学校教育法施行規則26条2項参照）が，十分な資料とさまざまな意見をもとに，公正中立な判断を下すための体制を整えておくことが重要です。調査委員会を設置せずに一部の教職員だけで調査してしまうと，調査の公正中立性に疑義が生じてしまいます。

(3)　調査方針を決定する

　調査委員会を設置したら，どのように調査を行うか，調査方針を決定しましょう。客観的な資料があれば客観的な資料から確認し，次に主観的な資料として関係者からの聴き取りを行うという手順が望ましいでしょう。客観的な資料の例としては，防犯カメラやスマートフォンの映像などが挙げられます。刑事事件として判決（少年事件の場合は審判）が下されていればその内容も資料となります。ただし，判決や審判については学生や保護者に尋ねなければわからない場合が多いです。

　学校の調査では学生自身が認めたかどうかが重視されがちですが，学生が認めているからといってこれを決定的な根拠にして客観的な資料の検討を疎かにすることは，手続の面でも判断の面でも不当な処分とみなされるおそれがあります。

2.　学生からの聴き取り

(1)　調査を通知する

　聴き取りは，学生が自分の言い分を主張することができる機会でもあるため，学生にとっても重要な手続です。そのため，学生からの聴き取りをする際には，事前に学生に対して書面により，①調査委員会を設置した事実，②設置の理由，③聴き取り調査を行う旨および候補日時，④弁明の方法を通知しておきましょう。事前に内容を伝えずに聴き取りをするのは，学生が聴き取りに向けた準備を十分にすることができず，学生の手続保障に問題が生じる可能性があります。

(2)　聴き取り事項を作成する

　聴き取り事項については，調査委員会において事前に書面で作成しておきましょう。まずは，具体的な不祥事の内容をした疑いがあることを伝えて，事実かそうでないのか，学生の認否を述べてもらいます。不祥事の内容が複数ある場合は，一つひとつについて認否を述べてもらいます。認否が判然としない場合は，記憶がないからなのか，言いたくないからなのか，それとも他の理由かなど，判然としない理由を確認する必要があります。学生が不祥事の内容を事実と認めた場合には，動機や経緯を確認した上で，現在の心境も尋ねましょう。学生が反省の弁を述べた場合には，今後同様の行為に及ばないようにするにはどうすれば良いか，学生の考えを具体的に尋ねましょう。

　学生が，不祥事の内容を事実ではないと述べた場合には，弁明してもらうことが必要です。学生の弁明を裏付ける資料や関係者がいないかなどについても確認しておきましょう。

(3)　聴き取りにあたっての注意点

　必ず複数名（2～3名）の教職員で聴き取りを担当するようにしましょう。一人で聴き取りをすると，調査の公正中立性に疑義が生じてしまいます。また，聴き取りの際には，学生に対して録音することを伝えて，聴き取り内容を録音しておきましょう。録音しておかなければ，調査委員会において聴き取りの結果を検討することが困難になってしまいます。

3．調査報告書の作成

(1)　調査報告書を作成する

　資料の確認や関係者からの聴き取りが終わったら，調査委員会において調査報告書を作成しましょう。調査報告書に記載する内容は，たとえば，①学生の氏名，年齢，所属学部（学年・クラス），②調査委員会設置の経緯，③調査の経過，④調査結果，⑤調査委員会の判断などが挙げられます。

(2)　資料から事実を認定する

　調査結果について記載する際には，学生がどのような行為に及んだのか（または及んでいないのか）について，事実を認定する必要があります。これまでの調査で確認した客観的な資料や，関係者からの聴き取り調査の内容に基づい

て，改めて一つひとつの事実を認定しましょう。資料に基づかずに，先入観や推測で事実を認定することは危険です。事実を認定する際によく問題となるのが，関係者からの聴き取り調査で，供述が食い違っている場合です。供述が食い違っている場合は，どの供述が信用できるのかを慎重に判断する必要があります。その際には，客観的な資料との整合性，供述の合理性，一貫性，迫真性，供述者の利害関係などを総合的に考慮して判断します。それでも判断できない場合には，供述が食い違っている点に絞って，再度の聴き取りなどの追加調査を行うことも考えられます。懲戒事由の根幹となる事実が認定できなくなるような事態を避けるためにも，そのような重要な事実については客観的な資料が揃っていることを予め聴き取りの前に確認し，その客観的な資料から読み取れるような事実関係を否定する供述があれば，その信用性を吟味するという手順になるでしょう。

(3)　調査委員会としての判断を示す

　調査結果を踏まえて，学生の行為が懲戒処分の対象になるか，判断を示す必要があります。懲戒処分の対象になると判断した場合には，どのような懲戒処分が適切か，量定についても検討し，調査委員会としての結論を出しましょう。学校によっては，懲戒に係る判断を示すのは調査委員会ではなく，懲戒委員会としているところもあります。その場合には，調査委員会の任務は調査結果を懲戒委員会に報告することで終了し，その後は懲戒委員会において懲戒処分についての検討を行うことになります。いずれの仕組みをとるにせよ，公正中立な判断を下すための十分な資料とさまざまな意見を学校長に提供することが，調査委員会の重要な役割といえます。

　懲戒処分の量定は，学生の更生に必要かつ相当な処分を教育的観点から判断する必要があります（学校教育法施行規則26条1項参照）。停学処分や退学処分は学生に重大な不利益を与える処分ですので，特に慎重な判断が求められます。

Q3　懲戒処分基準の改定と処分時の留意点

　X大学では，昨今，SNS上のトラブル，いかがわしいビジネスや動画に関わるなど，これまでになかった問題を起こす学生が続出しています。しかし，停学や退学の基準として，犯罪行為やカンニングの他には学生の本分に反した場合としか定めていません。このため，懲戒処分が不当だとして大学を訴える学生もいます。

(ⅰ)　学生の問題行動を防ぐため，学則や懲戒基準を改定しようと思いますが，どのように変えると効果的でしょうか。

(ⅱ)　懲戒対象となった学生を処分する場合に気を付けるべき点を教えてください。

A

(ⅰ)　学生に理解させるためにはより具体的かつ詳細な基準になっていることが大切ですが，学則や懲戒規程だけでは限界があります。学生生活の手引きや指導方法の工夫も必要です。

(ⅱ)　教育的配慮と適正手続に留意し，処分に至る過程を十分記録化しましょう。

1．懲戒処分の法的根拠

(1)　学校教育法

　学校教育法11条は「校長及び教員は，教育上必要があると認めるときは，文部科学大臣の定めるところにより，児童，生徒及び学生に懲戒を加えることができる。」として大学の学長および教員に懲戒権を与えています。これを受け，学校教育法施行規則26条1項は，「校長及び教員が児童等に懲戒を加えるに当つては，児童等の心身の発達に応ずる等教育上必要な配慮をしなければならない。」と定め，教育的配慮を要求しているほか，同条3項で高校・大学における退学処分は「性行不良で改善の見込がないと認められる者」（1号），「学力劣等で成業の見込がないと認められる者」（2号），「正当の理由がなくて出席常でない者」（3号），「学校の秩序を乱し，その他学生又は生徒としての本分に反した者」（4号）に限定しています。

手続に関しても，「懲戒のうち，退学，停学及び訓告の処分は，校長（大学にあつては，学長の委任を受けた学部長を含む。）が行う。」（同条２項）こと，「学長は，学生に対する第２項の退学，停学及び訓告の処分の手続を定めなければならない。」（同条５項）ことが規定されています。

(2)　リーディングケースとなった裁判例

①　京都府立医科大学退学処分事件（最判昭29・7・30民集８巻７号1501頁）

学生運動に参加した大学生に対し，大学が懲戒としての放校処分を行った事案。

判決では，

「大学の学生に対する懲戒処分は，教育施設としての大学の内部規律を維持し教育目的を達成するために認められる自律的作用にほかならない」

「懲戒権者たる学長が学生の行為に対し懲戒処分を発動するに当り，その行為が懲戒に値するものであるかどうか，懲戒処分のうちいずれの処分を選ぶべきかを決するについては，当該行為の軽重のほか，本人の性格および平素の行状，右行為の他の学生に与える影響，懲戒処分の本人および他の学生におよぼす訓戒的効果等の諸般の要素を考量する必要があり，これらの点の判断は，学内の事情に通ぎょうしし直接教育の衝に当るものの裁量に任すのでなければ，適切な結果を聞知することができない（…）。それ故，学生の行為に対し，懲戒処分を発動するかどうか，懲戒処分のうちいずれの処分を選ぶかを決定することは，その決定が全く事実上の根拠に基かないと認められる場合であるか，もしくは社会観念上著しく妥当を欠き懲戒権者に任された裁量権の範囲を超えるものと認められる場合を除き，懲戒権者の裁量に任されているものと解するのが相当である」として，大学の裁量権を認めました。

②　昭和女子大退学処分事件（最判昭49・7・19判時749号３頁）

２名の大学生が行った学内外における政治的活動が，保守的な校風を有する大学の学則細則に反するとしてたびたび説論を受けていたが従わず大学を非難する行動に出たことについて，大学が両名を退学処分とした事案。

学則細則そのものと退学処分の有効性が争点となり，最高裁は，

「大学は，国公立であると私立であるとを問わず，学生の教育と学術の研究を目的とする公共な施設であり，法律に格別の規定がない場合でも，その設置

目的を達成するために必要な事項を学則等により一方的に制定し，これによって在学する学生を規律する包括的権能を有する」

「学校当局の有する右の包括的権能は無制限なものではあり得ず，在学関係設定の目的と関連し，かつ，その内容が社会通念に照らして合理的と認められる範囲においてのみ是認される」

「具体的に学生のいかなる行動についていかなる程度，方法の規制を加えることが適切であるとするかは，それが教育上の措置に関するものであるだけに，必ずしも画一的に決することはできず，各学校の伝統ないし校風や教育方針によつてもおのずから異なることを認めざるをえない」と判示しました。

(3)　ま　と　め

以上より，私立大学はその校風や教育方針に応じてある程度独自の懲戒基準を設けることが許容されているといえます。

2．懲戒基準のあり方

(1)　学則または懲戒規程の変更

私立大学における教育方針を具体化するものの大きな柱が学則です。多くの懲戒規程においても学則等の違反は懲戒対象と明記されており，学生の行動指針を示す際，学則に盛り込むことが考えられます。しかし，私立大学では，学則を変更するときは，文部科学大臣に届出しなければならない（学校教育法施行規則2条1項）ため，問題に応じて頻繁に変更することは現実的ではありません。

懲戒規程の変更は学内で完結しますが，懲戒処分の対象となりうる行為を列挙する場合には，ある程度抽象的，概括的な記載とせざるを得ませんし，行動指針として機能させるためには，学生への周知が必要となります。自校の懲戒規程を把握している学生はそう多くないことを考えると，懲戒規程中の概括的記載を具体化して伝える一工夫が必要となります。

(2)　懲戒対象行為を防ぐための指導方法

時代の変化とともに，大学生の生活も大きく変わっています。多くの教員らが自分の学生時代には経験しなかった問題（SNSをめぐる問題など）に直面しているのではないでしょうか。

　懲戒が教育作用の一環であることをふまえると，これまで特に指導してこなかったようなことについて，騒がれるような問題に発展したからといって不意打ち的に懲戒を行うことは適切とはいえません。

　そこで，学内に「学生生活指導委員会」等を設け，定期的に学生生活上の問題を把握，協議し，日々の学生指導に取り入れること，年度ごとのオリエンテーションなどで周知すること，懲戒規程中の概括的記載を具体化して教えること（たとえば「大学や学生の名誉を害する行為」の一例として，SNS上での書き込みの具体例を見せるなど）などを通して指導するほか，問題が発覚した場合には大きな問題に発展する前に都度指導しておくことが重要です。

3．懲戒処分の留意点

　前述のとおり，懲戒処分については学生の在学関係上の地位に影響をもたらすものであることから，規則上その手続を定めておかなければならないことになっています。そして，実際の処分においてもそれに忠実に則って進めることが重要です。

　学生を懲戒しなければならない局面は非常時でもあることから，迅速性を重んじるあまり必要とされる機関決定を省略したり，また，教員が独自に自主退学を勧告したりするような事態が懸念されます。

　懲戒についての裁量は大学の教育方針に応じて比較的広く認められているといえますが，手続の適正は裁判上も重要視されています（東京高判昭37・6・11行集13巻6号1213頁）。

　また重要な会議の議事録は必ず残すなど，そのプロセス一つひとつについて記録化することがリスクマネジメントの観点からも必要です。

《参考文献》
- 村田英幸『学校教育法に関する裁判例』（Amazon Services International, Inc., 2019）
- 大城渡「学生の懲戒をめぐる憲法理論とその制度設計」名桜大学紀要14号

3　ハラスメント

Q4　ハラスメント防止策

　令和元年5月に職場でのパワーハラスメント（パワハラ）防止を義務付ける法律が制定されました。今後，大学が取り組むべき各種ハラスメント防止策をどのような視点で策定すればよいのでしょうか。

A

　大学内のハラスメントは，他の職場と比較すると，組織的，環境的に異なる特色を有しているため，法律上のパワハラ，セクハラおよびマタハラなどの定義に必ずしも該当しないようなものも含まれ，ハラスメントの定義にかかわらず，人権侵害・被害者救済という視点から，ふさわしい対応が求められています。

1．パワハラ防止法の制定

　令和元年5月に「労働施策の総合的な推進並びに労働者の雇用の安定及び職業生活の充実等に関する法律」（労働施策総合推進法）が改正され，パワハラに対する防止措置義務が定められました（通称として，「パワハラ防止法」といわれています）。同法は，パワハラを「職場において行われる優越的な関係を背景とした言動であって，業務上必要かつ相当な範囲を超えたものによりその雇用する労働者の就業環境が害されること」と定義しており，義務化の時期（施行日）は，大企業が令和2年6月，中小企業が令和4年4月に予定されています。この法律により，企業は，パワハラ防止策をとることを義務付けられ，これに従わない企業に対して厚生労働省が改善を求め，それにも応じなければ企業名を公表する場合もあります。企業が取り組むべき防止策の内容は，加害者の懲戒規定の策定，相談窓口の設置，社内調査体制の整備，当事者のプライバシー保護などが想定されています。しかし，罰則規定がないことについて批判があるほか，パワハラと業務上の指導の線引きが難しいとの指摘があり，明確な定義・基準の策定が求められています。

2．ハラスメント対策の強化

　平成元年に提起されたセクシュアル・ハラスメント（セクハラ）を理由とした国内初の民事裁判を契機として，セクハラが人権侵害であるという社会の意識が高まり，平成9年の改正男女雇用機会均等法は，女性に対するセクハラ規定を整備しました。また，平成19年4月施行の改正男女雇用機会均等法は，セクハラ規定を男性労働者にも適用し，男女双方への性による差別的取扱いを禁止しました。

　さらに，平成29年1月施行の改正男女雇用機会均等法および育児介護休業法は，すべての職場において必ず，事業主・上司・同僚などからのマタニティ・ハラスメント（マタハラ）防止措置を実施することを義務付けています。

　なお，ハラスメント防止対策の実効性を確保するため，前記労働施策総合推進法の改正により，国に対しては，セクハラおよびマタハラに対する広報活動，啓発活動その他の措置を講ずるように，事業主に対しては，セクハラおよびマタハラ問題への理解を深めるため，研修の実施その他の必要な配慮，および，国の講ずる同法30条の3第1項の措置（上記広報活動，啓発活動その他）に協力を求めています。さらに，事業主（役員）には，自らも，性的言動問題に対する関心と理解を深め，労働者に対する言動に必要な注意を払うことを，労働者に対しても，セクハラおよびマタハラ問題に対する関心と理解を深め，他の労働者に対する言動に必要な注意を払うとともに，事業主の講ずるセクハラ防止措置に協力することを求めています。さらに，ハラスメントに関する労使紛争について，都道府県労働局長による紛争解決援助，紛争調整委員会による調停の対象とするとともに，措置義務等について履行確保のための規定を整備することなどを規定しています。

3．大学のハラスメント対策

(1) アカハラとキャンパス・ハラスメント

　大学内でのハラスメントについては，アカデミックハラスメント（アカハラ）という言葉が使用され，たとえば，「大学の構成員が，教育・研究上の権力を濫用し，他の構成員に対して不適切で不当な言動を行うことにより，その

者に，修学・教育・研究ないし職務遂行上の不利益を与え，あるいはその修学・教育・研究ないし職務遂行に差し支えるような精神的・身体的損害を与えることを内容とする人格権侵害をいう」と定義されています（東京大学アカデミックハラスメント防止宣言）。大学でのアカハラとして争われた大阪高判平14・1・29判タ1098号234頁において，被害者は，「教室主任たる教授に全ての権限が集中している医学部単科大学の『教室』と呼ばれる講座制の中で，教室管理，勤務管理に名を借りて，助手を職場から排除するために，教授がもてる権限をフルに活用，濫用し，日常的に嫌がらせ，苛めを繰り返し，控訴人の研究環境を侵害した」「教室主任の地位や権限，大学のシステムなくしてはできないのであり，教室主任たる地位や権限と密接に結びついている」と典型的な「アカデミック・ハラスメント」であると主張しています（同判決は，一部不法行為責任を認めたものの，アカハラは否定しました）。

　最近は，「キャンパス・ハラスメント」という言葉も使用されており，「教育，研究，業務の中で，修学・就労に関する力関係を利用して，相手の意に反する言動を行い，相手に不利益や不快感を与えること（セクシュアル・ハラスメントやアカデミック・ハラスメント，パワー・ハラスメントなど）」と定義しています（東京福祉大学のウェブサイト）。キャンパス・ハラスメントとは，一般にはセクハラ・パワハラ・アカハラの統一概念だと考えられています。

(2)　大学内ハラスメントの予防策

　大学においても，各種ハラスメントへの対応が求められています。文科省も，平成11年に「文科省におけるセクシャル・ハラスメントの防止等に関する規程」を定め，セクハラを職員個人の問題ではなく組織全体の問題と捉え，職員の責務のみならず，監督者や学校長等の責務についても規定し，たとえば，職員に対して，パンフレットの配布，ポスターの提示，意識調査等により啓発活動を行い，さらに，必要な研修を実施することを求めています。これを受けて，各大学では，全学的な講演会のほか，ハラスメント相談員研修会や，部局別研修会，法人の役員向けの研修会など多くの研修の機会を設けています。また，現在，多くの大学で，ガイドライン等を策定し，各種ハラスメント事案が発生した場合の対策として，学内すべての学生・教職員が相談できる窓口の設置が進められています。しかし，全学的な調査・対策の常設機関を設けている大学

はそれほど多くなく，ハラスメントの防止・対策のための調査委員会等の整備・充実が求められています。この点，学生が教員から受けたハラスメント被害（一次的被害）のみならず，正当な申立てを行った被害学生等が被った継続的な学修上の不利益的取扱（二次的被害）の責任が問われた裁判例もあり，被害防止のための組織全体のあり方が問題になっています。

　なお，大学内では，多くの留学生を抱え，言語，文化，生活習慣などの違いから，ハラスメント対策についてもより困難な問題が発生しています。宿泊施設や留学生寮の管理も重要です。特に，パンフレットの多言語化，通訳（センシティブな問題であり，通訳技法や守秘義務が問題となります）など相談窓口の対応にも工夫が必要でしょう。場合によっては，外部の相談機関を活用することも有効です。

(3)　被害者支援の視点が重要

　大学内のハラスメントは，他の職場と比較すると，組織的，環境的に異なる特色を有しているため，法律上のパワハラ，セクハラおよびマタハラなどの定義に必ずしも該当しないようなものも含まれています。したがって，ハラスメントを確定化，固定化されたものと捉えることは妥当ではなく，各定義にかかわらず，人権侵害・被害者救済という視点から，ふさわしい対応が求められています。LGBT（性的少数者）等の新しい問題にも対処すべく，不断のハラスメント防止対策の研究・調査，情報収集，大学内への周知・啓発，苦情などに対する相談体制の整備，被害者のケアや再発防止等の充実を図っていく必要があります。

Q5　パワハラ・セクハラの事実認定と教員の懲戒処分

　研究室に配属された学生から大学に対して，指導教員からパワハラ・セクハラを受けているとの相談があり，パワハラ・セクハラの事実があるかどうか，大学で調査を実施することになりました。

(i)　パワハラ・セクハラの事実認定にあたり知っておくべき，大学の現状（特殊事情（閉鎖性，研究室配属など））には，どのようなものがありますか。

(ii)　調査の結果，ハラスメントに相当する事実が確認されました。ところが，懲戒処分前に教員が出勤しなくなり，辞職届を郵送で提出してきました。辞職届の取扱い，元教員に対する懲戒，退職金の支給等について，どのように対応すればよいでしょうか。

A

(i)　労働施策総合推進法や厚生労働省指針の参照と，研究室運営の特殊性や研究慣行を考慮した客観的な判断が必要です。

(ii)　辞職届の効力発生前の懲戒処分を検討しましょう。退職金を支給しなくて良い場合もあります。

1　(i)について

(1)　大学のハラスメントと懲戒処分の現状・相場観

　大学でも他の組織と同様にハラスメント事例がみられ，男女問わず被害者となりえます。全国すべての大学は，ハラスメント等防止の取組みを実施し，相談窓口も設置しています（文部科学省「平成28年度の大学における教育内容等の改革状況について（概要）」（令和元年5月））。とはいえ，2005年から2014年までの10年間で公表されたハラスメント事例は247件と（入江正洋「大学におけるハラスメントによる懲戒処分例の検討」健康科学40巻49〜64頁），平均月2件のペースで発生しており，看過できない状況です。大学特有の背景を認識し，現場の実情にあった事実認定が必要です。なお，同論文（前掲・入江）は，研究現場の背景，ハラスメントの行為態様，行為者の立場，処分の種類（停職・解雇相当

等）・処分期間，ハラスメントの行為態様と処分の選択なども参考になります。

(2)　ハラスメントの認定

①　ハラスメントの要件

　令和2年の労働施策総合推進法改正法施行を受け，厚生労働省は，「事業主が職場における優越的な関係を背景とした言動に起因する問題に関して雇用管理上講ずべき措置等についての指針」（厚生労働省告示第5号）を定めました。同指針2(1)は，職場におけるパワーハラスメントを，「職場において行われる①優越的な関係を背景とした言動であって，②業務上必要かつ相当な範囲を超えたものにより，③労働者の就業環境が害されるものであり，①から③までの要素を全て満たすものをいう。なお，客観的にみて，業務上必要かつ相当な範囲で行われる適正な業務指示や指導については，職場におけるパワーハラスメントには該当しない。」と定義します。

②　「①優越的な関係」の認定に関する着眼点

　大学におけるハラスメントには，教職員から教職員，教職員から学生，学生から教職員，学生から学生など，さまざまなパターンがあり，一般的な事業者とは異なる配慮が必要です。最近は，上下関係が従来とは逆の逆ハラスメント事案も存在します。教授が職位が下の准教授や大学と雇用関係のある教職員を検討対象とするときはもちろん，大学と雇用関係にない学生について検討するときも，①で述べたハラスメントの要件①から③（学生の場合は，「業務」を「教育・研究」に読み替え）は，事実認定にあたり有用です。

　なお，「教職員」は「教員」と「職員」を示す用語ですが，大学特有の研究活動を行う者は，ほとんどが「教員」に分類されることから，以降の記述は「教員」を対象とします。

　大学の教育・研究環境の特殊性は，学生の場合は，教養課程よりも，ゼミや研究室配属後の学位論文指導のように，教員の研究活動と密接にかかわる閉じられた環境で顕著にみられます。

　特殊性の1つ目は，教員同士，教員と学生の関係は，専門家としての議論や教育指導を含む密接なコミュニケーションを前提とする上に，教員の学術的な専門性に魅力を感じて指導を望んだとすると，少なくとも同じ大学内では，所属する研究室に代替性がないのが通常，という点です。また，研究室は個々に

独立して運営され，研究費獲得に向けた申請や学位審査・取得も，教授・准教授クラスの教員の支援なしには困難です。学生も職位が低い教員も，キャリアアップにあたり教授から推薦を受けることも多く，大学にハラスメント相談室が存在していても，よほどでなければ相談しにくい現状があります。ただ，教授・准教授も，職位が低い教員の協力がなければ研究室の運営は困難であり，職位の上下と逆転した事実上の「①優越的関係」の可能性も，否定はできません。

　また，特殊性の２つ目は，教員や学生の研究活動の成果，特に成果を公表した論文は，研究データの帰属等とは別に個々の研究者の業績となり，学術的に評価の高い論文をどれだけ有しているかが研究者としての社会的評価に直結する点です。それゆえ，立場の強い教員が学生の研究成果を取り上げて自身の成果のように扱い，教員の業績を増やそうとしても逆らえないとか，教員や教員の指導を受けた上級生が学術的インパクトを求めて捏造したデータの再現ができない学生がいても，スキル不足のゆえに再現できないかのように扱われ，声を上げにくい，といった状況に陥る可能性もあります。

③　「②業務上必要かつ相当な範囲を超えた」の認定に関する注意点

　②記載の，立場の強い教員による学生の研究成果の搾取とうかがえる事案に接した場合，注意点があります。学生の研究活動の経験が浅い段階では，教員が研究計画をたて，どのような実験をすべきか学生に指示し，実験結果の解析方法なども指示するケースもあります。そのような場合にまで，研究成果を学生のものと判断するのは妥当ではなく，研究分野の研究慣行との関係で客観的な判断が必要です。

2　(ii)について

(1)　辞職届の取扱いと懲戒処分

　指導教員から学生に対するパワハラやセクハラは，大学という空間において，教育の根幹を揺るがす問題行為です。このことから，当該教員に対しては厳重な懲戒処分が必要です。

　しかし，本設問では，懲戒処分を行う前に辞職届が提出されているため，辞職届の取扱いが問題となります。

　辞職届の提出を認めてしまうと，懲戒処分を行うことができません。辞職届について，会社が受領して2週間が経過すると退職の効果は自動的に発生するからです（民法627条1項）。

　なお，会社の規程による「2週間」という期間延長の可否について，下級審裁判例では否定しているように読めます（東京地判昭51・10・29判時841号102頁）。もっとも大阪労働局のウェブサイト上の記載では，長くない期間であれば就業規則による変更を認めるように読めます。

　そこで，いずれにしても，懲戒処分を可能とする期間の延長の余地を残すために，会社の規程において「1カ月」程度に設定する必要があります。

　辞職届の効力発生後に懲戒処分ができないことは争いがありません。このことから，辞職届の効力発生前に懲戒処分を速やかに行うことが何よりも肝要です。

(2)　退職金の支給

　懲戒解雇された場合には退職金を没収するという規程も法律上禁止されていません。そこで，辞職届の効力発生前に懲戒解雇処分を行った場合で，そのような内容の規程がある場合には，退職金の没収は有効であり，退職金の不支給が認められる場合があります。ただし，全額没収できるのはそれまでの勤続の功を白紙にする程度の非行があった場合であり，没収できる金額に限度がありえる点についても注意が必要です（東京高判平15・12・11判時1853号145頁は懲戒解雇を認めましたが，所定金額の3割の支給が相当であるとしました）。相当額は支給する等，事案に応じた対応が必要です。

　退職届の効力発生前の懲戒解雇が不可能だった場合はどうでしょうか。

　この場合でも，退職金請求を認めることが著しく不公正であれば，退職金請求が権利濫用とされる場合もあります。このことから，あまりにも労働者の非行が著しい場合には，退職金を一部または全部支給せず，労働者から請求された際に法廷で争うことも検討する必要があります。事前に，重大な非違行為を行った可能性など特段の事情があれば，退職金請求権の発生そのものを一定期間留保するといった規程を就業規則に設けておくとより対応しやすいでしょう。

4　　**教員の労務問題**

Q6　公立学校教員の時間外労働

(i)　ある公立小学校の教員が毎日のように深夜まで残業をしていますが，公立の教員の場合は，時間外勤務手当は出さなくてもよいのでしょうか。

(ii)　公立中学校で，校長が部活動顧問の業務について顧問の教員に時間外勤務を命じることはできますか。

A

(i)　公立学校の教員については，特別措置法により時間外勤務手当は支払われません。

(ii)　部活動顧問の業務については，法令で教員に超過勤務を命ずることができる項目に含まれていないため，部活動の業務について顧問の教員に時間外勤務を命ずることはできません。

1．公立教員の時間外勤務に関する法律

　公立の教員の時間外勤務については，公立の義務教育諸学校等の教育職員の給与等に関する特別措置法（以下「給特法」とします）で定められています。

　時間外勤務手当については，給特法3条1項で教員（校長，副校長および教頭を除く）には給料月額の4％に相当する額の教職調整額を支給すると規定され，同条2項では時間外勤務手当および休日勤務手当は支給しないと規定されています。

　時間外勤務については，給特法6条1項とこれを受けた公立の義務教育諸学校等の教育職員を正規の勤務時間を超えて勤務させる場合等の基準を定める政令において，「教育職員については，正規の勤務時間の割振りを適正に行い，原則として時間外勤務を命じないものと」し，「教育職員に対し時間外勤務を命ずる場合は，次に掲げる業務〔後記イからニ〕に従事する場合であって臨時又は緊急のやむを得ない必要があるときに限るものとすること」とされていま

す。そして，時間外勤務を命ずることができる業務として，「イ　校外実習その他生徒の実習に関する業務　ロ　修学旅行その他学校の行事に関する業務　ハ　職員会議（設置者の定めるところにより学校に置かれるものをいう。）に関する業務　ニ　非常災害の場合，児童又は生徒の指導に関し緊急の措置を必要とする場合その他やむを得ない場合に必要な業務」（以下「超勤4項目」といいます）と規定されています。

2．時間外勤務手当の支給（本設問(i)）

　本設問(i)のケースについては，給特法3条1項・2項により給料に4％の調整額が時間外勤務手当の概算として上乗せされるにとどまり，どんなに深夜まで残業をしたとしても実際の時間外勤務の時間数に応じた時間外勤務手当というものは支払われないことになります。

　なお，令和元年12月には給特法が一部改正されましたが，教員の勤務時間を年単位で管理する変形労働時間制が導入できるとする内容にとどまり，給特法3条の改正には至っていませんので，公立の教員に時間外勤務手当が支払われないという現状に変化はありません。

3．部活動業務の時間外勤務命令の可否（本設問(ii)）

　中学校の部活動は，課外活動ではありますが，学習指導要領において「学校教育の一環として，教育課程との関連が図られるよう留意する」こととされています。

　実際に，部活動は生徒の自主性，協調性，責任感や連帯感を育成する等，学校教育において意義を有するものと考えられています。そのため，部活動顧問の業務に多くの時間を割く教員も少なくなく，強豪校ともなれば学校全体で部活動に熱心に取り組む場合もあります。

　しかしながら，部活動顧問の業務は上記1に記載した時間外勤務を命ずることのできる超勤4項目のいずれにも該当しません。

　したがって，本設問(ii)のケースについては，時間外勤務を命ずることはできないことになります。

　学校現場では，部活動顧問の業務を正規の勤務時間内でこなすことができる

教員は少ないのではないかと考えられます。部活動顧問となった教員の中には，自身の専門性を活かすことができる等の理由で自主的・自発的に取り組む教員もいますが，他方で人員不足のためにやむを得ず部活動顧問になる教員がいることも事実です。特に後者の場合には，部活動顧問の業務をこなすために時間外勤務を余儀なくされている状況に教員が不満を抱いている可能性も考慮する必要があります。

　校長は，部活動顧問を決めるにあたり，教員の希望を可能な限り考慮し，仮に人員不足でやむを得ず顧問とする場合でも，時間外勤務が発生しないよう教員の負担に配慮することや外部指導者を活用すること，場合によっては部の削減も検討すること等，適切な人員配置と勤怠管理が求められます。

4．時間外勤務の問題点と改善に向けた対応

　公立学校の教員の場合，その給与に4％の調整額が上乗せされているものの，4％という数字は，給特法制定当時の公立学校の教員の時間外勤務の時間数を参考に定められたものであって，現在では多くの教員が調整額の参考とされた時間外勤務の時間数を超える勤務をせざるを得ない状況にあると考えられます。

　確かに，教員に限らずどのような職業でも正規の勤務時間内で効率よく仕事をすることが求められるところです。

　しかし，教員の業務は，教科指導や授業準備の他に学校行事等の準備・運営，児童・生徒指導，部活動，保護者対応，登下校対応，学校徴収金の徴収・管理，地域との連絡調整，研修等，さまざまであり，その他にも本来は教員の業務とは言えないようなものも慣習的に教員の業務に含まれています。業務の増大により，正規の勤務時間内ではこなせないという状況に陥っているというのが現状だと思われます。これは，教育という職務の性質上，明確に職務範囲を割り切ることができないことに起因するのではないかと考えられますが，過重労働や離職者の増加を招いて教員数が減少し，ひいては学校の本来的業務の質が低下することにつながりかねません。

　文部科学省からは平成30年2月9日付けの「学校における働き方改革に関する緊急対策の策定並びに学校における業務改善及び勤務時間管理等に係る取組の徹底について」（通知）が出され，この通知では，学校業務について，学校

や教員が担うべき業務と学校以外が担うべき業務，必ずしも教員が担う必要の
ない業務等を整理し，学校の業務改善に取り組むよう言及されています。

　実際に，学校現場で上記の通知に基づいて長年行われてきた学校や教員の業
務を整理し改善することは困難を伴うものです。また，そもそも，専門職であ
る教員の業務を時間で管理することが適切かどうかという議論もあるところで
す。

　しかし，業務の増大に伴う過重労働を抑制するためには，まずは校長等の管
理職が先頭に立って学校や教員の業務を整理していくことが必要不可欠です。

　その上で，業務を効率よく行える環境を整えることも検討すべきです。

　近年，教員の出退勤時間を管理するため，タイムカード等で記録をつけて勤
怠管理をする学校も増えてきましたが，このことで，管理職は教員の勤務状況
を把握して適切な人員配置や勤怠管理が可能となり，教員にとっても自らの勤
務状況を時間という客観的な基準で認識することにより改善の動機付けになり
ます。教員の業務のなかでも児童・生徒指導や保護者対応，いじめ対応は多く
の時間を割く業務ですが，担任のみで対応するのではなく，児童・生徒指導担
当や学年主任，管理職等も関与して組織的対応を原則とし，対応手順や役割分
担等を事前に決めておくことも重要です。また，学校では教員が連日，勤務時
間外に保護者からの電話に何時間も対応するということが日常的にあります。
確かに保護者対応は教員の業務ではありますが，長時間の電話対応は業務が停
滞する一原因になります。これを改善するものとして，留守番電話機能の利用
や窓口対応として教員以外の学校職員が事前に用件を確認するという方法を取
り入れて，緊急性がある場合を除き勤務時間外の電話対応はしない，とするこ
とも必要ではないかと考えます。

Q7　教員に対する懲戒処分

以下のような場合に教員を免職や解雇とすることができるでしょうか。

(ⅰ)　飲酒運転

(ⅱ)　指導力不足が認められ，研修を重ねても改善がみられない場合

(ⅲ)　精神上の疾患があり，休職を繰り返している場合

A

(ⅰ)　公立学校教員（公務員）の場合，行為の事情を総合考慮して懲戒処分を決定し，国私立学校教員の場合，就業規則に従って処分を検討しますが，免職についてはいずれの場合も慎重に検討すべきです。

(ⅱ)　降格人事や配置替えなどで対応できるか検討した上で，最終手段として，公立学校教員（公務員）の場合，分限処分としての免職，国私立学校教員の場合，解雇を検討します。

(ⅲ)　公立学校教員（公務員）の場合，条例に定める手続に従い，免職の可否を検討します。国私立学校教員の場合，就業規則に従い解雇できるか検討します。なお，労働基準法により免職や解雇が制限されることがあります。

1．教員が公務員の場合

(1)　飲酒運転

　任命権者は，地方公務員法（以下「地公法」といいます）29条1項各号に該当する場合，免職，停職，減給または戒告という懲戒処分を行うことができます。飲酒運転を公務外で行った場合，同項3号の「全体の奉仕者たるにふさわしくない非行のあつた場合」に該当し，どの懲戒処分を課するかが問題になります。

　多くの教育委員会では，要綱・要領といった形で懲戒処分の指針が定められており，同指針に基づいて懲戒処分を行うことになります。たとえば，自治体でも参考にされることが多いと思われる国の懲戒処分の指針においては，「酒酔い運転をした職員は免職又は停職とする。この場合において人を死亡させ，又は人に傷害を負わせた職員は，免職又は停職とする。」，「酒気帯び運転をし

た職員は，免職，停職又は減給とする。この場合において人を死亡させ，又は
人に傷害を負わせた職員は，免職又は停職（事故後の救護を怠る等の措置義務
違反をした職員は，免職）とする。」としています（「懲戒処分の指針について」
（平成12年３月31日職職−68第２の４(1)アおよびイ))。

　もっとも，要綱・要領は教育委員会の内部の定めにすぎず，裁判になった場
合，裁判所は要綱・要領と異なる判断をすることもありえます。判例では，懲
戒権者（任命権者）は，「懲戒事由に該当すると認められる行為の原因，動機，
性質，態様，結果，影響等のほか，当該公務員の右行為の前後における態度，
懲戒処分等の処分歴，選択する処分が他の公務員及び社会に与える影響等，諸
般の事情を総合的に考慮して，懲戒処分をすべきかどうか，また，懲戒処分を
する場合にいかなる処分を選択すべきかを，その裁量的判断によって定するこ
とができるものと解すべきである。」（最判平２・１・18民集44巻１号１頁）とし
ています。そして，懲戒権者の裁量権の行使に基づく処分が社会観念上著しく
妥当を欠き，裁量権の範囲を逸脱しこれを濫用したと認められる場合に限り，
違法であると判断すべきとされています。

　ところで，近時，飲酒運転に対する批判の高まりから，飲酒運転を行った場
合について，原則として懲戒免職とする要綱・要領を定めている自治体があり
ます。しかし，裁判所が，飲酒運転を理由とする免職処分について，違法とし
て取り消す事例もみられます（たとえば，大阪高判平21・４・24労判983号88頁）。
飲酒運転は即懲戒免職と即断するのではなく，飲酒からの時間，飲酒の量，事
故の態様，事故の結果，救護措置等の事故後の対応等を総合的に検討し，懲戒
免職を行うか停職以下の処分とするかを検討することになります。

(2) 教員に指導力不足が認められ，研修を重ねても改善がみられない場合

　地公法28条１項は，人事評価または勤務の状況を示す事実に照らして，勤務
実績がよくない場合について，職員の意に反して降任し，または免職すること
ができることを規定しています（同項１号）。この処分を分限処分といいます。
ここでいう降任とは「職員をその職員が現に任命されている職より下位の職制
上の段階に属する職員の職に任命することをいう」と定義されています（地公
法15条の２第１項３号）。分限処分をするかどうか，するとしたら降任と免職の
どちらを選択するかは，任命権者の裁量に委ねられています。もっとも，裁判

となった場合，分限処分について，任命権者が裁量権を逸脱または濫用したと評価されれば，違法として取り消される場合があります。分限処分の違法性について，最判昭48・9・14民集27巻8号925号は，「「その職に必要な適格性を欠く場合」とは，当該職員の簡単に矯正することのできない持続性を有する素質，能力，性格等に基因してその職務の円滑な遂行に支障があり，または支障を生ずる高度の蓋然性が認められる場合をいうものと解されるが，この意味における適格性の有無は，当該職員の外部にあらわれた行動，態度に徴してこれを判断するほかはない。その場合，個々の行為，態度につき，その性質，態様，背景，状況等の諸般の事情に照らして評価すべきことはもちろん，それら一連の行動，態度については相互に有機的に関連づけてこれを評価すべく，さらに当該職員の経歴や性格，社会環境等の一般的要素をも考慮する必要があり，これら諸般の要素を総合的に検討したうえ，当該職に要求される一般的な適格性の要件との関連においてこれを判断しなければならないのである。」と判示しました。免職は最後の手段であり，降任の処分や配置替えなどの措置で対応できるか検討する必要があります。

(3)　精神上の疾患があり，休職を繰り返している場合

　地公法28条1項は，心身の故障のため，職務の遂行に支障があり，またはこれに堪えない場合を，職員の意に反して降任または免職することができる場合の一つと規定しています（同項2号）。

　ここでいう心身の故障は，回復の見込みがないときまたは治療に極めて長期間を要するときで，かつ，免職については他の職に適当なものがない場合です（橋本勇『新版逐条地方公務員法〔第5次改訂版〕』（学陽書房，2020年）580頁以下参照）。

　手続については，条例で定められ（地公法28条3項），たとえば，免職または休職については，任命権者が指定する医師2名の診断によること等が規定されています。

　分限免職が相当かは，医師の診断書や医師からの意見の聴取等による医学的な知見を参考に最終的には任命権者が判断することになります。

　なお，公務災害により休業している期間およびその後30日間は，免職はできません（労働基準法19条1項）。

2．教員が公務員以外の場合

(1)　飲酒運転

　この場合，懲戒解雇を行うには懲戒事由が就業規則に定められてなければなりません。そして，懲戒事由にあたるとともに，懲戒が社会通念上相当であることが必要です。学校の秩序の維持にとって，自主退職や論旨解雇でも足りる場合もあり，あえて懲戒解雇とする必要があるかは退職金支給の可否など，所属の制度を踏まえて慎重に検討すべきです（判例は，私生活上の非行に対する懲戒権発動について，就業規則の包括的条項を限定解釈し，厳しくチェックしていると言われています（菅野和夫『労働法〔第12版〕』（弘文堂，2019年）713頁参照）。

(2)　教員に指導力不足が認められ，研修を重ねても改善がみられない場合

　就業規則による普通解雇の可否を検討することになりますが，やはり，他の方法により雇用を維持することが不可能な場合のみ，解雇が認められます。

(3)　精神上の疾患があり，休職を繰り返している場合

　この場合も，就業規則に基づいて解雇が可能かを検討することになります。なお，労働基準法19条1項に基づく解雇規制があります。

3．免職や解雇に関する注意事項

　これまで見てきたように，免職や解雇は，教員の生活の基盤を失わせる重大な行為であり，裁判で違法として取消しや無効とされる場合も多くみられます。手続が定められている場合は，その定めに従うことはもちろん，そうでない場合も，本人の弁明（言い分）を聴く機会を与えることが必要です。顧問弁護士への相談や，合議制の会議による意思決定等，慎重な検討が求められます。

Q8　非常勤講師の雇止め

　非常勤の実務講師を採用しましたが，講義内容も稚拙で，また，異性の学生を個人的に飲み会に誘う等，学生の評判が良くないので，即時の解雇または今年で契約終了としようと思っています。しかし，本人には辞める意思がなく，違法な雇止めであり，学部長をパワハラで訴えると言ってきました。どのように対応すればよいでしょうか。

A

　なるべく，カリキュラム内容変更の必要性・学生数の減少等，講師の悪性以外のことを理由として雇止めを検討するべきです。即時の解雇は差し控えましょう。

　学部長のパワハラが認められる可能性は低いです。

1. 雇 止 め

　勤務期間が有期の労働契約において，契約期間が経過した際に，同内容の契約を継続させず，終了させることを雇止めといいます。

　これについては，契約期間が経過すれば当然に契約を終了させても普通に考えれば一見問題ないように思われます。しかし，労働者の生活の安定の観点から，実務上，契約継続が期待されるような経緯の場合には，雇止めが制限される場合があります。

　これまでは裁判例により基準が示されておりましたが，現在では，労働契約法19条に雇止めについて規定されています。

　すなわち，①過去に反復して更新されたことがある有期労働契約であって，その契約期間の満了時に当該契約を更新せずに終了させることが，期間の定めのない労働契約を締結している労働者に解雇の意思表示をして契約を終了させることと社会通念上同視できる場合と認められるか（労働契約法19条1号），または，当該労働者が当該有期労働契約の契約期間の満了時に当該契約の更新を期待することについて合理的な期待があるものと認められるもの（同条2号）であって，②当該有期労働契約の契約期間が満了するまでの間に労働者が当該

契約の更新の申込みをしたか，または当該契約期間の満了後遅滞なく有期労働契約の締結の申込みをしており，③使用者が当該申込みを拒絶することが客観的に合理的な理由を欠き，社会通念上相当であると認められないときは，使用者は，従前の有期労働契約の内容である労働条件と同一の労働条件で当該申込みを承諾したものとみなすことになります。

そして，①の判断に際しては，当該雇用の臨時性・常用性，更新の回数・雇用の通算期間（多いと期待が生じることになる），雇用継続の期待を持たせる言動・制度の有無などが考慮されます。

たとえば，学部が新しくできるから一時的にカリキュラムを創設するために非常勤講師の人員を増やしたような場合には，臨時性があるから，更新の期待があることが合理的とは言えない場合になりやすいです。

逆に，その非常勤講師に対して「今後新学部を引っ張っていくようになってもらいたい」等の話が学部長からあったとしたら，更新の合理的期待がある場合になりやすいと言えます。

これに対し，②の契約更新の意思表示は，争いになる場合は労働者のほうから当然あると思うので，問題とはなりにくいです。

③の要件も重要になります。これは，たとえば，カリキュラムの関係で，国際系の学部にするという方針が変わり，英語の教員が必要なくなったから契約を終了するという場合には，契約更新の申込みを拒絶することに合理性があるということになりやすいです。

2．雇止めに備えて注意すること

(1) ①の要件について

雇止めが違法であるという問題が起きないようにするためには，契約書において，そもそも「本契約は1年で終了し，契約を更新するかどうかは，毎年協議することとします。」といったように，終了することが原則であるという文言を入れておいたほうが良いと思われます。

これに対し，たとえば，一度半期が終了したころに，「来年も契約を継続する予定です。」等のメール等が学部から教員に送られたとすれば，その年の終了時に即時に契約を終了するのは危険性が高いと思われます。このような場合，

実務的な対応としては，次の年度は，コマ数を減らすこと等で対応し，次年度
が始まる際に，契約は本年で終了することを予告しておき，その年度の終了時
に契約を終了としたほうが安全かと思います。

　もっとも，有期労働契約においては，契約更新回数が多いほど契約更新の期
待が高まっているという扱いになることには注意が必要です。また，有期労働
契約も，5年間契約が更新された後は，有期労働契約の労働者に無期労働契約
に転換することを申し出る権利が発生する（労働契約法18条）ので，その点に
も留意しつつ，判断する必要があります。

(2) ③の要件について

　客観性の強い要件なので，本件の「講義内容も稚拙で，また，異性の学生を
個人的に飲み会に誘う等，学生の評判が良くないので」というような当該講師
の能力欠如や問題行動といえる事情はこれにあたりにくいことには留意する必
要があります。このような教員の性向はどちらかというと懲戒等処罰等の問題
であり，雇止めの理由になりにくいです。

　また，実際に，このような事情を理由とする場合には，講義内容の稚拙さに
ついて講義の動画や，異性の学生を個人的に飲み会に誘っているメールやSNS
のやりとり等，確定的な証拠が必要となります。

　そこで，客観的に雇止めを検討する際には，このような本人の能力欠如や問
題行動のみで押し進めないように注意が必要です。前述のカリキュラムや授業
編成の都合等を理由とするほうが無難であると思われます。

　この点，札幌高判平成13・1・31労判801号13頁では，「大学設置基準の改正
や大学進学者数の減少等の社会的・経済的情勢の変化に対応して，……大学に
おいても，被控訴人主張のような内容の語学教育の改革をする必要があること
は首肯できる。」と，カリキュラムの変更の要請があったとされ「そして，平
成10年度から実施される被控訴人の語学教育改革の内容によれば，……レベル
Ⅰの語学講義の担当教育には，非常勤講師を充てることができ，レベルⅡの語
学講義の担当教員には，専任教員を当てることができ，レベルⅢの語学講義の
担当教員には，交換教授等を充てることができ，語学教育の企画立案等にも専
任教員を充てることができるため，特任教員である控訴人に講義を担当させる
までの必要はなくなった」と雇止めした者の契約を継続させないことも合理的

である旨を述べています。

　そこで，原則としては，本人のマイナス以外の理由で雇止めを検討するべきです。もっとも，本人が，再三の注意を受けても異性の学生が嫌がることを行うような場合や，性犯罪にあたるような行為を行ったような場合には，大学の評判が下がるのみでなく，学生の被害も甚大です。そのような場合は，教育者の欠点等を理由とした雇止めが認められる可能性が高いので，大学も厳格な対応をするべきでしょう。

3.　その他の問題

(1)　即時の解雇

　本設問では即時の解雇について記載されています。

　しかし，有期労働契約においては，その期間については労働者は強く守られるべきであるという要請があります。そこで，労働契約法においても，「使用者は，期間の定めのある労働契約……について，やむを得ない事由がある場合でなければ，その契約期間が満了するまでの間において，労働者を解雇することができない。」（労働契約法17条1項）とされており，その期間内における即時の解雇は，「やむを得ない事由」（同項）が要求されていることから，雇止めより認められにくいことはもちろん，通常の無期労働契約における解雇よりも認められにくく，解雇権の濫用で無効となりやすいです。

　このことから，有期労働契約において，即時の解雇だけは言い渡さないように注意してください。

(2)　学部長に対するパワハラの主張

　本設問の講師は，学部長が雇止めを伝えてきたことについてパワハラであると主張しています。

　しかし，学生から苦情等がある場合には，全く事実無根で雇止めとは言えないのであり，雇止めを検討すべき教員に雇止めを申し渡すのは正当な業務行為であり，なかなかパワハラという認定はされないでしょう。このような主張に対しては，特に実務上も対応の必要はないと思われます。

Q9 教員の公務災害・労働災害

　授業中にある男子生徒が暴れ，止めに入った教員が突き飛ばされてケガ
をしました。教員は重症で現在，休業して治療を受けています。学校は教
員に対してどのような対応をすべきでしょうか。

A

　公立学校の教員の場合は，地方公務員の公務災害として，地方公務員災害補
償基金から補償が行われます。国私立学校の教員の場合は，民間企業と同じ労
働災害として補償が行われます。学校としては，医師の診断書や関係者からの
聴き取りの結果をまとめ，補償の申請のために必要な手続をとります。

1．災害補償制度について

(1) 公立学校の教員（地方公務員）の場合

　本設問のように授業中に生徒が暴れ，止めに入った教員が突き飛ばされてケ
ガをした場合，そのケガは公務に起因する災害（公務災害）といえます。教員
が地方公務員の場合，公務に起因する災害については，地方公務員災害補償法
（以下「地公災法」といいます）に基づき，補償が行われます。公務災害補償
制度は，地方公務員等の生活の安定と福祉の向上に寄与することを目的とする
ものであり，任命権者（教育委員会）側の過失は要件ではなく，また，職員の
側の過失による過失相殺を根拠とする減額はありません（ただし，職員が故意
の犯罪行為もしくは重大な過失により，公務災害が生じた場合等について，休
業補償，傷病補償年金または障害補償について補償制限がされる場合がありま
す（地公災法30条））。

　本設問では，補償の内容として，療養補償，休業補償，傷病補償年金等が考
えられます（また，福祉事業としての給付もあります）。まず，療養補償です
が，教員が突き飛ばされたことにより生じたケガが「治癒」するまでの医師の
診察料，薬代，入院や看護の費用等で相当な額が療養補償として支給されます
（同法26条・27条）。

　ここでいう「治癒」とは「症状固定」の状態であり，治療を続けてもそれ以

上症状の改善の望めない状態です。必ずしも，公務災害発生以前の身体の状態に戻った場合ではありません（治癒の段階で，たとえば痛みや，運動制限等の障害が残る場合は，障害の程度（障害等級）に応じて障害補償（障害補償一時金または障害補償年金）が支給されます）。

　休業補償は，職員が療養のため勤務することができない場合において，給与を受けないときに，一定の金額を支給するものです（同法28条）。

　さらに，公務災害である負傷または疾病による療養の開始後1年6カ月を経過した日において，当該負傷または疾病が治っていないこと，および，当該負傷または疾病の程度が，一定以上の傷病等級に該当する場合は，その状態が継続している期間，傷病補償年金が支給されます（同法28条の2）。

　公務災害補償は，地方公務員災害補償基金（以下「基金」といいます）が行います。実務上，請求する者は，基金の支部長に対して，公務災害の認定を請求する必要があります（同法45条）。そして，個々の補償について，申請をすることになります。

　公務災害の認定や，補償については，災害の原因が公務によることや，費用を裏付けるための書類が必要とされることから，早めの対応が必要となります。具体的には，公務災害を扱う所属の担当と連絡を取りながら，教員の受けたケガの状態が変化しないうちに医師の診断書を得る，被害者である教員，加害者である児童・生徒等の関係者からの聴き取りの結果をまとめる等を行い，補償の申請のために必要な手続をとります。

(2)　国私立学校の教員の場合

　この場合，教員が学校の管理者と雇用関係にあるため，労働者災害補償保険法によって補償を受けることになります。給付の内容としては，療養補償給付，休業補償給付，傷病補償年金等があります。

　保険給付は，被災労働者の労働基準監督署長に対する請求により行います。

2．安全配慮義務

(1)　損害賠償請求

　教員を任用する地方公共団体は，教員に対し，公務遂行のために設置すべき場所，施設もしくは器具等の設置管理または教員が上司の指示のもとに遂行す

る公務の管理にあたって、教員の生命および健康等を危険から保護するよう配慮すべき義務（安全配慮義務）を負っています。

学校側が、このような義務を怠っていたと認められる場合には、職員は、公務災害補償制度とは別に安全配慮義務違反による損害賠償を、所属する自治体に請求することができます。しかし、損害賠償については、任命権者側の過失が要件となっていること、職員側にも過失がある場合は過失相殺により損害賠償額が減額されることが公務災害補償制度とは異なります。

他方、損害賠償請求では公務災害補償制度では支給されない精神的な損害に対する賠償（慰謝料）その他の費用を請求することができます。

国私立学校の教員の場合での安全配慮義務違反を理由とする損害賠償と労働災害補償制度との関係も同様です。

なお、教員が学校側に対して損害賠償を求める場合、学校と教員との間に対立関係が生じますが、教員が学校側に請求するか否かは、教員個人の権利行使の問題であることから、教員の自由な意思に委ねることになります。

(2) 被害者である教員に対する配慮

また、既に生じた事件に基づく損害賠償とは別に、使用者は、その雇用する労働者に従事させる業務を定めてこれを管理するに際し、業務の遂行に伴う疲労や心理的負荷等が過度に蓄積して労働者の心身の健康を損なうことがないよう注意する義務を負います（最判平12・3・24民集54巻3号1155頁）。このため、職員の職場復帰によって、職員に強い心理的負荷がかかる場合には異動等の配慮が必要なこともありえます。

3．教員と生徒との関係

教員が生徒に対して、不法行為に基づく損害賠償請求を請求する場合は、一般的な要件に加えて、生徒の責任能力が要件となります。責任能力とは、自己の行為の責任を弁識するに足りる知能をいいます（民法712条）。

責任能力の有無について、判例は平均すると12歳前後を基準としているともいわれますが（内田貴『民法II 債権各論（第3版）』（東京大学出版会、2011年）400頁）、不法行為の内容によって個別に判断されることになります。

生徒に責任能力がない場合、民法714条1項に基づいて監督義務者（多くの

場合親権者）に対して損害賠償を求めることができます。この場合，監督義務者がその義務を怠らなかったとき，またはその義務を怠らなくても損害が生ずべきであったときは，監督義務者は責任を免れます。

　しかし，児童・生徒は，監督義務者よりも資力がないことが一般的であるため，被害者である教員が事実上救済されない可能性があります。

　そこで，未成年者が責任能力を有する場合であっても監督義務者の義務違反と当該未成年者の不法行為によって生じた結果との間に相当因果関係を認めうるときは，監督義務者につき民法709条に基づく不法行為が成立するとする最高裁判例（最判昭49・3・22民集28巻2号347頁）があります）。

　したがって，教員側が，監督義務者の監督義務違反と児童・生徒の不法行為によって生じた結果との間の相当因果関係を主張立証して，監督義務者に対して損害賠償を請求することも考えられます。

　もっとも，被害者である教員の立場からすると，請求の制度面や心理面からの容易さや相手方の資力の点を考えれば，①公務災害や労働災害としての給付の請求，②任命権者が所属する団体や使用者に対する安全配慮義務違反による損害賠償請求，③加害生徒やその監護者に対する請求の順に検討されることになりそうです。

　教員が児童・生徒やその監護者に損害賠償を求めるか否かは，教員個人の権利の行使の問題となるため，教員の判断となります。

Q10　教員の引き抜き防止策

　私は通信制高校の経営者です。最近，せっかく育てた優秀な人材が多く同業他社に引き抜かれてしまっています。さらに，元従業員は当社の入学が見込まれる生徒のリストをコピーして持って行ってしまっているようで，そのリストをもとに生徒の募集を行っているようです。引き抜きを防止することや，当社の顧客リストを使わせない方法はありませんか。

　競業他社へ転職した退職者との間で個別に競業避止義務や退職金減額の合意を行うことが考えられます。また，退職者と個別にリストなどの機密情報の持ち出しを禁ずる旨の誓約書を作成するなど，機密情報の厳格な管理を行うことが大切です。

1．背　景

　私立の高校や進学予備校でもよく起こる問題ではありますが，最近では通信制高校においても従業員の引き抜きというのは問題となっています。特に通信制高校は経験者が少なく，少しでも経験のある人材が強く求められていることもあり，老舗の通信制高校の従業員を，新興の通信制高校が好待遇で引き抜く，ということがよくあります。

　学校経営者としてはそういった人材に退職して欲しくないと思うのは当然ですが，一方で，退職者にも憲法で保障された職業選択の自由（憲法23条）があります。そのため，従業員が退職し，競合他社に就職することを完全に防止することはできず，対応策は退職者の職業選択の自由を過度に侵害しない，という範囲のものとなります。

2．対　応　策

　上記のような制限のある中での対応策とはなりますが，私立学校，通信制高校においても，法的な対応策という意味では，退職者と個別に同業他社・同種学校に就職しないという競業避止義務を負わせることや，同業他社・同種学校

に転職した場合は退職金の減額等を行うといった取り決めを行うことで，従業員の退職を思いとどまらせる一定の効果はあるといえます。

3．競業避止義務

　競業避止義務というのは，同業他社・同種学校への就職を差し控えるという義務のことを言います。競業避止義務については，就業規則や労働協約にて，事前に特別の根拠を定めておくほうが望ましいです。たとえば，下記のような規定です。

（例）

第○条　従業員は在職中及び退職後6カ月間，会社と競合する他社に就職及び競業する事業を営むことを禁止する。ただし，会社が従業員との間で，個別に競業避止義務について契約を締結した場合には，当該契約によるものとする。

　在籍中の従業員については，労働契約の付随義務として競業避止義務を当然に負っています。問題は，退職後についても退職者にこの競業避止義務を負わせることができるかという点です。最近の裁判例は，退職後の競業避止義務違反については，基本的には厳しい態度を取る傾向にありますが（菅野和夫『労働法〔第12版〕』（弘文堂，2019年）159頁），認められるケースも少なくないです。

　たとえば，学校のケースではないですが，電機店の店長だった者に対する競業避止条項違反を理由とする違約金請求が認められたものもあります。この事件は，退職に際して作成した誓約書（退職後最低1年間は同業者へ転職しないことを誓約する旨の役職者誓約書）に違反して同業者に転職した者に対し，会社が競業避止義務違反を主張し，認められた事件です。その中では，店長という店舗における販売方法や人事管理のあり方を熟知して，全社的な営業方針，経営戦略を知ることができた立場にいたことや，転職が禁止される範囲が同種の家電量販店とおのずから限定され，その期間も1年と短く，会社が全国展開していることから禁止範囲も過度に広範とはいえない，と判示されました（ヤマダ電機事件・東京地判平19・4・24労経速1977号3頁）。この裁判例を参考にすれば，学校においても，経営にかかわるような立場の者に対する競業避止義務違反は，一般社員に対するものと比べ，競業避止義務違反が認められやすいと

いえます。

　そのほか，引き抜きを行った者が退職者である場合もあるため，学校在籍時から引き抜きを禁止する旨の誓約書を取得することも1つの手段です。引き抜きの態様が計画的かつ極めて背信的であるような場合には，社会的相当性を逸脱した違法な行為として，損害賠償を請求できる場合もあります（東京地判平3・2・25判時1399号69頁）。

┃ 4．退職金の減額ないし没収

　次に，同業他社・同種学校に転職した者に対する退職金の減額ないし没収についてはどうでしょうか。裁判例によれば，退職金の減額等については，退職金規程にその旨の明確な規定が存在することが必要であり，同規定の合理性と当該ケースへの適用の可否が，退職後の競業制限の必要性や範囲（期間，地域など），競業行為の態様（背信性）等に照らして判断される，とされています（菅野和夫『労働法〔第12版〕』（弘文堂，2012年）199頁）。

　たとえば，退職金の減額が認められたある事件では，「（退職金が）功労報償的な性格を併せ有することにかんがみれば，（退職金の減額が）合理性のない措置であるとすることはできない」。「この場合の退職金の定めは，制限違反の就職をしたことにより勤務中の功労に対する評価が減殺され」る，と判示されています（三晃社事件・最判昭52・8・9労経速958号25頁）。

　一方で，退職金の不支給が認められなかった事件では，退職後6カ月以内に同業他社に就職した場合は退職金を支給しないとの条項について「本件不支給条項が退職金の減額にとどまらず，全額の不支給を定めたものであって，退職従業員の職業選択の自由に重大な制限を加える結果となる極めて厳しいものであることを考慮すると」，「（退職従業員に）顕著な背信性がある場合に限ると解するのが相当」（名古屋高判平2・8・31判タ745号150頁）と，不支給に否定的な判断がされました。

　退職金は，賃金の後払という性格と，功労報償的な性格（会社への貢献に対する対価）の2つの側面を有していますので，競業避止義務違反が功労報償的な面を打ち消すとして減額が認められるとしても，よほどの不信行為がない限りは，賃金後払の性質を打ち消すことはできず，全額不支給は難しい，と考え

られます。実際の効力は事例によりますが，学校でも同様に考えることができます。

5．リスト等の営業秘密流出の防止

　では，顧客リストのような「営業秘密」（不競法2条1項7号）を持っていかれることを防ぐ手段はあるでしょうか。

　事後の措置としては，営業秘密の侵害に対しては，不競法により，民事上の差止請求や，損害賠償を行うこと，さらに持ち出した者に対し刑事罰を問うことが可能です。

　事前の防衛策としては，たとえば顧客リスト等については，就業規則に営業秘密を持ち出さないことについて記載するとともに，退職時にも個別に営業秘密を使用しないことについての誓約書を取得することで牽制する方法があります。退職時に誓約書を取ることが難しい場合は，入社時や，契約更新時，給与改定時に取得するのも1つの方法です。

　この場合の注意点ですが，実際に退職者が転職後に顧客リストを使用し営業を行った場合，顧客リストが誰でも持ち出せる場所にはなく，きちんと管理されているかどうかということも「営業秘密」として保護されるかという観点から問題となります。この点は裁判例もありますが，経済産業省の出した「営業秘密管理指針」が参考になるでしょう。ここに記載の秘密管理についての「望ましい水準」として，営業秘密について，施錠可能な保管庫での保管することや，持ち出し制限の規定を定めること，営業秘密を持ち出さないことについて教育実施をすることが必要と記載されています。私立学校では顧客リストはあまり問題ないと思いますが，通信制高校のような全国どの地域からも入学できるような形態の学校の場合，顧客リストはより重要なものとなりますので，管理方法は再確認する必要があるといえます。

5 **著 作 権**

Q11 教育機関での著作物の利用

小学校教員であるＡ教員は，授業において，既存の公表されている著作物を，生徒に配布する資料や発表スライドに複製して利用したいと考えています（以下「本件利用」といいます）。Ａ教員は，どのような点に気を付ければよいでしょうか。

A

著作権の存続期間が終了していない著作物を複製等するには，原則として著作者の許諾が必要です。ただし，Ａ教員は，著作権法35条1項の要件を満たす場合等には，授業の過程で著作物を複製等することができます。

1．著作権法上の定め

(1) 著作権の保護

著作物は，その存続期間が終了するまでの期間（原則として，著作物が創作された時点から，著作者の死後70年を経過するまで（著作権法51条等参照）），著作権法による保護を受け，著作権者以外の者は，原則として著作権者の許諾がなければ著作物を利用することができません。

著作物の利用には，著作物の複製（同法21条），公衆送信（同法23条），譲渡（同法26条の2），翻案（同法27条）等が含まれます。

複製とは，印刷，写真，複写，録音，録画その他の方法により有形的に再製することをいい（同法2条1項15号），著作物をスライドに投影したり，紙資料に印刷したりすることは，それぞれ複製にあたります。

(2) 著作権の保護の制限

(1)に述べたように，著作物は著作権により保護されていますが，著作権には一定の権利制限があります（著作権法30条〜50条参照）。

① 学校その他の教育機関における複製等

　著作権の権利制限の一つとして，教育機関における複製等（著作権法35条）があり，A教員は，同条1項が定める要件を満たせば，既存の公表されている著作物を，受講者に配布する資料や発表スライドに複製して利用することができます。

- 「学校その他の教育機関（営利を目的として設置されているものを除く。）」

　　著作権法35条1項により著作物の複製をすることができる施設は，非営利目的の教育機関です。これには，小学校，中学校，高等学校，大学，大学院，高等専門学校および幼稚園のほか，専修学校，各種学校が含まれます。これに対し，私人の経営する塾や予備校，会社等に設置されている職員研修施設は含まれないとされています（加戸守行『著作権法逐条講義〔六訂新版〕』（著作権情報センター，2013年）281頁，半田正夫＝松田政行編『著作権法コンメンタール2〔第2版〕』（勁草書房，2015年）296頁）。

　　A教員が勤務する施設は小学校ですので，「学校その他の教育機関（営利を目的として設置されているものを除く。）」との要件を満たします。

- 「教育を担任する者及び授業を受ける者」

　　「教育を担任する者」とは，学校その他の教育機関において授業を実際に行う人のことをいいます。ただし，「教育を担任する者」が複製主体となり，その部下である職員や児童・生徒等を手足としてコピーを取らせることはできるとされています。なお，「授業を受ける者」とは，学校その他の教育機関において教育を受ける人のことを言います（前掲・加戸281～282頁）。

　　A教員は，授業を実際に行う人ですので，「教育を担任する者」との要件を満たします。

- 「その授業の過程における利用に供することを目的とする場合」

　　「その授業の過程における利用」というためには，当該「教育を担任する者」自身が担当する授業において使用する必要があります。よって，全校生徒に配布するために印刷物を作成することはできません。「授業の過程」とは，いわゆる授業のほか，初等中等教育機関における特別教育活動である運動会等の学校行事や必修のクラブ活動も含まれるものとされてい

ますが, 課外活動は含まれないものとされています (前掲・加戸282頁)。

　A教員は, その担当する授業において使用する目的であれば,「その授業の過程における利用に供することを目的とする場合」との要件を満たします。

- •「必要と認められる限度において」

　複製は,「その授業の過程における利用に供する」目的のために「必要と認められる限度」でなければなりません。実際に授業の対象となる部分の複製であり, かつ, その複製の数が参加する者の数を超えないことが必要となります (前掲・加戸282頁, 前掲・半田＝松田編297頁)。

　A教員は, 実際に授業の対象となる部分を, 担当するクラスの児童の数のみ複製するのであれば, この要件を満たします。

- •「公表された著作物」

　複製できるのは,「公表された著作物」に限られますが, A教員は, 既存の公表されている著作物を複製したいと考えていますので, この要件を満たします。

- •「当該著作物の種類及び用途並びに当該複製の部数及び当該複製…の態様に照らし著作権者の利益を不当に害することとなる場合」

　著作権法35条1項により著作物を複製する場合であっても, 当該著作物の種類および用途ならびにその複製の部数及び態様に照らし著作権者の利益を不当に害することとなる場合にはこれを行うことはできません。

　このうち,「著作物の種類及び用途」については, たとえば, ドリル・ワークブックなどの, 教育の過程で授業を受ける者が各自で購入等して利用することが想定されている著作物については, これを複製して配布すれば, 著作権者の利益を不当に害する可能性が高いといえます。「複製の部数」については, 大学の大教室での授業で数百人の受講生に配布するためにする複製等は問題があるとされています。「複製の態様」については, 製本するなど, 複製物を市販できるような態様で複製することはできないものとされています (前掲・加戸282～283頁, 前掲・半田＝松田編298～299頁)。

　A教員は, これらの点に留意し, 著作権者の利益を不当に害すること

ないか検討の上，複製の可否を判断する必要があります。

②　引　用

上記①のほか，著作権の権利制限には「引用」（著作権法32条）があり，A教員は，本件利用が「引用」にあたれば，著作物をスライドや配布資料に複製して利用することができます。

同条1項は，「公表された著作物は，引用して利用することができる。この場合において，その引用は，公正な慣行に合致するものであり，かつ，報道，批評，研究その他の引用の目的上正当な範囲内で行なわれるものでなければならない。」と定めており，旧法下における判断ではあるものの，判例（最判昭55・3・28民集34巻3号244頁）は，「引用」にあたるためには①明瞭区分性と②主従関係の2要件を満たすことが必要である旨判示しています。

このうち，②主従関係については，引用する著作物と引用される著作物の量および内容を総合的に判断する必要があり，前者が後者より量的に多い場合であっても，内容的に引用を行う必要性が低い場合は，主従関係は認められないことになりますので注意が必要です（前掲・半田＝松田編248～250頁）。

2．学校現場で留意すべき点

1に述べたとおり，A教員は，著作権法35条1項の要件を満たせば，授業で配布する資料に既存の著作物を複製することができます。また，同条に基づき，A教員は，授業の受講者に対して，1(2)①記載の要件を満たした予習や復習のための資料をインターネットにアップロードしたり，メール送信したりする形で提供する（これらを「公衆送信」といいます）ことができますが，この場合，教育機関を設置する者（本件では，A教員が勤務する小学校の設置者）は，著作権者に対して補償金の支払いを行う必要があります（同条2項）。なお，新型コロナウイルス感染症の流行に伴う特例的な対応として，令和2年度に限って，同補償金額を無償として，同条に基づく著作物の利用を行うことができます（Q12参照）。同補償金の支払や学校その他の教育機関における公衆送信についての詳細は，Q12を参照してください。

Q12　遠隔講義における著作権

　Aキャンパスで行われる講義（正規の授業）を，Bキャンパスにも同時中継したいと思っています。講義資料には報道記事や論評が多数含まれるのですが，著作権者の許諾は不要でしょうか。また，スタジオ収録講義の配信や，eラーニングの場合はどうでしょうか。

A

　Aキャンパスでの対面式講義をBキャンパスに同時中継することについては，原則として著作権者の許諾は不要です（補償金の支払いも不要です）。

　これに対し，スタジオ収録講義の配信やeラーニングの場合には，改正著作権法の施行により，補償金の支払いを条件に，原則として著作権者の許諾なく配信が可能です。

　学校としては，最新の情報に基づいて対応する必要があります。

1．引用を超えるか否かの確認

　まず，学校としては，教員が作成したスライド資料の内容を確認し，引用の規定（著作権法32条）に基づいて著作権者の許諾が不要な場合にあたらないかを確認する必要があります。

　もっとも，本設問の場合，報道記事や論評が多数含まれるとのことですので，引用の規定で対応できる可能性は低いと思われます。

2．改正著作権法の施行

　学校その他の教育機関における授業の過程での著作物の複製等に関しては，著作権法35条に規定がありますが，授業目的公衆送信補償金制度の創設等を内容とする著作権法の一部を改正する法律（平成30年法律第30号）（以下「改正著作権法」といいます）が2021年5月24日までには施行予定であったところ，新型コロナウイルス感染症拡大防止のため対面授業からオンライン授業への転換の必要性が高まり，当初の予定よりも早く，2020年4月28日に施行されました。

3．副会場への同時中継の場合

　主会場であるAキャンパスにおいて対面方式で行われている講義について，その講義で配布されるスライド資料や講義風景を，副会場で同じ講義を受講しているBキャンパスの受講者に向けて同時中継（公衆送信）する場合には，従前からも著作権者の許諾は不要とされ（改正前著作権法35条2項），許諾料の支払いも不要とされてきました。

　ただし，著作権者の利益を不当に害することとなる場合は，原則どおり著作権者の許諾が必要になります（同項但書）。たとえば，講義（正規の授業）であるからといって，スライド資料に市販の問題集を取り込んでAキャンパスの講義でスクリーンに投影し，これをBキャンパスにも同時中継して受講生に解かせるのは，著作権者の利益を不当に害することとなる可能性が高く，適切ではありません。

　改正著作権法の施行によっても，上記の取扱いに変更はありません（著作権法35条1項および3項）。

4．スタジオ収録講義やeラーニングの場合

　従前，公衆送信に関して著作権者の許諾が不要とされる形態は，対面式の授業が行われている会場（主会場）があり，同じ授業を受講する副会場に同時に中継するものであると言われてきました。そして，主会場には受講生がおらず対面方式の授業が行われていないスタジオ収録講義や，Aキャンパスで実施した講義を録画しインターネット等を通じてBキャンパスの受講生が後日受講できる方式（eラーニング方式）は，著作権者から個別に許諾を得る必要があるとされてきました。

　改正著作権法が施行されたことにより，スタジオ収録講義の配信やeラーニングの場合でも，授業目的公衆送信補償金（以下「補償金」といいます）の支払いを条件に，著作権者の許諾を得なくとも配信が可能になりました（著作権法35条1項および2項）。ただし，著作権者の利益を不当に害することとなるものは，原則どおり，著作権者の許諾が必要です（同条1項但書参照）。

　補償金の支払義務者は，教育機関の設置者です（同条2項）。補償金は文化

庁長官が指定する単一の団体に支払うこととされており，一般社団法人授業目的公衆送信補償金等管理協会（SARTRAS（https://sartras.or.jp/））が指定されています（文化庁ウェブサイト「授業目的公衆送信補償金に係る指定監理団体の指定について」https://www.bunka.go.jp/seisaku/chosakuken/1413647.html）。

　改正著作権法が施行されたことに伴い，スタジオ収録講義の配信やeラーニングのほか，予習復習のための資料を受講生に配信（公衆送信）することも同様に，補償金の支払いを条件に可能となります（（【図表1-1】参照）。ただし，著作権者の利益を不当に害することとなる場合は不可です）。近時，ICT（Information and Communication Technology；情報通信技術）を活用した反転授業（基本的な知識習得は事前教材を通じて授業前に各自で済ませ，授業時間中は応用問題や実習・演習を行うもの）が注目されていますが，改正著作権法の施行によってこの流れが加速するかもしれません。

　なお，SARTRASへの補償金の支払いは選択肢の一つであり，従来どおり，著作権者と個別に契約をして利用する方法も可能と説明されています（SARTRASウェブサイト（https://sartras.or.jp/）内のFAQ（よくあるご質問）送信補償金制度参照）。

5．著作権者の利益を不当に害することとなる場合

　上記のとおり，副会場への同時中継の場合には原則許諾不要・無償で，スタジオ収録講義やeラーニングの場合には，補償金の支払いを条件に原則許諾不要で著作物の公衆送信が可能となります。もっとも，どちらの場合においても著作権者の利益を不当に害することとなるものは，無許諾・無償または無許諾・有償（補償金）で利用できる範囲を超えているものとして，原則どおり著作権者の許諾が必要となります。そして，「著作権者の利益を不当に害することとなるもの」とは，公衆送信の利用行為が行われることによって，現実に市販物の売れ行きが低下したり，将来における著作物の潜在的販路を阻害しうる態様での利用とされており，具体的には以下のような点に十分留意する必要があります。

(1)　クラス単位や授業単位までの利用

　原則として，講義資料の公衆送信は，講義に「必要と認められる限度」の利

【図表1−1】 教育の情報化に対応した平成30年著作権法改正の概要

○従来より、教育機関の授業の過程における著作物の利用は、①対面授業のために複製することや、②対面授業で複製等したものを同時中継の遠隔合同授業等のために公衆送信することは、著作権の権利制限規定（第35条）により、無許諾で可能であった。

一方、従来は、その他の公衆送信は権利者の許諾が必要となっていたため、教育関係者から、学校等におけるICTを活用した教育において著作物が円滑に利用できていないことから、著作権処理の負担の見直しを求める声があった。

○このため、平成30年に著作権法を改正し、［その他の公衆送信］について、補償金を支払うことにより、無許諾で可能とした。

学校等の授業の過程における著作物の利用の取扱い

権利制限あり（無許諾・無償）
（著作権法第35条第1項）

複製

対面授業で使用する資料として
印刷・配布

権利制限あり（無許諾・無償）
（著作権法第35条第2項）

遠隔合同授業等
のための公衆送信

対面授業で使用した資料を講義映像を
（同時中継）で他の会場に送信

権利制限なし（許諾を得て利用）
→無許諾・有償（補償金）に

その他の公衆送信全て

対面授業の予習・復習用の資料をメールで送信
対面授業で使用する資料を外部サーバ経由で送信

平成30年の改正範囲

オンデマンド授業で講義映像や資料を送信

スタジオ型のリアルタイム配信授業

遠隔地の会場に同時中継

法案成立後の流れ

○平成30年5月　著作権法の一部を改正する法律（平成30年法律第30号）の成立（5月18日）、公布（5月25日）（第35条関係規定は、法律公布日から3年を超えない範囲内で政令で定める日（令和3年5月24日）までに施行することとされている。）
○平成31年2月　文化庁の指定管理団体として、授業目的公衆送信補償金等管理協会（SARTRAS）を指定。
○令和元年年〜　SARTRASが、令和3年4月からの施行を目指し準備。また、改正法の運用指針（ガイドライン）について教育関係者と調整中。
○令和2年度　　SARTRASにおいて、令和2年度に限って、補償金額を特例的に無償として申請することを決定（令和2年4月6日）。
　　　　　　　　新型コロナウイルス感染症の流行に伴う遠隔授業等のニーズに対応するため、当初の予定を早めて、令和2年4月28日から施行。

（出所）文化庁著作権課「平成30年著作権法改正（授業目的公衆送信補償金制度）の早期施行」（令和2年4月）

用とされており，クラス単位や授業単位（大学の大講義室での講義をはじめ，クラスの枠を超えて行われる授業においては，当該授業の受講者数）までの利用に限定されています。そのため，たとえば視聴パスワードを付けて受講者のみに知らせるなどの対応をし，授業を担当する教員および当該講義の受講生以外の方が受信できないように留意する必要があります。

(2)　著作物の小部分の利用

　講義資料の公衆送信が，講義資料の中に含まれる著作物の購入の代替となるような態様での利用となると，市販の商品の売上に影響を与えることとなり，「著作権者の利益を不当に害することとなる」ため，原則として著作物の利用は小部分の利用に制限されています。ただし，小部分の利用が著作者人格権（同一性保持権）の侵害にあたる場合など，全部の利用が認められる場合もあります。以下，著作物の種類に応じて検討します。

①　報道記事や論評

　本設問の場合，講義資料の中に報道記事や論評が多数含まれるとのことですが，報道記事や論評は，小部分の利用が著作者人格権（同一性保持権）の侵害にあたりうることから，その場合には全部の利用が認められることとなります。

②　写　　真

　本設問とは異なりますが，講義資料の中に写真が含まれる場合，その写真が単体で著作物を構成する場合には，写真の小部分を利用することは著作者人格権（同一性保持権）の侵害になりうるため，全部の利用が認められることとなります。もっとも，1つの出版物から多数の写真を取り出して利用することは，市販の商品の売上に影響を与えるような態様での提供となり「著作権者の利益を不当に害する」可能性が高いのでご留意ください。

③　市販の問題集

　市販の問題集は，講義を行う上で，通常教員や受講生の一人ひとりが購入し使用されることが想定されます。上記3でも触れたように，講義（正規の授業）であるからといって，スライド資料に市販の問題集を取り込んで公衆送信をし，受講生に解かせるのは，それらが掲載されている資料の購入等の代替となるような態様で公衆送信することになりうるもので「著作権者の利益を不当に害することとなる」可能性が高いです。

④　その他

　ある1回の講義の中では，著作物の小部分の利用にとどまる場合であっても，回ごとに同じ著作物の異なる部分を利用することで，結果としてその講義での利用量が小部分ではなくなる場合には「著作権者の利益を不当に害する」可能性が高いので注意が必要です。

6．学校に求められる対応

　学校としては，ICTを活用した教育活動を展開するに際し，改正著作権法対応のための業務フロー作成が求められます。具体的には，(a)用いた著作物のリスト作成，著作物リストと講義資料の学校への事前提出の徹底，(b)SARTRASへの補償金支払いまたは著作権者との契約を必要とする範囲の確認，SARTRASへの届出または著作権者との契約，(c)補償金または許諾料の支払い，を網羅した業務フローを作成する必要があります。

　学校が適切に著作権の管理や権利処理を行うためには，教員が作成した資料には誰のどのような著作物が含まれているかを把握する必要がありますが，学校の職員が教員の作成した資料を見て著作物を特定して著作権者を探し当てるのは至難の業です。授業関係の資料を作成するのは基本的には教員ですから，教員に対して，資料作成の際に著作物リスト作成を徹底してもらい，資料と著作物リストを事前に学校に提出してもらうのが現実的と言えるでしょう。

　著作権法35条2項に基づいてSARTRASへの補償金支払いを予定していても，(アカデミック・マナーとして）著作権者に一報を入れることとする場面もあると思われます。また，学校ではさまざまな資料が作成されますが，補償金制度をもって対応できるのは授業の過程における利用の場合に限られ，それ以外（たとえば教職員会議やPTA関係）で利用する場合は著作権者から個別に許諾を得る必要があります。当初は授業目的で作成した資料を教員の研修資料に転用する場合には，その時点で著作権者の許諾が必要になります（上記(a)および(b)の関係）。

　また，上記(c)との関係では，補償金の支払義務者は，教育機関の設置者とされています（著作権法35条2項)。2020年度に関しては特例的に授業目的公衆送信補償金は無償とされましたが2021年度以降は有償化が見込まれ，通常の授業

に関しては著作物等の種類や授業目的公衆送信の回数にかかわらず児童・生徒・学生1人当たりの年額を設定する方式が検討されているようです（SARTRAS ウェブサイト（https://sartras.or.jp/）内のFAQ（よくあるご質問）参照）。そのため，学校全体で予算措置とその原資をどこに求めるかを検討しておく必要があります。学校においては，最新の情報収集に努め，学内関係部署への情報共有を図ることが有効と思われます。

Q13 著作物の試験等での利用

(i) A教員は，自身が勤務するＸ大学の入学試験問題に，ある文学作品を使用したいと思っています。どのような点に注意すべきでしょうか。

(ii) Ｂさんは，自身の勤務する学校の教職員の採用試験の問題に，ある文学作品を使用したいと考えています。どのような点に注意すべきでしょうか。

　著作権法36条１項により，当該文学作品が公表された著作物である場合は，入学試験の目的上必要と認められる限度において，当該文学作品を当該試験の問題として複製することができます。ただし，営利を目的とした試験においては，補償金を支払う必要があり（同条２項），本設問における教職員の採用試験はこれに当たる可能性があります。

1．著作権法上の定め

(1) 著作物の試験等における利用

　著作物は，その存続期間が終了するまでの期間，著作権法による保護を受け，著作権者以外の者は，原則として著作権者の許諾がなければ著作物を利用することができません。

　ただし，著作権には一定の権利制限があり（著作権の著作権法上の保護および制限等については，Q11を参照してください），著作権法36条１項は，入学試験などの人の学識技能に関する試験を行う際，公表された著作物を当該著作物の著作権者の許諾なしに複製・公衆送信することを認めています。これは，試験前に試験問題に利用される著作物が何であるかが外部に漏れれば試験の公正な実施を妨げるおそれがあることから事前に著作権者の許諾を得ることが困難であること，試験問題に著作物を利用することは，当該著作物の一般的な市場と競合することはないこと等から認められるものです（中山信弘『著作権法〔第３版〕』（有斐閣，2020年）420頁）。

(2)　**本設問(i)について**

　著作権法36条1項により，公表された著作物については，入学試験の目的上必要と認められる限度において，当該試験の問題として複製することができます。

　同項では「必要と認められる限度」での利用のみが認められており，著作物の試験問題と無関係な部分まで広く複製等が許されるわけではありません。たとえば，長編小説や論文などで，その一部を用いれば試験の目的を達成できる場合は，複製等が許されるのも当該一部に限られます。他方で，短い文章や詩，短歌などで，その全部を用いるのでなければ試験の目的を達成することができない場合は，当該著作物全部の複製等が認められます（半田正夫＝松田政行編『著作権法コンメンタール2〔第2版〕』（勁草書房，2015年）309頁）。A教員は，試験に必要な範囲を超えて不必要に長文の文学作品を利用していないかについて注意する必要があります。

　また，A教員は，同項により文学作品を利用する場合で，著作物の出所を明示する慣行があるときには，複製の態様に応じ，合理的と認められる方法および程度により出所を明示しなければなりません（著作権法48条1項3号）。

　なお，A教員は，文学作品を試験問題に利用するにあたって，その一部を改変することはできるでしょうか。同法20条1項は「著作者は，その著作物及びその題号の同一性を保持する権利を有し，その意に反してこれらの変更，切除その他の改変を受けないものとする。」と定めており，著作物を著作者の意に反して改変することはできません。同法36条1項以外の著作権の権利制限規定により著作物を利用する場合，たとえば，教科用図書等への掲載（同法33条1項）については，学校教育の目的上やむを得ないと認められる改変が許されるものとされ（同法20条2項1号），一定の改変が認められていますが，同法36条1項に関しては，明文の規定がありません。ただし，同法20条2項4号は「著作物の性質並びにその利用の目的及び態様に照らしやむを得ないと認められる改変」については許される旨規定していますので，試験問題として利用するためにやむを得ない改変として，著作物の一部を空欄にして，空欄に入る適切な語句等を回答させるいわゆる「穴埋め問題」等については，許される余地があるものと考えられます（前掲・半田＝松田編311頁）。

　また，同法36条1項以外の著作権の権利制限規定により著作物を利用する場合，たとえば，教科用図書等への掲載（同法33条1項）については，変形または翻案による利用が認められているのに対し（同法47条の6第1項1号），同法36条1項については翻訳のみが認められ（同法47条の6第1項3号），変形や翻案は認められていません。よって，A教員は，試験問題において文学作品を改変等することなくそのまま利用する必要がある点についても注意が必要です。

(3)　**本設問(ⅱ)について**

　Bさんが検討している，自身の勤務する学校の教職員の採用試験の問題に，ある文学作品の利用についても，基本的には(2)に述べたのと同様のことが当てはまります。

　ただし，著作権法36条2項により，試験問題に著作物を利用する場合であっても「営利を目的として前項の複製……を行う」場合は使用料相当額の補償金を著作権者に支払う必要があります。

　教職員の採用試験は，同項にいう営利目的にあたる可能性があるため注意が必要です（前掲・中山421頁，加戸守行『著作権法逐条講義〔六訂新版〕』（著作権情報センター，2013年）289頁）。

2．実務上気を付ける点

(1)　「試験又は検定の問題として」の利用

　著作権法36条1項により複製及び公衆送信が認められるのは，「当該試験又は検定の問題として」行う場合のみです。よって，入学試験問題を集めて問題集を作成して出版する，過去の入学試験問題を受験者の参考のためウェブサイトに掲載するようなケースは，同項により許される場合にあたりません。いずれの場合も，入学試験自体の著作権者（入学試験を行った学校等）の許諾とともに，入学試験問題に利用された著作物の著作権者の許諾も必要となります（前掲・加戸288頁，前掲・半田＝松田編309頁）。

(2)　外国語で書かれた文学作品

　1(2)に前述したとおり，著作権法36条1項により著作物を利用することができる場合は，当該文学作品を翻訳により利用することができます。よって，A教員やBさんは，公表されている外国語で執筆された文学作品についても，自

ら翻訳して試験問題に利用することができます。

(3)　公衆送信

　著作権法36条1項により，A教員やBさんは，公表された著作物について，試験の目的上必要と認められる限度において，試験の問題として，公衆送信を行うことができます。ただし，公衆送信は，複製の場合と異なり「当該著作物の種類及び用途並びに当該公衆送信の態様に照らし著作権者の利益を不当に害することとなる場合」，行うことができない，という制約が課されているため注意が必要です。

　ここにいう「著作権者の利益を不当に害することとなる場合」には，たとえば，英語のヒアリング教材を試験に用いる際に，当該教材は，各試験会場でそれぞれ購入することが前提となっているのに，1本のみを購入して公衆送信する場合や，IDやパスワードの付与等により受験者を限定しないで，不特定の者が閲覧・解答できるウェブサイトに，試験問題として掲載するような形で公衆送信する場合などが考えられます（前掲・加戸288頁）。

　A教員やBさんはこれらの点に注意して，試験問題の公衆送信を行う必要があります。

6 情報開示・個人情報保護

Q14 公的機関からの個人情報の照会

以下のような状況において，学校は，どのように対応すべきでしょうか。

（i） 生徒Aに犯罪行為の疑いがあるようです。

① 警察から「捜査関係事項照会書」という書面が届き，捜査のために，生徒Aの住所，生年月日，連絡先などの情報を開示して欲しいと要請されています。

② 家庭裁判所から「学校照会書」という書面が届き，少年審判のために，生徒Aの出席日数などの情報を開示して欲しいと要請されています。

また，生徒Aが卒業生（未成年者）である場合はどうでしょうか。

（ii） ある児童Bの両親が別居し，児童Bは母親と一緒に生活をしています。

① 父親が弁護士に離婚手続を依頼し，弁護士会から「弁護士会照会書」という書面が届き，児童Bの学校生活について詳しく教えて欲しいと照会がありました。

② 父親が母親に対して離婚訴訟を提起し，児童Bの親権を争っています。家庭裁判所調査官が，児童Bの学校生活を知りたいと，学校への訪問を希望してきました。また，裁判所から「調査嘱託書」，「文書送付嘱託書」という書面が届いた場合は，どうでしょうか。

個人情報を保護する法律や条例には，本人の同意を得ないで個人情報を第三者に提供することを禁止する規定がありますが，「法令に基づく場合」などの例外も設けられているため，各種照会等に関しては，法律上の根拠を確認し，回答の可否を見極めることが大切となります。

1．はじめに

　さまざまな関係機関から学校に対し，児童，生徒，学生に関する個人情報を教えて欲しいと要望がなされることがあります。その際に，個人情報の保護との関係で，回答をしてもよいのだろうかと悩むことも多いかと思います。そこで，まずは個人情報の保護に係る法的体系を確認していきましょう。

2．個人情報の保護の法的体系

　まず，公立学校については，各市町村・都道府県に，個人情報保護条例が制定されていると思います。個人情報保護条例では，個人情報を，原則本人（未成年の場合は法定代理人）以外の第三者に開示することを認めていません。しかし，おそらくどの地方公共団体の個人情報保護条例においても，例外が設けられているはずです。「法令等の規定に基づく場合」，「本人の同意に基づく場合」などです。

　次に，私立学校の場合は，学校法人が，個人情報保護法2条5項の「個人情報取扱事業者」にあたり，個人データ（同条6項）を第三者に提供する場合については，同法23条1項に規定されています。予め本人の同意（本人が未成年者である場合は法定代理人の同意。以下同様）を得ないで，個人データを第三者に提供することは禁止されていますが，やはり「法令に基づく場合」（同項1号）という例外が設けられています。

　最後に，国立大学法人法に基づいて設立される国立大学法人の場合は，独立行政法人等の保有する個人情報の保護に関する法律9条1項に同様の規定があります。

3．具体的な事例を通して

(1)　警察からの「捜査関係事項照会書」

　捜査関係事項照会とは，刑事訴訟法197条2項に基づく捜査機関から公務所または公私の団体に対してなされる照会のことです。刑事訴訟法という「法令」に基づいていますので，生徒Aの住所，生年月日，連絡先を教えるにつき，本人の同意は必要ありません。

なお，捜査関係事項照会への回答はあくまで任意であり，強制力はありません。拒否した場合，捜査機関は裁判所に捜索差押令状を請求することで，強制捜査に切り替えることも可能です。しかし，正当な理由がない限り，回答に応じるのが一般的です。

(2) 家庭裁判所からの「学校照会書」

学校照会とは，少年法16条2項に基づく家庭裁判所から学校に対してなされる照会のことです。やはり，少年法という「法令」に基づいていますので，情報の提供につき，本人の同意は必要ありません。

なお，この学校照会は，在校生だけでなく卒業生に関してなされることもあります。卒業生に関しては，学校に保存されている指導要録を参照しながら，回答書を作成することになるかと思います。指導要録（特に指導に関する記録）の保存期間が経過し，廃棄された場合は，その旨を回答すればよいでしょう。

(3) 弁護士会からの「弁護士会照会書」

弁護士会照会とは，弁護士会から公務所または公私の団体に対してなされる照会のことです。弁護士は，受任している事件について，所属弁護士会に対し，公務所または公私の団体に照会して必要な事項の報告を求めるよう，申し出ることができます。弁護士会では，弁護士からの申出があれば，審査を行い，適切であると認める時には，公務所または公私の団体に照会書を送ります。

弁護士会照会も，弁護士法23条の2という「法令」に基づいていますので，回答するにあたり，本人の同意は必要ありません。

(4) 家庭裁判所調査官による事実の調査および裁判所からの「嘱託書」

家庭裁判所調査官による事実の調査については，人事訴訟法34条などに規定があります。また，場合によっては，裁判所から「調査嘱託書」（民事訴訟法186条），「送付嘱託書」（同法226条）などの書面が届くこともあります。

いずれも，「法令」に基づいていますので，本人の同意を得ることなく，個人情報を提供することが可能となります。

4. 最後に

一点注意していただきたいのは，これらの「法令」の根拠に基づいて回答を

した場合でも，回答をしたことが違法と評価される場合があるということです。たとえば，最判昭56・4・14民集35巻3号620頁は，政令指定都市の区長が，弁護士会照会に漫然と応じ，前科および犯罪経歴のすべてを報告したことは，公権力の違法な行使にあたると判断しています。前科および犯罪経歴は人の名誉，信用に直接かかわる事項であって，前科等のある者もこれをみだりに公開されないという法律上の保護に値する利益を有することを理由としています。

　よって，照会書等が送付された場合には，その法令上の根拠を確認するだけでなく，照会内容を踏まえて，今一度回答の可否を精査することを心がけるようにしてください。

Q15　個人からの個人情報の開示請求

次のような場合，学校はどのように対応すればよいでしょうか？

(i)　保護者から自己情報開示請求書が届いた場合

(ii)　両親が別居中で，母親と同居するある児童の父親および父方の祖母から「質問状」という書面が届き，児童の学校生活について詳しく教えて欲しいと質問された場合

(iii)　中学校のある生徒の親族から，当該生徒が校内のカウンセラーに通っているかどうか，通っている場合には家庭内の悩みを抱えているのか，という内容の問合せがあった場合

(iv)　自殺した生徒について，その遺族から自殺した生徒のメール内容の開示を求められた場合

A

(i)　自己情報開示請求書が届いた場合には，対象となる情報の存否を学校に確認した上で，個人情報保護条例や個人情報保護法で規定されている非開示情報への該当性を慎重に判断する必要があります。

(ii)　別居親からの質問や要望に対しては，同居親の意向や子の権利利益を考慮し，個別具体的に慎重な判断をすることが求められます。

(iii)　校内のカウンセラーに通っていることや相談内容については秘匿性の高い個人情報であり，生徒の親族であっても生徒や保護者の同意なく回答することはできません。

(iv)　開示の判断にあたっては，個人情報保護条例や個人情報保護法に従い検討することが必要です。

1．自己情報開示請求書が届いた場合の対応（本設問(i)）

(1)　自己情報開示請求の法的根拠

　自己情報開示請求とは，行政機関や個人情報取扱事業者が保有する自己を本人とする保有個人情報の開示を請求することであり，公立学校の場合には各自治体が定める個人情報保護条例に基づき請求し，私立学校の場合には個人情報

保護法28条1項に基づき請求するものです。

(2) 対応の流れと留意点

　公立学校の児童・生徒の保護者が自己情報開示請求をする場合には，自治体に設置された市政情報窓口等で受付をした後，教育委員会の担当課に自己情報開示請求書が回されます。担当課は，学校に連絡して開示請求の対象となっている情報の存否を確認し，存在している場合には情報の内容を確認して個人情報保護条例で規定されている非開示情報が含まれているかどうかを検討した上で，開示か非開示，場合によっては一部開示をするかの決定をすることになります。この際，非開示情報が含まれている場合を除いて開示する義務があることを前提とし，学校や教員にとって不都合な情報であるから開示しないという判断は慎むべきです。

　学校が保有する個人情報について，開示請求の対象として想定できるものは，指導要録や学校事故が発生した場合の記録，最近ではいじめ対応に関する記録等です。

　非開示情報は自治体の定める条例によって違いはありますが，指導要録の場合には，非開示情報のなかでも，個人の指導，診断，評価等に関する情報であって開示することにより当該指導，診断評価等に著しい支障が生じるおそれがあるかどうかという視点で非開示情報に該当するか検討する必要があります。なお，指導要録について，非開示決定の取消しを求めて訴訟が提起されており，最高裁判決（最判平15・11・11裁民211号451頁）も出ています。この判決では，指導要録に記録された情報が条例で規定されていた「個人の指導，診断，判定又は評価等に関する情報であって，当該個人に開示しないことが正当と認められるもの」という非開示事由に該当するかが問題となりました。最高裁は，担任教師が，児童，保護者等に開示することを予定せずに，自らの言葉でありのまま児童の学習意欲，学習態度等に関する評価を記載していた「各教科の学習の記録」欄中の「Ⅲ所見」欄等に記録された情報は非開示情報に当たるが，児童の知能検査の結果等客観的な事実が記載されていた「標準検査の記録」欄等に記録された情報は非開示情報にあたらないと判断しています。

　学校事故に関する記録やいじめ対応に関する記録の場合には，他の児童・生徒の情報が含まれている場合が多く，非開示情報のなかでも，開示請求者以外

の個人に関する情報が含まれているかどうかという視点で非開示情報に該当するか慎重に検討する必要があります。

　また，記録については，学校における組織的対応の前提となる情報共有の手段として必要不可欠ですが，記録の作成にあたっては，後日に情報開示請求の対象になることも想定することが必要になります。

2．別居親またはその親族から個人情報に関する質問があった場合の対応（本設問(ii)）

　最近は，児童・生徒の両親が離婚協議をしている際に，別居をしている親もしくはその親族から，書面（もしくは電話）で質問がなされるケースが増えているように思います。

　まず，本設問における祖母は，児童の法定代理人ではありません。法定代理人以外の親族からの質問に関しては，これを正当化する「法令」もありませんので，法定代理人の同意がない限り，質問に回答することはできません。

　今回のような離婚のケースで難しいのが，別居をしている親に，子の法定代理人として，子の個人情報を提供できるか（もしくは子の個人情報提供の同意権を認めるか）という問題です。別居中の親も，少なくとも離婚が成立するまでは，子の親権者ですから，子の法定代理人となります。しかし，離婚の場合は，児童虐待や配偶者暴力などの問題が隠れている場合も多く，別居をしている親に対し，法定代理人であるという理由だけで，子の個人情報をすべて提供することは，躊躇される場合が多々あります。

　よって，別居をしている親からの質問や要望に対しては，子と同居をしている親（監護権者）の意向や子の権利利益を考慮し，個別具体的に慎重な判断をすることが求められます。

3．親族から生徒の個人情報に関する問合せがあった場合の対応（本設問(iii)）

　親族からの問合せ内容である生徒がカウンセラーのもとに通っていることおよびカウンセラーへの相談内容は，いずれも生徒にとって秘匿性の高い個人情報です。

　たとえば，生徒の生活状況を心配した祖父母が電話で学校に問合せをしてきた場合であっても，相談内容はもちろん，カウンセラーのもとに通っていることについても，地方公務員法34条や個人情報保護条例で定められた守秘義務に抵触する可能性があるため，回答すべきではありません。そもそも，電話で問い合わせをしてきた人物が生徒の親族かどうかを確認することはできませんし，安易に回答した場合には，生徒との信頼関係が大きく損なわれる可能性もあります。

　保護者にとっても，家庭内の問題は秘匿性の高いプライバシーに関わるものであり，たとえ親族に開示する場合であっても保護者の同意が必要になります。

　仮に，生徒と保護者が親族に情報を伝えることについて同意した場合には回答することもあり得ます。

　しかし，この場合であっても，生徒の心の問題に関わることですから，電話での回答は避けるべきで，教員やカウンセラーという第三者から伝聞されることで誤解が生じるリスクがあることに留意すべきです。また，親族間の関係性や事情については，外部からは知り得ないことが多く，学校が親族間の問題に巻き込まれる等，思わぬ事態に発展する可能性もあります。

　したがって，仮に生徒と保護者が伝えることに同意したとしても，親族を含めて家族間で話合いをするよう促すべきではないかと考えます。

　生徒が保護者や親族に言わないで欲しいと希望した場合には，生徒は信頼できる相手として教員やカウンセラーに相談していると考えられるため，生徒との信頼関係を考慮してその意向を尊重すべきです。ただし，相談内容によっては，教員とカウンセラーだけでは解決できない場合や生徒の生命身体の安全を図る緊急性が高い場合もありますので，スクールソーシャルワーカーや児童相談所にも関与を要請して対応を検討する必要があります。

4．自殺した生徒の個人情報の取扱い（本設問(iv)）

　生徒の遺族に対して生徒のメールを開示するかは，遺族が自己情報開示請求という法的手続によらない場合でも，個人情報保護条例や個人情報保護法に従い検討することが必要だと思います。特に，メールに他の生徒に関する記述がある場合には非開示情報に該当する可能性がありますので，当該記述部分は他

の生徒またはその法定代理人の同意がなければ原則として開示することができないため，慎重な対応が求められます。検討するにあたっては，法的判断を要するため，学校内だけで判断するのではなく，教育委員会や情報開示を主管する課と協議し，自治体内弁護士が配置されている場合には弁護士に相談すべきです。

　在籍している生徒が自殺した場合，学校や教育委員会では，いじめの有無等を含めて生徒の学校での様子や友人関係等について事実確認をすることが通常です。この事実確認については，同級生が亡くなったことに精神的ショックを受けている他生徒の心情にも配慮しながら，丁寧かつ迅速に実施することが重要です。そして，事実確認の過程でメールの存在も判明すると思われますし，学校がメールを取得するに至った経緯も明らかになるはずです。遺族が学校での人間関係に自殺の原因があると考えている場合には，生徒の生前のメールを現在では知り得ない生徒の内心を表出したものと捉えてその一言一句に敏感になる可能性があることに留意すべきです。学校の対応によっては，遺族に誤解や学校への不信感を抱かせてしまうこともあり得ます。遺族からメールの開示を求められた場合には，開示についての判断を伝えるだけでなく，上記の事実確認の結果についてもあわせて伝えることで，遺族にできる限り正確な事実関係を伝える必要があると考えます。

7　学校経営・運営

Q16　名称の不正利用

　優秀学院大学（名称につき5類・41類の商標登録済）は，全国的によく知られた日本有数の難関私立大学です。

(i)　ある学校法人が当学に無断で学校名「優秀学院大学」の名称を用いて「関西優秀学院中学校」なる名称の中学校を設置し，入学希望者を募集し始めています。

(ii)　また，ある会社が，当学に無断で「優秀学院大学サプリ」なるビタミンのサプリメントを販売し始めたため，使用をやめてほしい旨申し入れたところ，商品名を「優学サプリ」に変更して販売を続けています。

　　それぞれ，どのように対応すればよいでしょうか。

A

　商標法や不正競争防止法に基づく差止請求や損害賠償請求を検討します。法令上，学校の業務範囲は限定されているため，商標登録においては，不使用取消審判のリスクに留意する必要があります。また，著名性の立証や不使用取消審判のリスクへの対応として，防護標章への登録が考えられます。

1．ブランド学校名称にタダ乗り？！

　学校の名称は，学校としてのあらゆる活動においてとても大切なものです。他の学校などから，皆の憧れの学校名称を無断利用され，ブランドイメージを不当に高めようとされてしまうことも想定されます。

2．類似名称の学校が生徒の募集を開始している模様

(1)　申入れの前に―法律構成の検討（本設問(i)）

　まず，優秀学院大学としては，入学希望者の混乱を避け，ブランドイメージの低下などを防止するためにも，名称利用をやめさせたいはずです。加えて，

優秀学院大学とは関係ないことについて表示をしてほしい，という要望も考え
られます。損害が発生していれば，損害賠償の検討も必要です。法律構成とし
ては，不正競争行為に基づく差止請求や損害賠償請求のほか，今回は商標権を
有していますので，商標権に基づく同請求も考えられます。さまざまな法律構
成を検討し，交渉，立証のしやすさ等の訴訟戦略などの観点から検討します。

(2)　不競法に基づく差止請求─著名性をポイントに

　不競法は，その名のとおり事業者間の価格や品質によらない不正な競争を禁
止して取り締まる法律です。同法2条1項に不正競争行為が定義され，その2
号において「他人の著名な商品等の表示と同一・類似のものを，商品等表示と
して使用する行為」が禁じられています。不正競争行為によって「営業上の利
益」を侵害される者は侵害者に対して差止め等の請求ができるとされています
(同法3条)。

　この点「営業」については広く解され，営利目的に限られず，学校の経営事
業も含むと考えられています（呉青山学院事件・東京地判平13・7・19判時1815
号148頁等参照)。そして，優秀学院大学は全国的にもよく知られた難関大学で
すから，相当な注意を払えばその表示の使用を避けることができる程度に知ら
れていた，つまり著名であったといえます。著名性については，権利行使をす
る優秀学院大学側に立証責任がありますので，日頃から立証に役立つ事実関係
を示す資料を蓄積しておくとよいでしょう。呉青山学院事件判決では，全国規
模の入学希望者があること，卒業生に全国からの求人があること，アンケート
の結果等が事実認定の基礎とされています。この点，「優秀学院」の表示が著
名であるとすると，「優秀学院と何らかの関連を有する関西所在の中学校」と
いう観念が想起されるため，両者は観念において類似するという判断がなされ
る可能性が高いと考えられます。そうすると，不競法2条1項2号の著名な商
品等表示の冒用行為に当たるとして，同法3条に基づき，差止請求を行うこと
ができる可能性が高いと考えられます。訴訟外で申入れを行っても埒があかな
ければ，一刻を争う場合は，本訴提起に先立ち，仮処分による手続も考えられ
ます。

(3)　損害賠償請求，著名な商品等の冒用行為以外の法律構成

　今回は，関西優秀学院中学校としても募集を始めたばかりですが，具体的な

損害が発生した場合には，不競法や商標法に設けられている損害額の推定規定等も活用して請求の組立てを考えることとなります。また，営業上の信用が害された場合には，信用回復措置（不競法14条）も併せて請求することとなります。なお，本設問については商標法に基づく構成や不競法2条1項1号（周知な商品等表示主体の混同行為）に基づく構成ももちろん考えられます。この場合も，「関西優秀学院中学校」という全体の言葉として1つの識別力が生じ，全体として非類似になるのではないかという考え方もありうるところ，(2)のように「優秀学院」の著名性を主張することによって，それぞれの法律構成の要件である要部の同一性や，混同惹起行為の主張もしやすくなると考えられます。

3. 「優秀学院大学サプリ」？！（本設問(ii)）

(1) 企業による商品名への冒用

　今度は学校名ではなく，企業の商品名に無断利用された事例を検討します。後記(2)のとおり，商標権に基づく請求の場合の不使用取消リスクが懸念される場合，本設問(i)と同様，不正競争行為に基づく差止請求を優先して検討することが望ましいでしょう。不競法2条1項2号の著名な商品等表示の冒用行為に当たるとして，同法3条に基づき，差止請求を行うことができる可能性が高いと考えられます。

(2) 「不使用取消」のリスク

　今回，「優秀学院大学」については，医薬品やサプリメントを指定商品に含む5類の登録もされているので，商標権に基づく差止請求も主張できそうです。もっとも，カウンターとして不使用取消審判請求がなされるリスクへの対処を考えておく必要があります。大学側において，自ら医薬品，サプリメントの販売などを実施しているとは考えにくいです。日本における大学の業務は，国立大学法人法や私立学校法によって，基本的に教育・研究に関するものに限定されるため，事実上，大学自らが研究成果を製造・販売することはできないからです。使用実績のないままに商標権に基づく差止請求を実施した場合，相手方会社から不使用取消審判の請求をされるおそれがあります。不使用取消の要件として，商標法50条に①継続して3年以上日本国内において，②商標権者，専用使用権者，通常使用権者のいずれもが，③指定商品または指定役務について

登録商標を使用していない場合は，何人も登録商標を取り消すことについて審判を請求することができる旨が規定されています。これを防止する方策として，通常実施権の設定を行うことや防護標章への登録が考えられます。近年，自主財源の確保，産学連携から生じた研究成果の周知および大学のブランド・知名度の向上等のニーズを背景に，公益著名商標についても通常実施権の設定が認められることとなりました（商標法31条1項）。また，大学名称について，防護標章（同法64条等）の登録を受けるという方法も考えられます。登録の要件には，需要者の間に広く認識されていることなどの要件を満たす必要があります。防護標章に登録をされれば，不使用取消申請の対象とはなりません。

4．略称の取扱い（本設問(ii)）

　優秀学院大学が，その略称である「優学」についても商標登録を行っていれば，3と検討内容は同様です。商標登録を行っていない場合でも，「優学」が優秀学院大学の略称として著名であれば，「優秀学院大学」の商標権や，不正競争行為に基づく差止請求や損害賠償請求の対象となる可能性は高いと考えられます。もっとも，別途略称の著名性等について立証が必要になることに鑑みれば，著名な略称についても商標登録および防護標章登録を行っておくことが望ましいと考えられます。なお，他人の著名な略称を含む商標については，商標法4条1項8号において，承諾を得ている場合を除き，商標登録できないとされています。もっとも，商品名の中に略称を含んでいたとしても，例外的に，対抗されてしまう可能性はないのでしょうか。たとえば「優大「田中」の合格するコンパス」のように優秀学院大学生である田中君のという意味合いに理解され，必ずしも当該大学を連想するものでなければ，商標登録される可能性もあります（「東大「吉田」の合格する三角定規」（登録商標第5581415号）参照）ので注意が必要です。

Q17　学校の広告

　専門学校Aでは，ホテル業界への就職率を売りにしています。広告も高い就職率をメインにアピールしていますが，広告をする際に気を付けるべきことはありますか。

A

　広告表示には，さまざまな規制があります。特に就職率の数値は，客観的資料に基づき正確な表示が求められ，実際より著しく優良であると誤認されないよう表示する必要があるので注意が必要です。

1．広告表示の規制

(1)　さまざまな規制

　広告は，消費者が商品やサービスを選択する際の重要な役割を担っています。虚偽・誇大広告により，消費者が商品やサービスの選択を誤らないよう消費者を保護したり企業間の公正な競争を確保する観点から，広告にはさまざまな規制が存在します。広告表示に関する規制には，景品表示法，消費者基本法，民法，不競法，商標法，著作権法といった法律の規制，各種ガイドライン・通達，各種業界の自主基準が存在します。

(2)　景品表示法の規制

①　優良誤認表示

　広告表示の規制において，最も重要なのは景品表示法です。景品表示法では，消費者の適切な商品・サービスの選択が妨げられることを防止するため，商品やサービスの品質，規格などの内容について，実際のものや事実に相違して競争事業者のものより著しく優良であると示す表示であって，不当に顧客を誘引し，一般消費者による自主的かつ合理的な選択を阻害するおそれがあると認められるものを優良誤認表示として禁止しています（景品表示法5条1号）。この場合の「著しく」とは，誇張・誇大の程度が社会一般に許容されている程度を超えていることをいい，当該表示が一般消費者による商品・サービスの選択に影響を与えるかどうかで判断されます。また，優良誤認表示にあたるか否かは，

商品の性質，一般消費者の知識水準，取引の実態，表示の方法，表示の対象となる内容などを基に，表示全体から判断されます。

② エンフォースメント

　景品表示法に違反する不当表示については，事業者側に景品表示法に基づく措置命令が行われることとなります（同法7条1項柱書前段）。

　また，不当表示につき，故意または過失の認められる場合には，商品・サービスの売上額に3％を乗じた課徴金額の納付を命じられることがあります（同法8条1項柱書）。

③ 不実証広告規制

　消費者庁は，優良誤認表示に当たるか否かを判断するために必要があると認めるときは，期間を定めて，表示の裏付けとなる合理的な根拠を示す資料の提出を事業者に求めることができます。合理的根拠を示す資料が提出されないときは，措置命令との関係では優良誤認表示とみなされ（同法7条2項），課徴金納付命令との関係では優良誤認表示と推定されます（同法8条3項）。

2．学校の広告

(1) 一般的な注意事項

　近年，あらゆる媒体で学校の広告を目にします。学校が広告する内容は，教育内容や卒業生の進路等多岐にわたりますが，専門学校は，その専門分野に就職することが入学希望者の前提となっている場合も多いことから，入学者獲得のために当該分野への就職率をアピールすることが多くあります。

　就職率などのデータを載せるときは注意が必要です。その数値の表示が事実と相違する場合には，不当に入学希望者を誘引したものとして，学校の信用は大きく傷つきます。

(2) 就職率，合格率を表示する際の注意事項

① 数値の表示

　広告をする際には，正確な根拠に基づき，適切な方法で算出した数値を表示する必要があります。

　就職率を算出する場合，分母を全卒業生とするか就職希望者とするかによって，数値は異なります。この点について，文部科学省は同省で実施する統計調

査において，「就職率」という用語を，「就職希望者に占める就職者の割合」と定義するとともに，各大学等が就職率を公表する場合には，「調査時点」，「就職希望者」や「就職者」などの定義や算出方法を明示するよう求めています（「大学等卒業者における大学等卒業者の「就職率」の取扱いについて（通知）」（平成25年12月16日付25文科高第667号））。

② 優良であるとの表示

専修学校・各種学校の表示に関しては，全国専修学校各種学校総連合会により「専修学校・各種学校の表示に関する自主規約」が制定されています。その中で，「資格試験の合格率や就職率について実際より優良と誤認されるおそれのある表示」について著しく事実と異なる表示をし，または実際のものより著しく優良，有利であると誤認されるような不適正表示を禁止しています。

また，自主規約の運用基準において，①「日本一」，「全国一」，「No.1」など最高級の優位性または唯一性を意味する用語は客観的事実にもとづく数値または確実な根拠なしに使用しないこと，②「完全」，「100％」，「絶対」などの完璧性を意味する用語は使用しないこと，③「卒業保証」，「全員国家試験合格」，「完全就職」などの学生の将来を保証するような表示は使用しないことが定められています。さらに，資格等の合格人数および合格率はグループまたは系列校などの教員，施設を異にする別の学校の合格人数，合格率を加えないものとすることも同運用基準において定められています。

(3) 実際に問題となったケース

① 就職率の不適切な方法による算出―学校法人北海道安達学園の事例

デザイナーやマンガ・アニメといった4つの専門学校を運営する学校法人が，当該専門学校の「高等学校及び保護者の皆様へ　学校ガイドブック」と題するパンフレットにおいて，平成20年3月の卒業生の就職率として表示した数値は，①卒業時である平成20年3月末時点に就職した者および就職が内定した者（以下「就職者等」という）に，同年4月から同年6月までの間の就職者等を加えた数を分子として，②卒業時である平成20年3月末時点の就職者等および就職希望者の数を分母として算出したものでした。それに対し，他大学や他の専門学校の就職率として表示した数値は，卒業時である平成20年3月末時点の就職者等の数を分子として，②就職を希望しない者等が含まれる卒業生の数を分母

として，当該法人が独自に算出したものでした。

　また，当該法人が運営する専門学校の新聞広告において，平成21年３月卒業生の就職率として表示した数値は，卒業時である平成21年３月末時点における就職者等の数に同年４月から同年８月までの間における就職者等の数を加えた数を，同年３月末時点における就職希望者等の数から同年８月時点において就職の斡旋を希望しない者等の数を減じた数で除して算出し，当該専門学校で教育する専門分野の企業等への就職等の数に，当該専門分野以外の企業等への就職者等およびアルバイトに就いた者を加えた数を，就職者等として算出したものでした。

　消費者庁は，平成23年６月29日，当該法人の行為が景品表示法５条１号（優良誤認）に違反するとして，同法７条に基づき措置命令を下しました。

② 合格者割合の不実記載―お茶の水女子アカデミーの事例

　看護大学等の入学試験受験対策予備校が入学案内用パンフレットやウェブサイト上に，「看護医療系全国一の合格率（前年度合格率）大学91％（浪人生95％）短大92％専門学校97％」等と，あたかも受講者の実際の合格率を示すかのような数字を表示したことが問題となりました。記載された合格率の数値は，実際の合格者割合ではなく，合格者割合が高くなるように任意に設定した架空の数値でした（実際の合格者割合は，記載された数値を下回るものでした）。

　消費者庁は，平成24年５月10日，当該予備校の行為が景品表示法５条１号（優良誤認）に違反するとして，同法７条に基づき措置命令を下しました。

3．本設問の検討

　就職率を広告する際は，いつの時点の調査かを表示し，当該調査時点でのホテル業への就職者だけをカウントしましょう。また，就職者および就職希望者の定義も明記しましょう。全国一等の優位性を示す表現を用いる場合には，合理的資料を用意する必要があります。ただし，大げさな表現は，著しく優良であると誤認されるおそれが高いため，過度な強調は控えるのが望ましいでしょう。

Q18　学校の活動に対する学外からの抗議や申入れへの対応

　著名な研究者を講師として呼んで学内で講演会を開催したところ，その研究者に批判的な団体から，講演会を開催したことへの抗議，開催経緯の説明要求，二度と同様の講演会を開催しないと誓約することの求めなどを内容とする申入書が届きました。さらに，学長（校長）との面会も要求されています。対応する上で，どのような点に留意すればよいでしょうか。

A

　申入れの内容や経緯を冷静に確認した上で，学校に落ち度がないならば，学術・教育的な活動に理解を求める毅然とした態度も肝要です。また，迅速な対応のため，予め，学内の意思決定，情報共有の手順等も整備すべきです。

1．概　　要

　学校には，教職員，生徒・学生，保護者，近隣住民など，日々，密接に関わりのある方々からの意見はもちろんのこと，普段全くかかわりのない遠方の個人・団体から，突然の手紙が届き，さまざまな意見が寄せられることがあります。

　中には，思想的・政治的な動機からとうかがわれる要求，合理的な範囲を逸脱した過度な所作を求める要求など，対応に窮するものが寄せられることも否定できません。

　しかしながら，合理的な経緯のもとでなされた相当な内容の批判意見に耳を傾けるべきことは言うまでもありません。特に，学校側にも落ち度があったと捉えられる場合には，真摯に対応する必要があることは当然のことです。

2．申入れへの対応

⑴　考　え　方

　本設問のような場面は，講演会の開催に限らず，特定の会社・団体と共同して実施するイベントや，特定の著名な人物の教職員としての雇用などでも同様に生じるおそれがあります。社会的に著名な人物・団体と連携する活動を行う

場合には，当該人物・団体のこれまでの言動，思想，政治的立場などを非難する方々が一定数いることもままあり，不可避につきまとうリスクという見方もできます。そして，その場合に出される批判的な意見は，必ずしも根拠のない言いがかりと言い切れるものばかりではありません。

　他方，学校としては，通常，学術・教育的な見地から十分な理由をもって適切な研究者を講師として選定し，講演会の開催に至ったものと思われます。憲法の定める学問の自由（憲法23条）は，特に大学において，学問的研究の自由とその研究結果の発表の自由とを厚く保障すると同時に，大学に限られず，広くすべての国民に学問の自由を保障するものと考えられています（ポポロ事件・最判昭38・5・22刑集17巻4号370頁）。

　本設問における講演会実施のような場面では，学校の学術・教育的活動の意義，そして，研究者自身の講演活動の意義は，学問の自由ないし表現の自由をはじめとする憲法上の価値のもとでも十分に尊重されるべきものです。また，そもそもとして，講演会それ自体は，通常，特定の個人や団体を誹謗中傷したり攻撃したりすることを趣旨とするものではありません。

　したがって，以上のような場面での批判的な意見に対しては，その意見を十分に受け止めつつも，学校としての学術・教育的な活動に理解を求める姿勢で臨むことが肝要と考えられます（多少，構造は異なりますが，特定の会社・団体との共同イベントや著名な人物の雇用の場面などでも，学校として望ましい姿勢は同様です）。

　ただし，仮に，講演会の趣旨に反して，意図せずとも特定の個人の権利利益を直接に害するようなことをしてしまった場合には慎重な対応が必要です。

　なお，申入れの真意を量りかねた場合や，具体的な対応に迷いが残る場合には，相手方の個人・団体がどのような方であり，どのような活動を行っている方か，インターネットやSNSその他を利用して確認しておくことも有意義です。

(2)　具体的な対応の検討

①　開催経緯の説明要求

　ここからは，具体的に各種の要求への対応を検討していきます。

　前述のように，批判的な意見の中には，学校として受け入れがたい内容のものがあるとしても，根源には，当事者にとって十分な動機に支えられているこ

とも多いと考えられます。そのため，学校の教育機関としての社会的実態に基づく説明責任という観点でも，あるいはリスク管理の面からも，文書での申入れが届いた場合には，一定の内容を含んだ文書での応答を行うべきでしょう。

特に，批判の対象となった講演会の開催趣旨や講師の選定の理由などの基本的な事項については，要求がある以上は丁寧に説明をすべきと考えられます（ただし，当該講師とのやりとりの中で大学が独自に知りえた情報を当然に開示すべきではありません。念のため，応答文書の内容は，送付前に当該講師に共有すべきでしょう）。

また，案件によっては，説明にあたって，公開の説明会や記者会見を求められる場合もあります。通常は，このような要求にまで応じる必要はないものと考えられます。

しかし，たとえば，講演会において，講師が特定の個人を誹謗中傷する発言をしてしまった場合や，講演会の案内や配布用の資料において差別的な表現を用いてしまった場合など，具体的な権利利益の侵害のおそれが認められる場合や，社会的な関心を強く引く不祥事につながる事態が生じてしまった場合には，要求の有無とは別に，実施の検討が必要です。

② 謝罪要求，誓約書等の署名要求

申入れの中で，学校としての謝罪や，二度と同様の行為を繰り返さないようにとの誓約を求める内容もありうるところです。

このような要求も，基本的には，上記と同様に個人の具体的な権利利益の侵害のおそれが認められる場合や，現に大きな不祥事となりうる事態が発生していない限りは，応じる必要はないでしょう。

ただし，注意すべきは，このような要求が一部に含まれており，それが事案の経緯からすると過度な要求だとしても，そのこととは切り離して，説明その他の対応は丁寧に行うべきことです。感情的な部分に感情的な対応を返すのではなく，特に文書の内容については，SNS等を通して広く社会の目に触れることも想定して，常に冷静かつ丁寧な対応を行うことが肝要です。

③ 学長（校長）との面会要求

要求の中には，しばしば最高責任者である学長（校長）と直接の面会を要求する，あるいは面会でなくとも学長（校長）名義での文書で応答することを求

めるものがあります。

　しかしながら，これは学校に限りませんが，組織として個々の案件に誰が（誰の名義で）応答するかは，組織内部のガバナンスの問題です。教頭や担当理事，総務部長など，予め学内の規程や申合せに基づき，適切に権限と責任の分掌が定められているのであれば，そのようにして定められた適切な立場の担当者において毅然と応対するべきです。

　もちろん，上記と同様に，個人の具体的な権利利益の侵害のおそれが認められる場合や，現に大きな不祥事となりうる事態が発生する場合などは，当該担当者から学長（校長）へと適時適切に情報の共有を図り，指示を仰ぐべきことは言うまでもありません。

3．体制の整備

(1)　初動の迅速化

　適切な対応を行うにあたって，もう一つ大事なことは，常日頃からこうした学外からの抗議や申入れの対応について，さまざまな事態を想定し，情報共有の手順，担当する部署，意思決定のラインなどを整備し，共有しておくことです。

　そうすることで，学長（校長）宛，学校宛に文書が届いた場合はもちろん，個別の教職員にクレームの形で届けられた場合も，現場での放置や棚上げ，対応の押し付け合いなどにより事態が悪化してしまうことを防ぐことが期待できます。

(2)　法務パーソンの関わり方

　学校内における法務パーソンとしては，事前の体制整備の場面，および，応答文書の内容の確認，説明会や記者会見における事前の想定問答の作成・検討などに携わることが望ましいでしょう。弁護士の有資格者であれば，具体的な権利利益の侵害の有無，訴訟に発展した場合のリスクを検討し，対応方針の決定にあたって助言を行うことも求められる場合があると考えられます。

Q19　入試ミス発生時の対応

　今年の入学試験の問題に一部不適切な箇所があり，複数の追加合格者を決定しました。追加合格者に対する補償が必要と考えているのですが，補償金額をどのように決定すべきか，また，補償についての合意書にはどのようなことを記載しておくべきか困っています。どのように対応すればよいでしょうか。

　入試ミスにより追加合格者にどのような損害が生じているのか検討する必要があります。積極損害，消極損害，慰謝料について検討して，補償金額を決定しましょう。合意書には清算条項を忘れずに記載しておきましょう。

1．追加合格者に対する補償

　入学試験の問題に不適切な箇所があったとして追加合格者を決定する場合，追加合格者に対する補償が必要となります。これは，一般に不法行為責任（民法709条）が根拠とされています。学校がいわゆる入試ミスという過失によって，追加合格者が本来であれば入学することができたという権利または利益を違法に侵害したことから，これによって追加合格者に生じた損害を賠償しなければならないというのが不法行為責任です。しかし，本来であれば入学することができたと本当にいえるのか，すなわち仮に入試ミスがなかった場合に追加合格者が昨年本当に合格していたのか否かは明らかではない場合も多いでしょう。そのため，不法行為責任の成立については争う余地が残るところですが，現実的な方針ではありません。迅速かつ円満な解決を図るためには，追加合格者に対する補償を検討すべきといえます。補償の検討にあたっては，複数の追加合格者がいる場合，全員を一律の補償金額とすべきか，それとも個別の事情に応じて補償金額を変えるべきか悩むこともあるでしょう。しかし，入試ミスが起こってから補償を受けるまでの間の個別の事情は多岐にわたり，特に後述の積極損害については，一律に扱うことに合理性は認めがたいといえます。そこでまずは，追加合格者にどのような損害が生じているのかを個別に検討する必要

があります。

　なお，大学の場合には，第一志望のA学部は不合格であったものの，第二志望のB学部には合格しており，入試ミスの発覚によりA学部も合格となるケースがあります。そのような場合には，追加合格者が現在B学部に所属しているのか（この場合には転学部対象者となります），他大学に進学しているのか，それとも浪人生活を送っているのかなど，追加合格者の状況を確認することが損害の検討にあたり必要となります。

2．追加合格者に生じた損害の検討

(1)　積極損害

　追加合格者が入試ミスにより，現実に支出を余儀なくされた費用のことを積極損害といいます。追加合格者の積極損害を確認するには，どのような費用項目について支出を余儀なくされたのか，また，実際にいくら支出したのかを追加合格者に対して個別に尋ねる必要があります。いくら支出したのかについては，可能な限り，領収書等の支出金額を確認できる根拠資料を提供してもらうようにしましょう。

　たとえば，現在は他大学に在籍しているが，入試ミスの発覚により今回入学することになった追加合格者であれば，他大学の入学金，授業料，教科書代等の支出を余儀なくされているでしょう。また，他大学への入学のために下宿が必要だった場合には，引越し費用や家賃の支出も余儀なくされているでしょう。他方で，不合格後，浪人生活を送っていた追加合格者であれば，予備校の授業料や教科書代等の支出を余儀なくされているでしょう。このような費用項目については，入試ミスがなければ支出する必要がなかったものとして，補償の対象とするべきでしょう。

　補償金額については，領収書等の根拠資料がある場合には，著しく不合理な金額でない限り，実際に追加合格者が支出した金額を補償する必要があります。他方で，根拠資料がない場合には，追加合格者の同意を得た上で支出先に金額を尋ねるなどの確認が必要となるでしょう。

(2)　消極損害

　追加合格者が昨年に入学していれば得られたはずだったにもかかわらず，入

試ミスにより得られなかった利益のことを消極損害といいます。追加合格者が1年遅れて入学した場合，卒業も遅れてしまい，その結果，就職して収入を得るのも1年遅れてしまうと考えることもできます。このように考えると，入試ミスがなく追加合格者が順調に卒業していれば得られたはずの1年間分の収入が消極損害となります。

　しかし，この消極損害の補償については慎重な検討が必要です。追加合格者の中に，入学する者と2年目から編入する者がいる場合，入学する者については消極損害が発生しますが，2年目から編入する者については消極損害が発生しないことになります。入学するか編入するかによって消極損害の有無が左右されることは，追加合格者の自由な選択を妨げてしまうことになり避けなければなりません。仮に，編入する者がいない場合であっても，補償金額をどのように算定するのかという難しい問題があります。在学中に資格を取得したり，大学や大学院に進学したりする可能性がある以上，卒業していれば得られたはずの収入の算定は容易ではありません。そのため，消極損害については補償対象としないという方針や，算定が困難であることから後述の慰謝料を一律増額させるという方針などが考えられ，具体的な事情に応じて慎重に判断することが求められます。

(3) 慰 謝 料

　追加合格者が入試ミスにより被った精神的苦痛については，慰謝料として補償の対象にすべきと考えます。慰謝料の金額は，他の追加合格者との公平性を害しないように，一律にすることが基本的には望ましいといえます。しかし，大学では，追加合格者の中に入学することができなかった者と，第一志望の学部ではないが入学することができた者がいる場合があります。このような場合に，慰謝料の金額に差を設けることについては，入試ミスによる影響の程度が異なるという点から，合理的な理由があるといえるでしょう。

　慰謝料の金額については，多くの学校が非公表としているため，いくらに設定するか悩ましいところです。入試ミスの慰謝料について判断した裁判例は見当たりませんが，仙台地判平19・9・26判タ1263号306頁は，大学入試センター試験の試験日直前に交通事故に遭った高校3年生について，受験機会を逸したことについて慰謝料100万円を認めました。また，大阪地判平16・10・29

判時1886号87頁は，国立大学附属中学校の元生徒およびその父母である原告ら
が，同校長において同大学附属高校の受験申込みに必要な書類を作成しなかっ
たため受験機会を奪われたとして国家賠償を請求した事案で，慰謝料40万円を
認めました。ただし，前掲仙台地判の事案は，事故から浪人生活が数年にわ
たって続いており，慰謝料が多額となる事情がみられます。他方で，前掲大阪
地判の事案は，被告に教育的配慮の動機があったことが認定されています。こ
のように，慰謝料は個別具体的事情によって判断されることに留意する必要は
ありますが，入試ミスの慰謝料の金額を検討する際にこれらの裁判例は参考に
なると思われます。

3．合意書への記載内容

　追加合格者との間で補償内容について合意できたら，合意書を作成しましょ
う。合意書には，以下の条項などを記載するのが通例です。

> ①　甲は，乙に対し，本件解決金として，○○円の支払義務があることを認める。
> ②　甲は，乙に対し，前項の金員を令和○年○月○日までに，乙の指定する下記
> 　口座に振り込む方法により支払う。振込手数料は甲の負担とする。
> ③　甲および乙は，甲と乙との間には，本件に関し，本合意書に定めるもののほ
> 　かに何らの債権債務のないことを相互に確認する。

　上記③の清算条項を忘れずに記載しておきましょう。以上の条項のほか，場
合によっては，「甲及び乙は，本合意書の内容を正当な理由なく第三者に口外
しないことを約束する。」といった口外禁止条項を加えることも考えられます。
　なお，合意書には署名捺印してもらうことが必要ですが，追加合格者だけで
なく，親権者にも署名捺印してもらうようにしましょう。

Q20 脅迫メールへの対応

匿名で「学校に爆発物をしかける」との脅迫メールが学校に届きました。どのように対応すべきでしょうか。

学校は，在学する児童・生徒・学生らに対して安全配慮義務を負っており，警察に相談するなどして，生徒らの安全に配慮した対応を行う必要があります。

1．安全配慮義務

　学校の設置者は，児童・生徒・学生（以下「児童ら」といいます）（またはその親権者等法定代理人）との間で在学契約を締結していますが，在学契約の付随的義務として，学校の設置者は，生徒・学生の生命および健康等を危険から保護するよう配慮すべき義務（安全配慮義務）を負っているものと考えられます（最判昭50・2・25民集29巻2号143頁参照）。

　本設問においては，「学校に爆発物をしかける」との脅迫メールが届いていますから，爆発物により児童らに被害が生じる可能性が生じており，学校の設置者は，児童らの生命および健康等を危険から保護するための対応を行う必要があります。

2．具体的な対応

(1) 警察への相談

　学校に脅迫メールが届いていることを発見した場合，まず警察に相談します。警察庁は，「人命等に関わる具体的な犯行予告を発見した場合には，110番へ通報してください」「日時，場所等の記述がないなど必ずしも緊急の対応を要しない犯罪予告を発見した場合は，最寄りの警察署又は都道府県警察サイバー犯罪相談窓口へ情報提供してください」と注意喚起していますので（https://www.npa.go.jp/cybersafety/Homepage/homepage2.html），緊急性の度合いにより，110番通報または最寄りの警察署等への相談を行います。

　警察への相談後，通常，警察による避難指示，警備，犯人捜査等が行われま

すが，学校自身による警戒等の対応についても求められる可能性があります。

(2)　学校内での対策

　脅迫メールにより児童らや教職員等に対して，差し迫った危険が及ぶ可能性があると考えられる場合は，学校の休校措置や学校敷地内への立入禁止措置等をとる必要があります。

　学校敷地内への立入禁止措置は，児童らへの被害を防ぐとともに，以後の不審者の侵入を防ぎ，既に設置された不審物（爆発物）の探索に資すると考えられます。

　ただし，不審物の探索自体に危険を生じる可能性がありますので，不審物の有無の確認は警察の指示を受けた上で，学校の責任者の指揮のもとに行います。また，不審物を発見した場合，決して触らず，警察に通報するようにします。

(3)　被 害 届

　脅迫メールの相談に際し，警察より被害届の提出を求められる場合があります。被害届の対象となりうる罪名は以下のとおりです。

①　脅 迫 罪

　生命，身体，自由，名誉または財産に対し害を加える旨を告知して人を脅迫した場合，脅迫罪が成立します（刑法222条1項）。

　本設問における「学校に爆発物をしかける」との脅迫メールは，学校に対する，生命，身体，自由等に対し害を加える旨の告知であると考えられますので，脅迫罪が成立する可能性があります。ただし，判例上，法人に対する脅迫罪は成立しないものとされており（大阪高判昭61・12・16高刑集39巻4号592頁），学校法人や学校を設置する地方公共団体等に対する脅迫罪は成立しません。なお，学校の代表者や同メールを受け取った教職員に対する脅迫罪が成立する余地はあります。

　また，脅迫メールの内容が，「学校に爆発物を設置した。爆発物により校長を爆死させる」など，特定の自然人を名指しして危害を加える旨の内容であった場合は，当該名指しされた人物（この場合は校長）に対する脅迫罪が成立します。この場合，警察より，担当の教職員ではなく被害者である校長による被害届の提出が求められる可能性がありますので，注意が必要です。

② 威力業務妨害罪

　威力を用いて人の業務を妨害した場合，威力業務妨害罪が成立します（刑法234条）。

　「学校に爆発物をしかける」との脅迫メールは，その影響で，学校が休校になる，警備その他の対応のため人的・時間的・金銭的な負担が生じて学校の本来の業務に影響が生じるなど，学校の業務を妨害するものですから，威力業務妨害罪が成立します。

③ 強 要 罪

　生命，身体，自由，名誉もしくは財産に対し害を加える旨を告知して脅迫し，または暴行を用いて，人に義務のないことを行わせ，または権利の行使を妨害した場合，強要罪が成立します（刑法223条1項）。

　脅迫メールの内容が「学園祭を中止しなければ学校に爆発物を設置する。」というような内容であった場合，脅迫により学園祭の中止という義務のないことを行わせるものですので，強要罪（またはその未遂罪）が成立します。ただし，前記①の脅迫罪で述べたのと同様，被害者が法人の場合，強要罪は成立しませんが，学校の代表者や同メールを受け取った教職員に対する脅迫罪が成立する余地や，脅迫メールで名指しされた自然人がいる場合は当該自然人を被害者とする強要罪が成立する可能性があります。

　いずれにせよ，被害者としては，罪名までを特定する必要はなく，被害にあった事実を申告すれば足りるものと考えられますので，被害届の罪名については，警察によく相談して被害届を提出するようにしましょう。

3．その他

(1)　平常時の対応

　「学校に爆発物をしかける」との脅迫メールを受信した場合，一刻を争う対応が必要になる可能性がありますので，対応マニュアルを作成するなど，平常時において危機発生時の対応を検討しておかなければ，対応は困難です。

　学校保健安全法29条1項には「学校においては，児童生徒等の安全の確保を図るため，当該学校の実情に応じて，危険等発生時において当該学校の職員がとるべき措置の具体的内容及び手順を定めた対処要領（次項において「危険等

発生時対処要領」という。）を作成するものとする。」と定められており，学校は危険等発生時に職員がとるべき措置を定めた対処要領を作成する必要があります。

　また，学校の施設・設備等を点検し，不審物が設置されればすぐにそれとわかるようにしておく，不審者が容易に隠れられる場所がないか確認する，などの普段より学校の安全性を高める対応を行っておくことが，危機発生時の迅速な対応にも資するものと考えられます。

(2)　休校した場合の振替授業等

　脅迫メールにより学校を休校にした場合であっても，児童らの学習権を保障するため振替授業等により授業時間を確保する必要があると考えられます。

　ただし，学校教育法施行規則は小中学校等の標準時数を定めてはいますが，「平成30年度公立小・中学校等における教育課程の編成・実施状況調査の結果及び平成31年度以降の教育課程の編成・実施について」（平成31年3月29日付30文科初第1797号）は，「標準授業時数を踏まえて教育課程を編成したものの災害や流行性疾患による学級閉鎖等の不測の事態により当該授業時数を下回った場合，下回ったことのみをもって学校教育法施行規則に反するとされるものではなく，災害や流行性疾患による学級閉鎖等の不測の事態に備えることのみを過剰に意識して標準授業時数を大幅に上回って教育課程を編成する必要はない。」としており，小中学校等において，不測の事態により標準時数を下回ることが許容される場合があると考えられます。

(3)　加害者への損害賠償請求

　民法709条によれば，故意または過失によって他人の権利または法律上保護される利益を侵害した者は，これによって生じた損害を賠償する責任を負うものとされています。

　脅迫メールの送信は，故意により，学校の平穏な業務等の他人の権利を侵害する行為ですので，学校のイベントが中止になってキャンセル料が発生した，警備のための多額の費用を要した，などの損害が生じた場合，脅迫メールを送信した犯人に対し，損害賠償を請求することが可能です。

Q21　学校法人のガバナンスの強化

　令和元年5月の私立学校法を含む学校教育法等の一部を改正する法律の成立（令和2年4月施行）に伴い，学校法人において，より一層の運営基盤の強化，運営の透明性の確保，情報公開の充実が求められていますが，学校法人における内部統制の強化をどのように図っていけばよいのでしょうか。

A

　各大学の「建学の精神」等に基づき，コンプライアンスを遵守し，中長期計画に基づいた業務を有効・効率的に遂行できる内部統制システムを構築することや，情報公開を充実して学生等のステークホルダーの信頼を獲得しうることが重要です。

1．内部統制システムの必要性

　大学の内部統制とは，「大学の建学の精神・ミッション・ビジョン等に基づき，コンプライアンスを遵守して，中長期計画に基づいた業務を有効かつ効率的に遂行するために，理事長が，大学の組織内に整備・運用する仕組み」のことです（一般社団法人大学監査協会「大学における内部統制に関する基準」（平成28年3月7日改正））。営利企業においては，平成27年3月に金融庁と東京証券取引所は，上場企業が守るべき行動規範を示した企業統治の指針である「コーポレートガバナンス・コード」をとりまとめるなど，コーポレートガバナンスの充実に向けた動きが加速されています。学校法人においても，その高い公共性・公益性に鑑み，社会の信頼を受けるにふさわしいガバナンスを強化することが求められています。令和元年5月24日，私立学校法を含む学校教育法等の一部を改正する法律が成立し（令和2年4月1日施行），学校法人において，役員の職務と責任の明確化，経営力の強化，情報公開の充実などが義務づけられました。そして，学校法人制度改善検討小委員会は，制度改正に加えて，私学団体等が自ら定める自主行動基準である「私立大学版ガバナンス・コード」により，ガバナンスの強化を図ることも提言しています。したがって，「学校法

人制度の改善においても，私立学校法等の法令に基づくだけでなく，私立学校の自主性・自立性を最大限に発揮し，私学団体等が自ら行動規範を定め，学生や保護者を中心としたステークホルダーに対して積極的に説明責任を果たすとともに，学校法人を運営する者が経営方針や姿勢を自主的に点検し，私立学校の健全な成長の発展につなげていくこと」が必要です（川村匡「令和2年（2020年）4月　私立学校法改正に向けて」リクルート・カレッジマネジメント217号23頁参照）。また，これを受けて，平成31年3月に日本私立大学協会が「私立大学版　ガバナンス・コード」を，令和元年6月に一般社団法人日本私立大学連盟が「私立大学ガバナンス・コード」を各公表しています。なお，国立大学法人については，平成26年の総務省通知「独立行政法人の業務の適正を確保するための体制等の整備について」（平成26年11月28日付総管査第322号総務省行政管理局長通知）において，内部統制システムの整備に関する事項を定めることが求められており，ほとんどの国立大学法人において内部統制規程等が整備されています。今後，私立の学校法人においても，ガバナンス・コードの規定はもとより，内部統制規程の整備が進むものと思われます。

2．私立学校法の改正とガバナンスの強化

　ガバナンス強化の観点から，重要な改正点は，次のとおりです（以下，私立学校法の条文は条文番号のみの記載とします）。

(1) 役員の職務・責任の明確化

　ガバナンスの基本として，「学校法人は，自主的にその運営基盤の強化を図るとともに，その設置する私立学校の教育の質の向上及びその運営の透明性の確保を図るよう努めなければならない」（24条）という学校法人の責務規定が新設されました。役員の責任の明確化としては，①学校法人と役員との関係は，委任に関する規定（善管注意義務）に従い（35条の2），②役員は，その任務を怠ったときは，学校法人に対し，これによって生じた損害賠償責任を負い（44条の2），③役員は，その職務を行うについて悪意または重大な過失があったときは，これによって第三者に生じた損害を賠償する責任を負い（44条の3），④これら責任は，役員の連帯責任（44条の4）となります。このほか，⑤学校法人から役員に対する特別の利益供与の禁止（26条の2）が規定されています。

理事・理事会機能の実質化として，⑥特別の利害関係を有する理事の議決権排除（36条），⑦競業および利益相反取引の制限（40条の5），⑧監事への報告義務（40条の5），監事の牽制機能の強化として，⑨理事の業務執行状況の監査（37条），⑩理事会の招集請求権・招集権，評議員会の招集権（37条），⑪監事による理事の法令違反行為の差止め（40条の5）などが規定されています。

(2) 情報公開の充実

　学校法人の情報公開については，これまでに財務情報および教学に関する情報の公開，財務書類等の届出などが義務付けられていましたが，学校法人における情報公開について次の規定が整備されました。①寄附行為の備置きおよび閲覧（33条の2），②財産目録等の備付けおよび閲覧（47条），③役員に対する報酬等の支給の基準の作成（48条）などです。

(3) ガバナンス・コードの策定

　学校法人は，今回の法律改正に従ったガバナンス強化策を遂行していく必要があり，場合によっては，寄附行為の改正を要します。また，先に述べたとおり，学校法人制度改善検討小委員会は，制度改正に加えて，私学団体等が自ら定める自主行動基準である「私立大学版ガバナンス・コード」の策定を提言していますので，提言の趣旨を踏まえた各学校法人の自主性・自立性に基づいたガバナンス・コードを策定する必要があります。

┃3．学校法人等の責任

　既に述べたとおり，学校法人の役員は，学校法人に対して善管注意義務を負い，その任務を怠ったときは，債務不履行に基づく損害賠償責任を負い，その職務を行うについて悪意または重大な過失があったときは，不法行為に基づく第三者に対する責任を負うことになります。そして，大学の被用者である教職員が事業の執行について起こした不法行為の賠償責任は，教職員本人が負うほかに，使用者責任として学校法人も負います。学生が他者に損害を与えた不法行為の賠償責任は，場合によりますが，学校法人が注意義務違反による不法行為責任を問われる可能性があります。なお，国立大学法人の責任について，大学法人化前の国立大学の教育研究の実施は原則として公権力の行使とされ，国家賠償法の適用を受けていました。国立大学法人化後においては，私立大学と

同様，民法が適用されるとの見解もありますが，財政面・運営面における国の統制から，依然として国家賠償法上の「公権力の行使」にあたるとする裁判例が有力で，今後の動向が注目されます。

　営利企業において，大和銀行事件・大阪地判平12・9・20判時1721号3頁は，健全な会社経営を行うためには，リスク管理が欠かせず，会社が営む事業の規模，特性等に応じたリスク管理体制（いわゆる内部統制システム）を整備することを要すると判示しています。また，日本システム技術事件・最判平21・7・9民集231号241頁は，代表取締役は，不正行為を防止するためのリスク管理体制を構築していれば，責任を免れる可能性を示唆しています。さらに，大川小学校事件・仙台高判平30・4・26判時2387号31頁は，学校長は，実情に応じた危機管理マニュアルを作成すべき義務を有していたにもかかわらず，当該想定地震によって発生した津波による浸水から児童を安全に避難させるのに適した第三次避難場所を定め，かつ避難経路および避難方法を記載するなどして改訂すべき義務を懈怠したとして，市の責任を認めた裁判例があります。

　いずれにしても，学校法人において，この観点からも，「リスク管理体制」ないし「内部統制システム」の構築が喫緊の課題とされます。

8　　訴　　訟

Q22　学内法務としての提訴時の対応一般

　大学に対して訴訟が提起されたため，対応については弁護士に委任しようと考えているのですが，事前に把握しておきたいので訴訟の流れについて教えてください。また，法務担当者として裁判を傍聴することは可能でしょうか。

　民事訴訟は通常，口頭弁論，弁論準備手続，尋問，判決言渡しと進行しますが，途中で和解が成立したり，判決言渡しまでに1年以上かかることもあります。傍聴は，期日の種類により事前の申出が必要な場合があります。

1．訴訟の流れを理解する

　訴訟の一般的な流れを理解しておかなければ，訴訟の進行に応じてどのような対応が必要かわからず，訴訟代理人弁護士と十分に連携することができません。そのため，法務担当者としては，訴訟の一般的な流れを理解しておき，訴訟が提起されても慌てずに対応できるようにしておく必要があります。また，訴訟は非常に時間がかかる手続となっているのが現状であり，判決までに1年以上かかるケースがあることも理解しておきましょう。人事異動が予定されている場合には，後任の法務担当者のためにも，訴訟の進行に応じてどのような対応をしたか，記録しておくことが必要です。

2．口頭弁論と弁論準備手続

(1)　第1回口頭弁論期日に向けて

　裁判所から届く書類には，訴状のほかに，第1回口頭弁論期日と答弁書の提出期限が記載された書面が入っていますので，必ず確認するようにしましょう。口頭弁論とは，公開の法廷で裁判官が直接，原告や被告から口頭による弁論を

聴く手続のことを指します。もっとも，原告や被告が毎回口頭弁論に出席することは少なく，多くの場合は訴訟代理人弁護士が出席して，原告や被告に代わって弁論を行います。答弁書とは，被告が請求の棄却などを求めて最初に裁判所に提出する準備書面のことを指します。準備書面とは，原告や被告が口頭弁論において陳述しようとする事項を記載して裁判所に提出する書面のことを指します。答弁書の提出期限は，通例では第1回口頭弁論期日の1週間前と指定されていますので，提出期限を徒過しないように速やかに訴訟代理人弁護士と打合せを行いましょう。

(2) 第1回口頭弁論期日

口頭弁論は公開の法廷で行われるため，誰でも傍聴することが可能です。第1回口頭弁論期日では，原告が訴状を陳述し，被告が答弁書を陳述します。陳述といっても，訴状や答弁書の内容を読み上げるわけではなく，裁判官が「陳述ということでよろしいですね。」と尋ねて，訴訟代理人弁護士が「はい，陳述します。」などと簡単に述べるのが通例です。

なお，第1回口頭弁論期日は，裁判所が被告の都合を尋ねることなく日時を指定しているため，被告訴訟代理人弁護士の都合がつかないこともあります。そのような場合，答弁書を事前に提出しておき，第1回口頭弁論期日を欠席することもあります。被告が欠席しても，答弁書は法律上，陳述したものとして扱われます。

(3) 弁論準備手続期日

裁判所は，訴訟の争点や証拠の整理を行うために必要があると認めるときは，弁論準備手続を行うことができます。口頭弁論において，裁判官が「弁論準備手続に付しますので次回からは書記官室に来てください。」などと述べた場合には，口頭弁論期日から弁論準備手続期日に移るものと理解しましょう。弁論準備手続は，公開法廷以外の場所（ラウンドテーブル法廷や準備手続室等）で，裁判所，原告，被告が率直な意見交換をしながら争点や証拠の整理を行うために広く活用されている手続です。充実した争点整理のために裁判所が釈明権を行使することもあるでしょう。釈明権とは，原告や被告の主張に不十分な点等がある場合に，事実関係や法律関係を明らかにするために質問したり証拠の提出を促したりする裁判所の権能のことを指します。また，弁論準備手続は，電

話会議の方法を利用して行うこともできます。そのため，原告または被告の一方が遠隔地に居住している場合などに，一方のみが裁判所に出頭して電話会議により弁論準備手続を行うこともあります。

　なお，弁論準備手続は公開法廷以外の場所で行われますので，傍聴を希望する場合には，事前に訴訟代理人弁護士を通じて裁判所に申し出ておく必要があります。法務担当者として傍聴を希望することを伝えておけば，特段の支障がない限り，傍聴を拒否されることはないでしょう。

│3．尋問と和解勧試

(1) 証人尋問

　口頭弁論や弁論準備手続がある程度進行したら，裁判所から証人尋問の申出を予定しているか尋ねられることが多いです。学内関係者を証人として尋問を行うこともありますので，証人尋問の申出が必要かどうか，証人尋問の申出が必要な場合には誰を証人とするかについて，訴訟代理人弁護士と打合せを行いましょう。学内関係者を証人として申出を行う場合には，学内関係者の陳述書を作成して裁判所に提出することが必要となります。陳述書は，証人の経験した事実や伝聞した事実などを時系列に沿って記載して署名捺印したものです。そのため，学内関係者には，陳述書の作成や法廷において証言してもらうための協力を要請し，学内関係者からの了承を得ておく必要があります。

　なお，尋問は公開の法廷で行われるため，誰でも傍聴することができます。

(2) 和解勧試

　証人尋問が終了したら，裁判所から和解を勧められることもあります。訴訟は，判決によらずに和解によっても終了させることができ，原告や被告としては和解に応じるかどうかについて検討します。和解に応じる場合は，和解条項について原告と協議を行います。和解が成立した場合には，訴訟は終了し，和解条項が記載された和解調書を後日裁判所から受け取ることになります。他方で，和解に応じない場合には，判決を求めることになります。

　なお，和解勧試は証人尋問の終了後に行われるとは限りません。裁判所は訴訟がいかなる程度にあるかを問わず，和解を試みることができるため，審理の初期段階や争点整理の終了段階で和解勧試が行われることもあります。

(3) 口頭弁論終結

　証人尋問も終了し，尋問の結果を踏まえた最終の準備書面も提出したら，あとは判決を待つだけとなります。裁判所は口頭弁論を終結して，判決の言渡期日を指定しますので，指定された判決の言渡期日に傍聴に行きましょう。判決の言渡期日は公開の法廷で行われますので，誰でも傍聴が可能です。

4．判決と控訴

(1) 判決言渡期日

　判決言渡しは，訴訟代理人弁護士の出欠にかかわらず，公開の法廷で行われます。他の事件の判決言渡しも同じ時刻に指定されていることがあり，その場合には判決言渡しが連続して行われますので，自分の事件の判決を聞き逃さないようにする必要があります。裁判所は原告や被告の名前を読み上げることはなく，事件番号のみを読み上げて判決を言い渡しますので，自分の事件番号を聞き逃さないようにしましょう。判決は通例，主文のみが読み上げられます。原告の請求を一部でも認める場合は，「被告は，原告に対し，○○。」という主文になります。原告の請求を棄却する場合は，「原告の請求を棄却する。」という主文になります。

(2) 控　　訴

　原告の請求が一部でも認められた場合には，この第1審判決に対して控訴するかどうかについて検討しましょう。控訴は，判決書の送達を受けた日の翌日から起算して2週間以内にしなければならないため，訴訟代理人弁護士と速やかに打合せを行う必要があります。控訴する場合には，控訴状を第1審裁判所に提出します。控訴期間を徒過してしまうと，第1審判決が確定してしまい，控訴することはできませんので注意が必要です。

Q23　学校と所属教員とを相被告とする訴訟への対応

　教員が学生に対してハラスメントを行ったとして，学校と当該教員を相被告とする訴訟が学生から提起されました。学校と教員が共通の訴訟代理人を選任することについて，問題があるでしょうか。

　ハラスメントの加害者とされた教員と使用者である学校との間には，潜在的には利益が相反する状況が生じている可能性があるため，原則として共通の訴訟代理人を選任することは避けるべきでしょう。

1．教員個人の責任と学校の責任

　教員が学生に対してハラスメントなどの不法行為を行った場合，学生から当該教員に対して不法行為に基づき損害賠償請求がなされるのはもちろん，当該教員を使用する学校に対しても，責任を問おうと考えるのは当然のことです。もっとも，教員を使用している学校が私立か国公立かによって適用される法律が変わってきますので，注意が必要です。

2．私立学校の場合

　学校が私立の場合には，民間企業と同様に，被用者である教員が業務に関連して第三者に損害を与えた場合，使用者である学校側も使用者責任として連帯して責任を負いますから，当該教員に対しては不法行為責任（民法709条）に基づき請求し，学校に対しては使用者責任（同法715条1項・2項）に基づき請求するという形をとるのが一般的です。

　学校の使用者責任が認められた場合，学校から教員に対して求償をすることはできますが，かかる求償権は信義則上相当といえる範囲に限定されます。

3．国公立学校の場合

(1)　国家賠償法の適用

　一方で，学校が公立または国立である場合は，国家賠償法が適用される可能

性があります。

　国家賠償法は「公権力の行使」（国家賠償法1条1項）による損害の賠償について定めた法律であり，公務員の行為が「公権力の行使」に該当する場合は，民法ではなく国家賠償法が優先的に適用され，国または地方公共団体が責任を負うことになります。この場合，加害者である公務員は個人としての責任を負わないことになると考えられており，また最高裁も含む多くの裁判例もそのように判断しているところです（最判昭30・4・19民集9巻5号534頁）。

　学校における教育活動については，「公権力の行使」にあたるかについても議論があるところですが，現在では，純粋な私経済作用を除いては非権力的な活動であっても同項の「公権力の行使」に該当すると解すべきであると考えるのが通説的見解であり，最高裁判決においても，学校の教育活動については「公権力の行使」にあたるとの考え方が示されています（最判昭62・2・6判タ638号137頁）。

　本設問のようなハラスメント事案の場合についても，教員の行為は教育活動上の行為であると考えられますから，国家賠償法の適用があると考えられます。

(2)　**国立大学法人に国家賠償法の適用があるか**

　公立学校の場合は教員が公務員であり，使用者としては学校の設置主体である地方公共団体が被告になります。一方で，国立大学は平成16年4月1日以降，設立主体が国から国立大学法人に移行しています。これにより国立大学法人の場合教員はいわゆる公務員ではなく，使用者も国立大学法人自身であることから，国立大学法人が被告になるという点で公立学校と異なります。

　では法人化以降の国立大学には国家賠償法の適用がないのかというと，そうではありません。国立大学法人は国から財政措置と一定の関与を受けながら運営されていること等から，国家賠償法1条1項にいう「公共団体」にあたると考えられています。その上で，国立大学法人の教職員による教育活動上の行為は，国立大学の設置主体が国から法人に変更されたからといって性質が変わったとは評価できないため，法人化前と同様に「公権力の行使」に該当し，国家賠償法の適用があると考えられています（実際に法人化後の国立大学法人におけるハラスメント事案について国家賠償法の適用を認めた事例として，名古屋高判平22・11・4裁判所ウェブサイト，東京地判平21・3・24判時2041号64頁）。

(3) 教員個人への求償

国家賠償法1条2項には，「公務員に故意又は重大な過失があったときは，国又は公共団体は，その公務員に対して求償権を有する」とされています。よって，上記のとおり個人の責任が被害者との関係では生じないとしても，教員に「重大な過失」がある場合には，国や設置主体たる地方公共団体は，教員個人に求償できるのです。

なお，加害教員に対して実際に求償するかどうかは，賠償を肩代わりした国（国立大学法人）または地方公共団体が判断することになりますが，地方公共団体においては，加害者に重過失があり本来求償すべきであるにもかかわらずこれを怠った場合，住民訴訟によってこれを行使させることができる場合があります（実際に，公立高校における部活の顧問教員に「重大な過失」があったにもかかわらず地方自治体が権利行使を行わなかったとして求償権の行使を命じた例として，大分地判平28・12・22判自434号66頁）。

4．教員がハラスメント行為を否定しているケースにおける留意点

教員がハラスメント行為を否定しており，学校側としても調査委員会等でハラスメント行為がなかったとの認定をしている場合，法務部門としては訴訟対応として同じ代理人を選任したほうが，進行がスムーズであると考えられるかもしれません。

しかしこの場合，学校と共通の訴訟代理人を選任することには慎重になる必要があります。訴訟の当初はハラスメントの事実はなさそうだと考えて共同戦線を張ったとしても，訴訟が進むにつれて当初の学校側の見込みや調査委員会における結論とは異なりハラスメントの事実が明らかになった場合には，学校としては教員の処分を検討しなければなりませんし，ともに敗訴した場合，学校は教員に対して求償する立場になるため，利益相反状況が生じることになります。なお，利益相反状況が生じた時点で辞任するという考え方もできますが，利益相反状況が確定的に表面化するのは審理が煮詰まった後であることも多く，裁判所への心証や訴訟の進行への影響を考えると実際上は難しいと言わざるを得ません。

また国公立の学校の場合は，学校の代理人でもあるにもかかわらず，教員の

代理人として国家賠償法の適用，すなわち，上述のとおり加害者である公務員は個人としての責任を負わない旨を主張することになるため，この点についても利益相反状況が生じえます。国家賠償法の適用主張は事実の主張ではなく法律上の主張であるため，当事者の主張がなくとも本来は裁判所がその適用を判断すべきものではありますが，教員の立場からすればきちんと主張することを希望すると思われるため，大学側としてはかかる大学側に不利な主張を認めるべきか，判断が難しくなる場面が想定されます。

　一方，原告側の主張が明白に不当なものであると考えられるような場合は，学校と教員との間で利益が相反する可能性がほとんどないため，共通の訴訟代理人を選任することも有用な手段と考えられます。

　以上のように，本設問のような事例においてはハラスメントの加害者とされた教員と使用者である学校との間には，潜在的に利益が相反する状況が生じているといえますので，共通の訴訟代理人を選任することについては，原告側の主張が明白に不当なものであると考えられるような場合を除いては避けるべきでしょう。

　法務部門としては，適用される法律が事案によって異なりうることを認識したうえで，安易に調査委員会など自校内での結論に依拠することなく，将来的な求償の可能性や，懲戒処分の可能性も踏まえた適切な訴訟管理を行うことが求められるといえます。

COLUMN 1
学内不祥事の公表基準

　報道等で，大学が記者会見をして，学長が頭を下げているニュースをよく目にします。大学で不祥事が起きた場合，公表や記者会見をするかどうかという基準をどのように作ればよいでしょうか。

　一般的に不祥事の自主公表には法的義務がありません。しかし自治体などでは不祥事の公表基準を設け，それに則って懲戒処分を行った事実等を公表している例が多く見受けられます。民間企業においても，公表基準を検討しておくことが危機管理に資することは明らかであり，大学もまた例外ではありません。

　では，大学においてはどのような基準を策定しておくべきなのでしょうか。まず峻別すべきは，法人としての大学の不祥事と，学生の非行です。

　法人としての大学の不祥事は，基本的に企業などの他の組織と考え方は変わりません。法人としての活動に伴い起こった事故や不祥事については，基本的に公表すべきです。特に対外的二次被害が想定される場合には，迅速性が求められます。二次被害の可能性のある例として，研究に伴い実験用排水の処理が不適切であることが判明した事案，二次被害の可能性の少ない例として，教員の実習中の不手際により，学生がケガをした事案が考えられます。

　教職員の非行については，業務関連性が強いほど，公表の必要性も高まります。業務に関連するものとしては，学内での個人情報の目的外取得などが考えられます。教職員の不祥事は，企業における従業員の不祥事と考え方は同じです。

　学生の場合は，事故や不祥事といえども，教育的配慮に留意する必要があります。学内で起こったことについては大学には教育機関としての責任があり，公表する場合でも当該学生の将来の不利益を最小限にする配慮が求められます。他方で，学生の学外非行については大学として公表する必要はないことが多いと思われます。

　なお，記者会見など大学としての正式見解を発信する手順は規程上明確に定め，情報が錯綜しないようにしておくことも重要です。

第 **2** 章 ▶▶

小学校・中学校・高等学校

Q24　学校と教育委員会の関係

　公立学校が保護者対応などについて何か判断をするとき，すべてのケースを教育委員会に細かく報告し，相談をすることが必要でしょうか。保護者から教育委員会に苦情が寄せられた場合，教育委員会は学校に対してどのように対応すればよいでしょうか。

A

　教育委員会への報告や相談は，学校限りでは事態を収拾できない紛争に発展する可能性や保護者の苦情の態様などを考慮して判断します。保護者から教育委員会に直接苦情が申し立てられた場合，教育委員会は学校と協議することが求められます。

1．公立学校と教育委員会の関係

　公立学校は，地方公共団体が設置します（学校教育法2条）。そして，設置者管理主義に基づき（同法5条），設置者は物的管理（施設・設備等の管理）・人的管理（教職員の任免や服務監督）・運営管理（学校の組織編制や教育課程等）に関するすべての権限を有し，設置者の管理執行機関である教育委員会が一切の管理を執り行うとされています（地方自治法180条の5・180条の8，地方教育行政法21条・22条・32条）。

　しかしながら他方で，学校の自主性や創意工夫は一定程度尊重される必要があります。また，そもそも学校のあらゆる活動を教育委員会が直接管理執行することは現実的ではありません。そこで，①法令によって校長の職務として定められている職務（学校教育法37条4項），②教育委員会が校長に委任し，または命令した職務については，校長の責任と権限に基づいて処理することとされています（なお，②について，学校と教育委員会の事務分担を明確にし，学校の管理運営の基本事項を定めたものが，地方教育行政法33条1項に基づく学校管理規則です）。

　もっとも，教育委員会の執り行うべき職務の相当部分が校長に任せられているとはいえ，教育委員会は校長に対して指揮監督権を有しており，校長は教育

委員会の指揮監督に服さなければなりません（地公法32条，地方教育行政法43条2項）。

2．法令が求める学校から教育委員会への報告

　以上のように，教育委員会と学校は，現場レベルでの運営については各学校（の校長）の裁量に任せられているけれども，終局的には教育委員会の指揮監督に服するという関係に立つということがいえそうです。

　それでは，教育現場でどのような問題が発生した場合に，学校は教育委員会に報告をするべきなのでしょうか。

　この点について，法令で教育委員会に報告や通知を要することが明記されている事柄については，法文を紐解けば答えは見つかります。具体例を挙げると，学校教育法施行令20条が，義務教育段階にある子ども（学齢児童・生徒）が休業日を除き引き続き7日間出席せず，その他その出席状況が良好でない場合において，その出席させないことについて保護者に正当な事由がないと認められるときは，速やかに，その旨を当該学齢児童・生徒の住所の存する市町村の教育委員会に通知しなければならないと規定しています。また，学校教育法施行規則63条は，非常変災その他急迫の事情によって学校を臨時休業とする場合，当該学校を設置する地方公共団体の教育委員会にその旨を報告しなければならない旨規定しています。

3．学校から教育委員会へ相談・報告する場合の実務上の留意点

　問題は，法令で明記されていない事柄について，教育委員会に事細かに相談・報告すべき必要があるのかということです。とりわけ教育委員会に相談・報告をすべきなのかどうか学校にとって最も悩ましい分野は，保護者対応についてではないでしょうか。

　この点，1で述べたように，学校の運営にあたっては第一次的には学校の判断が尊重されますので，日常的に発生する保護者対応のすべてを教育委員会に逐一報告する法的義務は学校にはありません。しかしながら，保護者対応の中には，学校が誠意を尽くしても保護者の理解が得られないといったケースもあろうかと思います。このような場合に教育委員会への相談・報告をするどうか

は，学校限りでは事態を収拾できない紛争に発展する可能性や保護者の苦情の態様などを踏まえて判断することになります。具体例として，「担任が嫌いだから担任を変えてほしい」といった苦情について，学校での対応が膠着状態にある場面をイメージしてください。この場合，保護者は学校相手では要求が通らないとわかると，次の行動として，教育委員会，果ては文部科学省にまで，ありとあらゆる関係部署に苦情の連絡を入れることがあります。そして，それぞれの担当者が話した内容の食い違いを捉え，その矛盾点を突いてプレッシャーをかけるといった事態に発展するおそれがあります。こうした事態に陥りそうだと学校が察知した場合は，躊躇することなく，教育委員会に一報を入れ，速やかに対応を協議するようにしてください。

　教育委員会に相談・報告する場合のポイントは，後手に回らないようにすることです。学校から見て教育委員会は，お目付け役のような堅苦しいイメージがあるかもしれませんが，教育委員会は学校現場が直面する課題の解決に向けて一緒に考えるサポーターでもあります。学校経営や保護者対応について何か悩み事があれば，抱え込まずに相談・報告するようにしましょう。

4．教育委員会に直接保護者から苦情申立てがあった場合の留意点

　保護者の動きが早く，学校の報告よりも先に保護者から教育委員会に直接苦情が持ち込まれることも最近では珍しくなくなりました。こうした場合に教育委員会としては学校に対してどのように対応すべきなのでしょうか。

(1)　保護者の苦情に対する受け答え

　いきなり教育委員会に駆け込んでくる保護者には初めからかなり感情的な態度である人が少なくなく，対応する教育委員会の職員（その多くは指導主事）としては，ついつい慌ててしまいがちです。しかしながら，保護者に対する場当たり的な対応は厳に慎むことが必要です（会話内容は録音されているおそれがあります）。たとえば，児童・生徒が教員から体罰を受けたという苦情が保護者からあった場合に，保護者の主張を鵜呑みにして「その教員を厳正に処分します」「治療費については教育委員会で負担します」といった口約束をすることは，事態の収拾を困難にするのでやめるべきです。この場合，保護者から何らかのコメントを求められたとしても「学校に状況を確認し，必要に応じて

指導をします」といった受け答えにとどめ，断定的な表現や不確実な情報の提供を避けるのが適当です。

(2)　学校との協議

　教育委員会が保護者から苦情を受けて直ちにすべきことは，学校に対して事実関係の報告を求め，対応を協議することです。

　この点，学校からの報告を検討した結果，学校の対応に問題があると判断した場合でも，教育委員会としては，まずは学校内での解決を促すことが多いでしょう。しかしながら，保護者が教育委員会に直接苦情を申し立てるという行動に出るのは，学校の自浄能力に期待ができないという思いが保護者に強いからだと考えられます。具体的には，体罰や学校でのセクハラなどの事案で，保護者は教育委員会の能動的な関与を求めることが多いと思われます。このような保護者の要望を受けた教育委員会としては，学校からの報告を検討し，学校の対応に問題が少しでも疑われる場合には，教育委員会での調査を含めた積極的な動きをすることが求められます。

　他方で，学校との情報共有の結果，保護者の苦情には理由がなく，むしろ不当であると判断される場合には，毅然とした対応が求められます。行き過ぎた苦情のパターンとして，3で述べたように，学校と教育委員会の意思疎通の綻びを突こうという意図の苦情もあるところです。こうした苦情に対しては，窓口を一本化したり回答の足並みを揃えたりするといった方策が必要となり，学校との緊密な連携が欠かせません。教育委員会としては，学校が理不尽な要求にさらされている場合，トラブルを学校だけで抱え込むことのないよう環境を整えることが求められます。

《参考文献》
● 学校管理運営法令研究会編著『新学校管理読本〔第6次全訂〕』（第一法規，2018）

Q25　特殊な就学事例への対応（越境通学・DV）

(i)部活動を理由に通学区域外から越境通学をしている生徒がいる場合や，(ii)配偶者からの暴力の被害者と同居する児童・生徒が他市町村から転学を希望している場合，どのようなことに気を付ければよいでしょうか。

A

(i)　虚偽の住民登録は違法行為であることを保護者に指摘し，是正の指導を行う必要があります。

(ii)　配偶者から暴力を受けた被害者の児童・生徒の転学先や居住地等の情報が加害者に伝わるおそれがあることから，情報の厳重な管理について特に配慮する必要があります。

1．越境通学への対応

(1)　通学区域制度

　就学手続の前提となる学齢簿の編製は，住民基本台帳に基づいて市町村の教育委員会が行うこととされています（学校教育法施行令1条）。

　市町村教育委員会は，市町村内に小学校（中学校）が2校以上ある場合，就学予定者が就学すべき小学校（中学校）を指定することとされています（同法施行令5条）。その際，あらかじめ，学校ごとに通学区域を設定し，これに基づいて就学すべき学校が指定されるのが通例です。

(2)　住民票の虚偽登録を伴う越境通学の問題点

　ところが，「部活動のカリスマ的な指導者がいる学校に行きたい」などの理由で，通学したい学校の通学区域内に虚偽の住民登録を行い，実際には通学区域外から通学するケースがあります。こうした越境通学は部活動を目的とするものが多く，通学区域内の部活動関係者宅等に同居しないのに同居人等として住民登録するなどの手口があるようです。住民票の虚偽登録を伴う越境通学をすることは，違法行為に該当します。すなわち，住民基本台帳法で届出を要する「住所」（同法22条・23条等）とは「生活の本拠」をいい（同法4条，地方自治法10条，民法22条），生活の本拠としての実態がない場所を住所として届け出る

ことは住民基本台帳法違反となります。

(3)　住民票の虚偽登録を伴う越境通学への対応

　それでは，住民票の虚偽登録を伴う越境通学が疑われる場合において，学校や教育委員会はどのような対応をすべきでしょうか。

　まず，関係者から事情を聴き取るなどし，実態を調査します。実態調査の結果，住民票の虚偽登録があると認められた場合には，学校や教育委員会は，保護者に対して違法状態の是正に向けた指導をすることが求められます。具体的には，実態を形式に合わせる（住民票記載の住所に生活実態を移す，あるいは，通学する学校の通学区域内に新住所を構えて生活実態を移す），形式を実態に合わせる（生活実態のある住民票異動前の通学区域の学校に通学する）などの方法を提示することが考えられます。

　なお，住民票の職権消除（住民基本台帳法施行令12条）や罰則（同法52条・22条・23条，刑法157条参照）の適用の検討は最終手段であり，できるだけ指導を通じて是正を目指すのが適当です。

(4)　最近の政策動向

　住民票の虚偽登録が許されない一方，生徒・保護者にとって部活動が高い関心の的であるのも事実です。最近，自治体の中には，一定の条件の下で部活動を理由とする就学校指定の変更を実施する例も見られます。今後，こうした通学区域制度の弾力的運用の動きを受け，学校選択制（学校教育法施行規則32条1項）の導入を検討する自治体が増えるかもしれません。

2．配偶者からの暴力の被害者の子どもの転校

　配偶者からの暴力（DV）の被害者の子どもが，住民票の存する市町村外の学校への転学を希望している場合，就学の機会を確実に確保するためにどのような配慮すべきでしょうか。

(1)　就学手続の方法

①　就学手続の種類

　まず，そもそも就学手続にはどのような方法があるのか整理すると，以下の3つの場合があります。

　(a)　住民基本台帳に基づく学齢簿の編製による場合

　　義務教育段階にある子ども（学齢児童・生徒）については，その住所の存する市町村の教育委員会が学齢簿を編製し，就学の通知等の就学手続をとり，学齢簿の編製は，住民基本台帳に基づいて行う（学校教育法施行令1条・5条）。

　(b)　住民基本台帳に記載されていない者についての学齢簿の編製による場合

　　　当該市町村に住所を有するのであれば，この者についても学齢簿を編製し，就学の通知等の就学手続をとる。この場合，教育委員会は，住民基本台帳に脱漏または誤載があると認める旨を遅滞なく当該市町村長に通報する（住民基本台帳法13条）。また，転住してきた学齢児童・生徒を学齢簿に記載したときは，当該教育委員会は，その旨を速やかに前住所地の教育委員会に通知する。

　(c)　区域外就学等による場合

　　　市町村の教育委員会は，保護者から区域外就学等の届出があった場合に就学手続を行う。この場合，就学させようとする小学校または中学校（併設型中学校を除く）を設置する市町村の教育委員会は，当該学齢児童・生徒の住所の存する市町村の教育委員会と協議する（学校教育法施行令9条）。

② 　DV被害者の子どもが転学を希望している場合

　事情に応じ，①で述べた(b)または(c)の方法をとるかどうかを検討することになります（なお，就学の際に必要な書類については，特に法定されていませんので，書類を厳選し，必要最小限のものとしてください）。

　DV加害者に転学先や居住地等の情報が伝わるリスクは以下のタイミングで存在します。

- 住民基本台帳に脱漏または誤載があると認める旨を市町村長に通報するとき
- 学齢簿に記載した旨を前住所地の教育委員会に通知するとき
- 区域外就学に関する協議を住所地の教育委員会と行うとき

　こうした場面では，DV被害者の子どもの就学であることを関係者間で共有し，転学先や居住地等の情報を知りうる者について必要最小限の範囲に制限するなどし，情報の厳重な管理について特に注意をするようにしましょう。

(2)　指導要録の取扱い

　通常，指導要録については，転学の際には，転出元の校長が転学先の校長に指導要録の写し等を送付することになっています（学校教育法施行規則24条3項）。また，児童・生徒の転学の際には，転出元の指導要録に転学先の学校名および所在地も記載するとされています。

　しかしながら，DV被害者の子どもについては，転学した児童・生徒の指導要録の記述を通じて転学先の学校名や所在地等の情報がDV加害者に伝わるおそれがあります。このため，DVが絡む転学手続においては，(1)②の取扱いと同様，DV被害者の子どもの就学であることを関係者間で共有し，転学先の学校名や所在地等の情報を知りうる者について必要最小限の範囲に制限するなどし，情報を特に厳重に管理したうえで，転出元の学校から転学先の学校へ児童・生徒の指導要録の写し等を送付する取扱いが必要となります。

(3)　転学先や居住地等の情報の管理

　DV被害者の子どもの転学先や居住地等の情報については，各自治体の個人情報保護条例等に沿って，配偶者暴力相談支援センターや福祉部局等との連携を図りながら，厳重に管理することが求められます。

　また，就学事務に携わる職員および学齢簿や指導要録等の保存の責任者は，DV被害者の子どもであることを十分認識し，転学先や居住地等の情報を記載している学齢簿や指導要録等の開示請求等に対して特に慎重に対応しなければなりません。

　DV加害者から児童・生徒の法定代理人の立場で学齢簿や指導要録等の開示請求があった場合（Q15参照）でも，教育委員会や学校は，各自治体の個人情報保護条例等の非開示事由該当性を慎重に検討し，適切に対応することが求められます。

《参考文献等》
- 文部科学省ウェブサイト「学校選択制等について」
  （https://www.mext.go.jp/a_menu/shotou/gakko-sentaku/index.htm）
- 文部科学省生涯学習政策局男女共同参画学習課長等「配偶者からの暴力の被害者の子どもの就学について（通知）」（平成21年7月13日付21生参学第7号）

Q26 生徒の特性に応じた配慮

(ⅰ) 障害のある生徒との交流授業を行うことになりました。障害のある生徒の保護者から，他の生徒と一緒に課外活動や体育の授業などに参加したいとの要望が出されていますが，どのような配慮が必要でしょうか。

(ⅱ) 障害のある生徒の特別支援学校への入学，特別支援学級への入級はどのように判断するべきでしょうか。

(ⅲ) 性同一性障害のある生徒がいますが，どのような配慮が必要でしょうか。

A

(ⅰ) 学校は，当該生徒の病気などの特性を理解し，保護者や医師などと協議して必要な支援を確認し，活動に参加する方法を工夫するなどの配慮が求められます。

(ⅱ) 生徒の就学先の判断にあたっては，本人保護者と市町村教育委員会，学校等が教育的ニーズと必要な支援について合意形成を行うよう努めることが求められるといえるでしょう。

(ⅲ) 当該生徒や保護者と相談しながら，学校としての支援体制を整えていく必要があります。また，教員や他の生徒が性同一性障害に関する正しく理解する必要もあります。

1. 法　令

　障害のある児童・生徒にどのような配慮をすべきかを検討するにあたっては，障害を理由とする差別の解消の推進に関する法律（以下「障害者差別解消法」といいます）および「文部科学省所管事業分野における障害を理由とする差別の解消の推進に関する対応指針」（以下「ガイドライン」といいます）を理解しておく必要があります。

　障害者差別解消法は，障害を理由とする差別について，「不当な差別的取扱い」と「合理的配慮」の2つに分けて整理しており，まず，「不当な差別的取扱い」については，「事業者は，事業を行うに当たり，障害を理由として障害

者でない者と不当な差別的取扱いをすることにより，障害者の権利利益を侵害してはならない。」と規定しています。

この「不当な差別的取扱い」について，障害者差別解消法は，行政機関・民間事業者を問わずに法的義務として規定しており（同法7条1項・8条1項），学校は，国公立，私立を問わず，不当な差別的取扱いを禁止されています。

また，障害者差別解消法は，「合理的配慮」について，「事業者は，その事業を行うに当たり，障害者から現に社会的障壁の除去を必要としている旨の意思の表明があった場合において，その実施に伴う負担が過重でないときは，障害者の権利利益を侵害することとならないよう，当該障害者の性別，年齢及び障害の状態に応じて，社会的障壁の除去の実施について必要かつ合理的な配慮をするように努めなければならない。」としています（同法8条2項）。

この「合理的配慮」について，障害者差別解消法は，行政機関等については「合理的配慮をしなければならない」と定め，法的義務として規定しています（同法7条2項）が，民間事業者については「努めなければならない。」と定め，努力義務としています（なお，東京都は条例で民間事業者にも法的義務としています）。

そのため，国公立の学校では合理的配慮の提供は法的義務ですが，私立学校では努力義務にとどまります（同法7条2項・8条2項）。

2．障害のある生徒との交流授業（本設問(i)）

ガイドラインは，「障害のみを理由として，実習等校外教育活動を拒むことや，これらを拒まない代わりとして正当な理由のない条件を付すこと。」を不当な差別的取扱いの具体例として挙げています（ガイドライン・別紙1参照）。

また，ガイドラインは，合理的配慮の具体例として，「慢性的な病気等のために他の児童生徒等と同じように運動ができない児童生徒等に対し，運動量を軽減したり，代替できる運動を用意したりするなど，病気等の特性を理解し，過度に予防又は排除をすることなく，参加するための工夫をすること」を挙げています。

裁判例でも，知的障害で感覚過敏があるため，食べられない食材がある生徒に対し，教員が給食を食べさせようとして生徒が不登校になった事案で，「学

校長は，障害を有する生徒の保護者から，当該生徒について配慮すべき事項を十分に聞き取り，配慮すべき事項を各教諭間において共有するよう体制を確立すべき義務を負う」と判示し，このような義務を怠ったとして学校長の過失を認めた裁判例もあります（大阪地判平成17・11・4判時1936号106頁）。

　このようなガイドラインや裁判例を踏まえると，学校は，生徒や保護者と協議をし，場合によっては当該生徒が通院する意志などの専門家の意見を聞いた上で，当該生徒の病気などの特性を理解するよう努めるとともに，必要な支援の内容を確認する必要があります。また，個別具体的な活動内容や授業の内容，学校の人的・物的体制上の制約等の諸事情から過重な負担に当たると判断した場合には，生徒や保護者にその理由を説明し，理解を得るよう努めることが望ましいでしょう（ガイドライン参照）。どのような配慮が必要かは，障害を有する個々の生徒によって異なるのであり，学校としては，どのような配慮が必要なのかを保護者から十分聴き取って，活動等への参加が可能かを検討すると共に，安全を確保するためのマニュアル作りを行うほか，場合によっては代替措置を検討するなど，活動にできる限り参加できるよう工夫するなどの配慮が求められるといえるでしょう。

3．特別支援学校への入学，特別支援学級への入級（本設問(ii)）

⑴　特別支援学校への入学

　学校教育法施行令の一部改正（平成25年9月施行）があり，障害者（障害の程度が同法施行令22条の3の表に規定する程度のもの）について，特別支援学校への就学を原則としていた従前の規定が改められ，障害の状態などを踏まえた総合的な観点から就学先を決定する仕組みへと改正されました。

　このような改正を踏まえ，文部科学省が作成した「教育支援資料」によれば，市町村教育委員会は，障害のある生徒の就学先決定にあたり，障害の状態，本人の教育的ニーズ，本人・保護者の意見，教育学，医学，心理学等専門的見地からの意見，学校や地域の状況等を踏まえた総合的な観点から，就学先の判断を行うこととされています。

　そして，改正前の裁判例ではありますが，就学先に関する教育委員会の判断にあたっては，障害のある生徒等一人ひとりの教育上のニーズに応じた適切な

教育を実施するという観点から相当といえるか否かを慎重に検討しなければならず，その判断が，事実に対する評価が合理性を欠き，特別支援教育の理念を没却するような場合には，その裁量権を逸脱または濫用したものとして違法となるとした裁判例があります（奈良地決平21・6・26判自328号21頁）。

　現在は，障害者差別解消法が施行され，ガイドラインにも，「障害のみを理由として，学校への入学の出願の受理，受験，入学，授業などの受講を拒むこと。」を不当な差別的取扱いの具体例として挙げられています（ガイドライン・別紙1参照）。教育委員会は，教育的ニーズと必要な支援について合意形成を行うよう努めることが求められているといえるでしょう。

(2)　特別支援学級への入級

　特別支援学級での教育の対象となる児童・生徒の障害の種類および程度と障害の判断にあたっての留意事項などについては，「障害のある児童生徒等に対する早期からの一貫した支援について」（平成25年10月4日付25文科初第756号）に示されており，これを踏まえた検討をすることとなります。また，普通学級と特別支援学級のいずれに入級させるかについては，終局的には，公務をつかさどる校長の責任において判断決定されるべきもので，校長の裁量に委ねられていると考えられます（学校教育法37条4項）。裁判例でも，肢体不自由の女子生徒が，普通学級への入級を強く希望したにもかかわらず，校長が特殊学級に帰属させたという事案について，就学指導委員会の専門的検討判断を踏まえ，生徒の障害の程度のほかに，生徒の小学校ならびに中学における授業の状況などを含めた諸般の事情を勘案の上なされた校長の入級処分を違法ということはできないとしたものもあります（札幌高判平6・5・24判時1519号67頁）。校長は，生徒の障害の程度や学校における学習状態なども含めたさまざまの事情を考慮して判断していく必要があるでしょう。

4．性同一性障害のある生徒への配慮（本設問(iii)）

　文部科学省は，「性同一性障害に係る児童生徒に対するきめ細かな対応の実施等について」（平成27年4月30日付27文科初児生第3号）を発しています。同通知によれば，性同一性障害に係る児童・生徒に対する学校における支援の具体例として，「自認する性別の制服や体操着の着用を認める」「標準より長い髪形

を一定の範囲で認める（戸籍上男性）」「更衣室は，保健室・多目的トイレなどの利用を認める」「職員トイレ・多目的トイレの利用を認める」「国内文書を児童生徒が希望する呼称で記す」「水泳の授業は補修として別日に実施，又はレポート提出で代替する」「自認する性別に係る運動部の活動への参加を認める」「修学旅行などで一人部屋の使用を認める。入浴時間をずらす」などが挙げられています。

　このようにさまざまな配慮が考えられますが，児童・生徒本人が性同一性障害について周囲に秘匿したいという希望を持ち，特別な配慮を求めない場合も多くあります。特に，他の生徒に対して当該生徒の困っていることをどのように伝えるのがよいかということについては，本人や保護者と十分話し合って決める必要があります。

　何よりも，教員や他の生徒が性同一性障害に対する正しい理解をもつことができるよう配慮し，日ごろから生徒が相談しやすい環境を整え，養護教諭やスクールカウンセラー，管理職，担任などが連携し，学校としての支援体制を整え，生徒本人や保護者と相談しながら支援していくことが必要でしょう。

Q27 体罰の定義・教員の処分・損害賠償

　教員から部活の指導中に暴力を受けたとの訴えが生徒からありました。体罰にあたるかどうかはどのように判断すればよいでしょうか。また，体罰を行った教員や学校が，相手の児童・生徒から損害賠償請求をされることはあるのでしょうか。

A

　体罰かどうかは，行為の目的，態様，継続時間等から判断して，教員が児童に対して行うことが許される教育的指導の範囲を逸脱するかで判断されます。体罰に該当する場合，公立学校の教員には原則として教員個人に対する損害賠償請求はできず，地方公共団体が賠償責任を負います。

1．適法な指導と違法な体罰との違い

　学校教育法11条は，「校長及び教員は，教育上必要があると認めるときは，文部科学大臣の定めるところにより，児童，生徒及び学生に懲戒を加えることができる。ただし，体罰を加えることはできない。」と規定しています。適法な指導と違法な体罰との違いについて，文部科学省の通達「体罰の禁止及び児童生徒理解に基づく指導の徹底について（通知）」（平成25年3月13日付24文科初第1269号）は，「教員等が児童生徒に対して行った懲戒行為が体罰に当たるかどうかは，当該児童生徒の年齢，健康，心身の発達状況，当該行為が行われた場所的及び時間的環境，懲戒の態様等の諸条件を総合的に考え，個々の事案ごとに判断する必要がある。この際，単に，懲戒行為をした教員等や，懲戒行為を受けた児童生徒・保護者の主観のみにより判断するのではなく，諸条件を客観的に考慮して判断すべきである。」としています。また，「その懲戒の内容が身体的性質のもの，すなわち，身体に対する侵害を内容とするもの（殴る，蹴る等），児童生徒に肉体的苦痛を与えるようなもの（正座・直立等特定の姿勢を長時間にわたって保持させる等）に当たると判断された場合は，体罰に該当する。」としています。そして，同通知は，別紙で，参考事例として具体的な行為を列挙しています。

　もっとも，同通知は，行政の解釈であり，裁判になった場合に，裁判所が従わなければならないものではなく，事案に応じて個別的に判断されます。

　最判平21・4・28民集63巻4号904頁は，体罰を受けたと主張する児童による国家賠償請求事件において，違法性が問題となった教員の行為について，「その目的，態様，継続時間等から判断して，教員が児童に対して行うことが許される教育的指導の範囲を逸脱するものではな」いとして，体罰に該当しないとしました。問題となった教員の行為（本件行為）は，児童（被上告人）が，休み時間に，教員の背中に覆いかぶさるようにしてその肩をもむなどしていたが，通り掛かった女子数人を他の男子と共に蹴るという悪ふざけをした上，これを注意して職員室に向かおうとした当該教員のでん部付近を2回にわたって蹴って逃げ出したという状況で起きました。本件行為は，当該教員は，被上告人を追い掛けて捕まえ，その胸元を右手でつかんで壁に押し当て，大声で「もう，すんなよ。」と叱ったというものです。最高裁は，「本件行為は，児童の身体に対する有形力の行使ではあるが，他人を蹴るという被上告人の一連の悪ふざけについて，これからはそのような悪ふざけをしないように被上告人を指導するために行われたものであり，悪ふざけの罰として被上告人に肉体的苦痛を与えるために行われたものではないことが明らかである。」としました。

　このように，身体に対する有形力の行使を適法とした裁判例もあります。しかし，適法性の判断は具体的な事実関係によるため，判断は容易ではありません。

2. 教員に対する処分

(1) 公立学校の教員の場合

　地公法29条1項1号および2号に該当するとして，懲戒処分を行うことが考えられます。懲戒処分を行うかどうか，行うとしたら，免職，停職，減給，戒告のいずれの処分を行うかについては，「懲戒事由に該当すると認められる行為の原因，動機，性質，態様，結果，影響等のほか，当該公務員の右行為の前後における態度，懲戒処分等の処分歴，選択する処分が他の公務員及び社会に与える影響等，諸般の事情を総合的に考慮」すべきとされています（最判平2・1・18民集44巻1号1頁）。

　実際には，教育委員会で，「懲戒処分の指針」といった基準が要綱・要領といった形で定められている場合も多くあります。もっとも，基準がある場合も，機械的・画一的に基準に定められた標準例どおりに処分をするのではなく，具体的な行為等の事情（行為が行われた状況，悪質性，過失の程度，行為の継続性等）を踏まえ，処分を加重または減軽すべき事情はないかを検討して行うべきことを忘れてはなりません。

(2)　国私立学校の教員の場合

　国私立学校の教員の場合は，就業規則に基づき，懲戒を検討することになります。しかし，公務員である公立学校教員と異なり，体罰に関する処分基準が明確ではなく，処分の指針が定められていることはほとんどありません。

3．体罰を受けた児童・生徒からの損害賠償

(1)　学校の管理者が地方公共団体の場合

　国家賠償法（以下「国賠法」という）1条1項により，教員を任用する団体に対して損害賠償を請求することができます。この場合，児童・生徒は，法定代理人（多くの場合は親権者）によらなければ訴訟行為（裁判所の法廷での主張・立証や和解）を行うことができません（民事訴訟法31条）。実際には，多くの場合，児童・生徒の法定代理人から，弁護士に訴訟行為を委任することになります（同法54条1項）。

　なお，判例（最判昭30・4・19民集9巻5号534頁）によれば，児童・生徒からの教員個人に対する不法行為に基づく損害賠償は請求できないことになります。

　もっとも，現実には，教員個人に対して不法行為（民法709条）に基づく損害賠償を請求する訴訟が提起される場合もあります。このような場合，教員の側は，原告の請求は，公務員の職務行為を理由とする国家賠償の請求であるから，公務員個人はその責任を負うものではないと主張し，請求の棄却を求めることになります。

　ただし，教員に故意または重大な過失があるとして，教員を任用する団体から，求償を求められることがあります（国賠法1条2項）。もっとも，常に全額を求償できるかは議論の余地があります。

　また，体罰を受けた児童・生徒から，民法415条（安全義務違反）を理由に学校を管理する団体に対して損害賠償を求められることも考えられます。

⑵　学校の管理者が民間の場合

　教員を雇用する法人に対して，体罰を受けた児童・生徒は，民法715条1項または415条（安全義務違反）により損害賠償を請求することができます。また，教員個人に対しては，同法709条により損害賠償を請求することができます。一度に，両者に対して訴えを提起することも可能です。教員を雇用する法人が，損害賠償を行った場合，法人から教員に求償を求められることがあります（同法715条3項）。もっとも，求償できる範囲は，信義則上相当と認められる限度という制約があります（最判昭51・7・8民集30巻7号689頁）。

⑶　学校の管理者が国立大学法人の場合

　国立大学法人と雇用関係にある教員による行為の場合，国賠法1条1項の規定の適用があるかについては，裁判例が分かれています（適用を肯定したものとして札幌地判平29・12・26裁判所ウェブサイト平成28年（ワ）第2414号，否定したものとして神戸地姫路支判平29・11・27判タ1449号205頁）。

⑷　証拠の確保

　実際の裁判では，教員の行為が体罰に該当するかという評価の問題のほかには，事実関係，児童・生徒の損害額，児童・生徒の過失による過失相殺の有無および金額が争点になることが考えられます。学校側としては，体罰の有無や内容が問題となった場合，写真や（可能ならば）児童・生徒のケガに関する医師による診断書等の客観的な証拠の確保や，関係者からの聴き取り等，事実の裏付けとなる証拠の確保が必要になります。裁判の資料として役立てるためには，記録を取る場合，いつ，どこで，誰が，誰と何を行ったかを正確に確認するとともに，記録そのものを作成した年月日，作成者を記録に明記する必要があります。

Q28 学校における各種事故対応

以下の場合に，学校はどのように対応すべきでしょうか？

(i) 学校の物品が破損・盗難にあった場合

(ii) 生徒の貴重品が盗難にあった場合

(iii) 生徒同士の傷害事件につき，被害児童・生徒の保護者から「警察に被害届を出す」と言われた場合

いずれの場合も大人であれば刑事事件として取り扱われる事案となります。学校内の自治としての側面もありますが，公立学校としては同じ行政機関として警察と連携して対応するのが望ましいといえます。

1．警察との連携の是非

学校が，特に学校内の生徒間のトラブルについて警察への通報を躊躇する場合は少なくありません。しかし，警察への通報や捜査を依頼することが教育的に不適切かと言われれば，そのようなことはありません。実効的かつ的確な教育指導をするには，前提の事実確認を正確に行う必要があります。そして，事実確認という点においては，警察のほうが圧倒的にその技術を有していますから，学校が警察と連携し，警察の捜査結果を踏まえて児童・生徒への適切な指導につなげるという対応をするというのも，教育的に適切な側面があります。実際，近隣の警察と連携を行っている学校は多いはずです。

一方で，必ず警察に通報しなければならないのかというと，そのような関係にもありません。軽微な事案や，本人が深く反省している場合など，教育的観点から通報を躊躇する場合もあると思います。

基本的には，警察への通報を原則としつつも，通報すべきかどうかは最終的に教育的観点・配慮も踏まえて決定するのが望ましいといえます。

2．学校調査の限界と警察との連携

学校が，丁寧かつ実効的な指導をするためには，前提として丁寧な事実調査

をするのが望ましいといえます（詳しくはQ2を参照）。

　しかし，学校は調査機関ではありませんから，事実調査には限界があります。また，学校内のトラブルをすべて学校だけで対応しなければならないわけではありません。むしろ刑事事件（少年事件）レベルのトラブルの場合は，慎重な証拠収集が求められるので，専門機関である警察に早期につなげるべきといえます。学校はあくまで，教育指導の専門機関であり，事実調査，ましてや事件性のある内容の精微な調査は，警察に委ねるべき領域ともいえます。

　気を付けなければならないのは，警察に委ねたからといってその後何も学校が関与しなくてよいというわけではないということです。学校は，公平性を期すために，警察機関の捜査には協力し，学校が見た当事者の様子などは包み隠さず報告することになります。また，警察の捜査等は，あくまで刑事事件・少年事件としての処理を行うために実施されますから，警察が関与したからといって，当事者への学校による指導・支援が不要になるわけではありません。学校は警察の捜査である程度事実が明らかになった場合に，直ちにその事実を前提とした指導を実施したり，保護者に今後の対応について説明をしたり，場合によっては学校として謝罪を行う必要があります。学校は周囲の警察とは普段から情報連携し，協力関係にある場合が少なくないですから，警察の進捗や対応のスケジュール感を把握しながら，学校は学校で，当事者の児童・生徒への指導の内容，タイミングを検討しておく必要があります。

3．学校の物品が破損・盗難にあった場合

　本設問(i)のケースは，学校自身が被害者ですから，関係者への配慮から警察への通報を躊躇する理由はありません。特に犯人を，学校で絞り込めない場合については，学校内の児童・生徒がやった可能性が高いとしても，早期に警察に通報をすべきといえます。

　また，損壊された物品を発見した場合などは，現場の保全を行うのが望ましいです。学校の施設管理権限に基づいて，児童・生徒が現場に入らないように立入りを制限するとともに，デジタルカメラなどで現場の写真や動画を残すようにしてください。

　撮影については，写真も動画も，不必要な生徒の映り込みなどに気を付けさ

えすれば，撮りすぎて問題となることは基本的にありませんので，損壊場所の特定や，損壊の様子がわかるようにさまざまな距離・角度から撮影するようにしてください。

4．生徒の貴重品が盗難にあった場合

　本設問(ii)のケースが(i)と異なるのは，被害者が生徒であり，学校ではないという点です。この場合，警察対応を依頼するかどうかは，生徒自身や保護者の判断によるべきといえます。

　一方，学校は，管理権限に基づき，独自の判断で(i)と同様，現場の保全や，生徒から事情を確認することはできます。また，犯人が他の生徒である可能性が高い場合は，法律上のいじめ事案発生の疑いがあるとして，学校のいじめ防止基本方針に沿った調査・対応をしなければならない点，注意が必要です（Q30・31参照）。もっとも，学校の調査には限界がありますので，「犯人を見つけるまで調査を続けてほしい」というような要望を保護者や生徒から言われてもそれに応えることはできません。そのような要望が強い場合については，調査の専門はあくまで警察であることから，警察への相談，通報を促してください。

　また，学校は犯人の特定ができないとしても，学年集会やHRの機会を活用して，児童・生徒全体に向けた注意・指導を行うことはできます。

5．生徒同士の傷害事件につき，被害児童・生徒の保護者から「警察に被害届を出す」と言われた場合

　本設問(iii)のケースでは，学校は被害届の提出を止める権限がありませんので，その旨伝えた上で，生徒本人と保護者の意向を尊重する姿勢を示してください。なお，学校は，警察の捜査を受ければ，警察から聞かれたことを正直に答えることになるので，双方向性が認められる事案などについては，その後のトラブルを避けるために，被害届を出した生徒にとって不利な話が出る可能性があることを事前に断っておくことが望ましいです。また，(ii)と同様に，学校は，いじめ防止基本方針に沿った調査・対応をしなければなりません（詳しくは，Q30・31を参照）。

6．保護者への警察協力の依頼

　警察に通報すると，現場検証や，関係する児童・生徒からの事情聴取や，教職員への事情聴取などが実施されることがあります。そして，捜査に対して非協力的な保護者が出る可能性もありますが，あくまで捜査の実施の有無，内容を決めるのは警察ですので，任意捜査であれば，学校からは，あくまで各ご家庭の判断の上，警察に協力するかどうかの返答をするようにと伝えてください。学校が過度に警察への協力を促すと，学校に対する不信感を抱かれる危険性があります。捜査協力をお願いするのもあくまで警察ですから，警察と保護者をつなげるための最低限の連絡などのやりとりにとどめるのが望ましいといえます。

7．警察が捜査をしない場合の学校対応

　軽微な事件等，通報・相談をしても警察が捜査を行わない場合があります。捜査の実施は警察の判断なので，学校が警察に捜査を命令することはできません。この場合は4で述べたように，学校でできる範囲での事実調査と，明らかになった範囲での注意・指導を行う等，学校は学校としての対応を丁寧に行いましょう。

Q29 学校内でケガを伴う事故が起きたときの初期対応

休み時間に生徒から，他の生徒が校庭でケガをしていると聞いた場合，まずどのような対応をすべきですか。また，学校が損害賠償責任を負うことがあるでしょうか。マスコミ対応が必要となった場合の留意点なども教えてください。

A

養護教諭に一刻も早く報告し，医療的な緊急対応をしてください。緊急対応をいかに適切かつ迅速に行えるかは，損害賠償のリスク減少にもつながります。マスコミ対応については，公立学校は必ず教育委員会に相談してください。

1．学校が負いうる損害賠償責任

学校で児童・生徒がケガをした以上，学校（公立の場合，正確には学校の属する自治体）が，損害賠償責任を負う可能性はあります。もっとも，学校で児童・生徒がケガをした場合のすべてについて学校が損害賠償責任を負うわけでは決してありません。学校内の事故で損害賠償責任が生じるかの主な判断ポイントと具体例は次のとおりです。

① ケガの直接の原因が学校の管理の不手際にあるのか
　有：敷地内の古くなった遊具を放置した結果，遊具が壊れてケガをした。
　無：校庭の遊び時間に走っていた児童・生徒同士がぶつかってしまった。
② ケガを知った後の学校対応に問題があるか
　有：頭をぶつけたと児童・生徒から報告を受けた教職員が「問題ない」と判断し，そのままにしていたが，その後，児童・生徒の容体が急変し，救急搬送された。
　無：養護教諭が応急処置をし，容体が落ち着いたと判断し，そのまま授業に戻らせた。
③ 養護教諭による対応について，医学的な問題があるか
　有：医学的には，直ちに救急車を呼ぶべき場合であったにもかかわらず，養護教諭がその場で応急処置を試みてしまい，救急搬送が遅れた結果，後遺症が

> 残った。
> 無：熱中症で過呼吸になっていたが，養護教諭が対処をし，無事落ち着かせた。

2．養護教諭という医療の専門家に必ず報告を

　上記1の②，③に関連しますが，児童・生徒がケガをした場合に何より重要なのは，一刻も早く適切な治療につなげることです。ですので，まずは養護教諭に駆けつけてもらうか，保健室に連れていきましょう。他の教職員は，教育分野の専門家であっても，医療分野についてはあくまで素人という立場です。ですから，特に「問題ない」という判断を他の教職員が行うことはお勧めできません。養護教諭の判断を経ずに対処をし，後から後遺症が発覚した場合，学校の判断に過失があったとして，損害賠償請求を受けるリスクが高まります。養護教諭は医療分野の専門家として学校にいますから，養護教諭の判断につなげるのが学校としてまず適切な初動といえます。養護教諭の専門的な判断の下，応急処置や場合によっては救急車要請を行い，一刻も早く児童・生徒に適切な治療を受けさせることが先決です。

　なお，救急車要請をせずに対処した場合，後日保護者から「ケガをしたならすぐに救急車を呼んでほしかった」「どうしてすぐに病院に連れて行かなかったんだ」と言われることがあります。しかし，だからといって，ケガをしたときにいたずらに救急車を呼ぶのは適切とは言えません。重要なのは，保護者の希望通りの対応したかではなく，養護教諭が医学的に適切な判断をし，正しい対処をしたかどうかです。素人であれば対処の方法がわからず救急車を呼ぶべき場合も，養護教諭が児童・生徒の状況，症状を見極め，保健室での処置で十分対処できる場合もあります。

3．救急搬送するかの判断基準

　救急車を呼ぶべき場合については，各教育委員会から一定の指針が出ている場合があります。また一般の方が判断する場合の想定ですが，消防庁から「緊急度判定プロトコル」といった，救急車を呼ぶべき一定の指針もインターネット上で公開されています。

救急対応が適切に行えるか不安な学校は，これらの指針を確認するとともに，保健室に資料を置き，養護教諭に確認してもらうなどすることで，養護教諭の判断ミスのリスクを減らしてください。

4．原因究明と証拠保全は治療につなぐ準備ができてから

　学校事故が起きた場合の学校の損害賠償責任の有無を判断する上で，児童・生徒のケガの経緯は重要な要素となります。もっとも，先のとおり，まずは医学的に適切な治療を受けさせるのが何より先決です。ですから，原因究明と証拠保全は治療へとつなぐ準備ができてから行ってください。

　ケガの経緯に関する事実確認や現場の証拠保全は，対応できる十分な人員がいれば本人への緊急対応と同時並行で行えますが，そうでなければ，本人が落ち着いた後に随時実施することになります。

　なお，児童・生徒の年齢や成長の度合いにより差はありますが，児童・生徒は，他の人が話す内容の影響を受けやすく，説明能力も大人ほど十分ではありません。したがって，急いで状況確認をしようと，複数人から同時に質問することはお勧めできません。1人ずつ離れたところで，「何があったか」をオープンに聞くように心がけましょう（この点の詳細はQ2・31を参照してください）。

5．学校が独断で損害賠償責任について語らないこと

　賠償責任を負うかは事実関係が明らかになった時点で判断すべきことであり，また，学校はあくまで教育の専門家であり法律の専門家ではありません。学校は法律上の責任が発生するかなどを正確に判断できませんので，この点軽率に発言しないようにしてください。保護者が激昂していたり，事故が重大な結果だと，思わず保身したい気持ちから「学校に責任はない」と保護者に言いたくなりますが，学校が「賠償する責任はない」などと軽率に発言すると，保護者の反感を買いかねません。また，賠償責任がないと早期に学校が宣言したとしても，賠償責任が軽減されるようなものではなく，むしろ後から賠償責任が認められたり，そのような対応で児童・生徒を傷つければ，損害額を増されて請求されるリスクさえあります。学校として責任をもって行うべきは緊急対応，

事実確認，そして児童・生徒への心理的ケアと再発防止にむけた取組みです。
保護者に対して，自身の役割と立場を理解してもらう意味でも，賠償責任等の
点については，法律の専門家や教育委員会の判断に従うものであり，答えられ
る立場にない，と対応するのが賢明です。

　ここで気を付けてほしいのは，賠償責任等の点については，法律の専門家や
教育委員会の判断に委ねるとしても，先の心理的ケアの点については，学校は
責任をもってやらなければならないということです。法的判断を外部の判断に
任せることと，学校が，児童・生徒の辛い思いや保護者の不安・心配な気持ち
に寄り添うことは矛盾しません。まずは大きな事故や後遺症にならないように
最善を尽くすこと，後に心の傷が残らないように継続的な支援・見守りを心が
け，学校と児童・生徒，保護者との信頼関係を再構築・維持してください。そ
れこそが，学校に期待されている役割です。

6．マスコミ対応

　損害賠償責任が仮に認められたとして，金銭を支払うのは基本的には各地方
自治体であり，学校現場ではありません。また，一部の教職員が先入観などで
事実と異なることを答えたり，学校，教育委員会の方針と異なる見解を答える
ことは，無用な誤解と地域からのバッシングを生むリスクが高いです。した
がって，マスコミ対応については，市や県の教育委員会とも足並みをそろえて
行う必要があります。学校は，教育委員会と十分打合せをした上で，マスコミ
対応をしてください。

　教育委員会の方針が決まり，指示が出るまでは，どのような質問をされても
（「あなた個人はどう考えているのか」，「その場にあなたはいたのですか」等，
一見答えられそうな質問も含め），「教育委員会に報告中であり，その判断が出
るまではどのような質問にも答えないようにと言われています」とだけ繰り返
し答えるなど，簡潔な対応をするよう教職員全員に徹底してください。

Q30 「法律上のいじめ」の理解

社会通念上のいじめと法律上のいじめは範囲が違うとよく聞きますが，たとえば，いじめ被害を訴えるほうがちょっかいをして加害側が怒った場合や，加害側に全く悪気がないような場合も，法律上のいじめになるのでしょうか。

A

「やられた子が，少しでも嫌だな，不快だな，痛いな，と感じた」のなら法律上のいじめです。したがって，どちらの場合も法律上のいじめに該当します。ただし，指導の際に「いじめ」という言葉を用いる必要は必ずしもありません。

1. いじめの定義

法律上のいじめの内容は，いじめ防止対策推進法で定義されています。条文は長く読み辛いので省略しますが，かみ砕いて説明をするのであれば，「やられた子が，少しでも嫌だな，不快だな，痛いな，と感じるなら法律上のいじめ」という認識でいればほぼ間違いありません。学校現場で意識してほしい部分は，このうち「少しでも」という部分です。この文言は，法律上の定義そのものにはない文言ですが，「法律上，どの程度の心身の苦痛を要求するのか，その限定がない」という点から定義に含まれるといえます。

2. 法律上のいじめの定義が広範な理由

(1) 心のコップの小さな子を守ること

法律上のいじめの範囲と，いわゆる社会通念上のいじめの範囲は大きく異なるといわれています。その理由の説明方法としてはさまざまな考え方がありますが，理由の一つに「心のコップ」という考えがあります。

心のコップというのは，次のような特徴があるとされています。

① 誰の心の中にもあり，嫌なことがあるとコップに水が溜まる。
② コップの水があふれてしまうと，不登校や自死，自暴自棄の後の非行行為といった行動があらわれる。

③ コップの大きさは人それぞれであり，その大きさや，今，どこまで水が溜まっているのかを，外から見ることができない。

　この3つの特徴のうち，特にいじめの定義に関わるのは③の部分です。「コップの大きさは人それぞれ」とありますが，特に心のコップの小さい児童・生徒というのは一定数います。それはたとえば100人中99人がされても平気な些細なことでも引きずってしまったり，大きく傷ついてしまうような児童・生徒です。

　他人の心のコップの大きさは見えません。いじめの加害者にならないためにも，相手の立場を思いやる指導が重要となります。

　また，心のコップの大きさは生まれもってのものです。ですから，心のコップが小さく，SOSを出した児童・生徒に対して，「社会に出たら通用しない」「それくらい我慢しなさい」というような指導を行うのは，教育的にも不適切といえます。むしろ，そのような児童・生徒が無事に心身共に成長し，立派な大人になり社会で活躍するためにも，一見些細に思える出来事でも，その児童・生徒の気持ちに学校が寄り添い，理解し，大人として守らなければなりません。そしてそれが学校に求められている役割です。

(2) いじめ行為のエスカレーション

　いじめに関する各種研究から，テレビドラマで見たり，日常的に語られたりするいわゆる社会通念上のいじめというのはある日突然起こるものではなく，当初は些細な行為から始まり，エスカレートしていく傾向があることがわかっています。また，些細なレベルでの早期の指導は比較的簡単ですが，社会通念上のいじめが発生するような状況になるころには，その再発防止は非常に難しいことが多いです。

　以上のような研究結果からも，社会通念上のいじめになるまで学校は対応しなくてよい，などということはありません。むしろ早期の段階で学校がきちんと指導をし，再発を防止していくこと，「社会通念上のいじめの芽」を見逃さずに丁寧に摘んでいくことが，将来の社会通念上のいじめ予防につながっているといえます。

⑶　「社会通念上のいじめ」まで放置していい理由はない

　心のコップの小さな児童・生徒を守り抜くこと，社会通念上のいじめの芽を摘み，いじめのエスカレーションを防ぐこと，いずれの観点からも，「社会通念上のいじめ」まで学校が放置していい理由はありません。「どんなに些細に思えるトラブルでも，学校は傷ついた児童・生徒を確実に支援する」姿勢が重要になります。

3．社会通念上のいじめと法律上のいじめは全く別物と理解すること

　以上のとおり，「法律上のいじめ」という言葉は，社会通念上のいじめという言葉を厳密に検討し具体化したというよりは，「なぜいじめは許されないのか」というところに立ち返って再定義したものといえます。法律上のいじめは，「心のコップに水を溜めてしまう行為すべて」なので，いわゆる社会通念上のいじめとは大きく異なります。法律上のいじめの中に，社会通念上のいじめはすべて含まれるといえますが，範囲の差があまりに大きいので，概念としては別物として扱ったほうが学校対応では誤解や初動のミスがありません。

　社会通念上のいじめと法律上のいじめは別物だということは，国も認めています。文部科学大臣決定「いじめの防止等のための基本的な方針」（最終改定：平成29年3月14日）の5頁では，「法律上のいじめ」への対処方法について，「「いじめ」という言葉を使わず指導するなど，柔軟な対応による対処も可能である。」と書かれています。この記載には，教育指導上「いじめ」という言葉を使うべき事案（主に社会通念上のいじめ）と，いじめ防止対策推進法上，組織対応が求められている事案（法律上のいじめ）は一致しないことが端的に表れているといえます。

4．法律上のいじめ事案として見落とされがちな事案例

　「法律上のいじめだと言われればそうだが，いわゆる社会通念上のいじめではなかったので，学校のいじめ防止基本方針に則った対応をしなかった」というのは，いじめ対応が不適切とされる多くのケースの特徴です。しかしここまでで述べたとおり，法律上のいじめと社会通念上のいじめは別概念と言ってもいいほど範囲に差があるものですから，そのような発想をもっていじめ防止対

策推進法上のいじめ対応を考えていること自体が誤りといえます。特に社会通念上のいじめの概念に引きずられて，法に則った対応をおろそかにしてしまいがちな事案の特徴は次のとおりです。

> ・加害行為そのものが軽微な事案
> 例：作業が遅れている子に，「早くしようよ」と声を掛けたら泣き出した。
> ・加害者に全く悪意のないもの
> 例：計算問題でなかなか解けずにいる子に解法を教えてあげたら，「もう少しで自力で解けそうだったのに！」と泣き出した。
> ・双方向性があるもの
> 例：児童同士のケンカで一人が泣いて，被害を一方的に訴えた。
> ・被害側の不適切な言動によるもの
> 例：被害を訴える側が，日ごろから口が悪く，うんざりした加害側が，被害を訴える側の頭を叩いた。
> ・いわゆる「いじり」事案
> 例：クラスメイトから「愛されキャラ」「いじられキャラ」と言われながら，自身の失敗談を周りに面白おかしく話され，嫌な気持ちになった。
> ・被害側の特性から誘発されたもの
> 例：口頭での指示にすぐに対処できず，集団行動で浮いてしまい，周囲から文句を言われ，辛い気持ちになった。

　以上の例を見ると，「このようなものまでいじめとして対応するのか」と抵抗感を抱くかもしれません。しかし，繰り返しますが，くれぐれも社会通念上のいじめの概念を離れて，法律上のいじめにあたるかの判断をしてください。重要なのは，「された子の心のコップに水が溜まっていないか」です。法が学校現場に求めるのは，「その行為がはたしていじめと呼ぶべきかどうか判断すること」ではなく，「児童・生徒の心のコップに水が溜まっていないか日ごろから丁寧に見守り，確認すること」，「心のコップに水が溜まっていたのなら，また水が溜まらないよう，周囲に指導をするとともに，本人に対処法を身に付けさせること」です。

Q31 いじめの調査方法

　自分が担任するA君からBさんに悪口を言われたという話を聞いたので，いじめの調査を開始しようと思います。具体的にどのように動けばいいのでしょうか。

A

　勤務する学校で定めているいじめ防止基本方針に従い，調査をしなければなりません。重要な要素は，情報を共有し，丁寧な事実確認を行い，複数人で対応を検討することです。

1．いじめ防止対策推進法が学校に組織対応を求める背景

　いじめ防止対策推進法が制定される以前でも，児童・生徒間で何かケンカやトラブルがあったときに，双方の言い分を聞き，その内容に従って適宜指導をするということは，どの学校でも日常的に行われてきた対応だと思います。またそのような対応で，いわゆる社会通念上のいじめ事案を未然に防止したり，無事解決できた学校もあるはずです。

　しかし残念ながら，社会のいじめへの不正確な理解，捉え方や，それに伴う支援体制の不備，不適切な学校対応が原因で，不幸な事件がこれまでに起きました。いじめ防止対策推進法は，そのような反省を踏まえ，「適切な学校対応を確実に」行わせるために組織対応を求めています。つまり，いじめ防止対策推進法が組織対応を定める目的は，教職員個人が，いじめに対する誤った認識をもって，実効的でない（あるいは事態を悪化させかねない）指導・支援・対処をしないよう，複数人で対応を検討・確認し，確実に適切な対応へとつなげることにあります。

2．「現実的な」いじめ防止基本方針を定めること

　複数人で対応を検討・確認するといっても，法律上のいじめ事案が起こる都度，仰々しく教職員全員で会議をしなければならないわけではありません。

　学校がいじめ防止基本方針を定める際に陥りがちなミスの一つは，社会通念

上のいじめや，ニュースになるような重大ないじめ事案を想定した枠組みで一般化してしまうことです。Q30で説明していますが，法律上のいじめと社会通念上のいじめの範囲には，非常に大きな開きがあります。そして「法律上のいじめ」として対応する大半の事案は，いじめと呼ぶには抵抗があるような軽微な事案です。したがって，法律上のいじめ対応というのはそのような軽微な事案を基本に，事案の重大性にあわせて段階的に人員を増やし，より丁寧な対応にしていくという体制にするのが現実的といえます。多くの学校が習慣として行っている実際の対応も，「まずは学級担任，次は学年主任，最後は管理職」というように，事案の重大性にあわせた段階的な対応体制になっているはずです。

　学校で発生する法律上のいじめ事案の大半は，いじめと呼ぶのもはばかれるような軽微な事案です。今あるいじめ防止基本方針の対応があまりに手続として重かったり現場の動きに沿わなかったりする場合は，基本方針そのものの改訂を検討しましょう。

3．「血の通った」制度にするために

　学校の実態に即した（あるいは学校の実態になじみやすい）対応フローを学校のいじめ防止基本方針に定めたとしても，それが実際に現場で使われなければ全く意味がありません。

　複数人で対応する上で重要となるのは，法律上のいじめを認知した教職員が他の教職員に報告・相談しやすい環境づくりです。学校内では，さまざまな立場・関わりがありますが，各教職員同士が日ごろから信頼関係を構築し，風通しのいい雰囲気を学校として構築しておくことが非常に大切です。特に，公立の小学校は，学級担任1人で自身の担当する学級の授業のほとんどを行うことになります。したがって学校全体として，意識的に各学級の情報交換や報告・相談の機会を設けないと，各担任が自身の担当する学級の問題を抱え込みがちになりますので，注意，工夫が必要です。

4．事実調査に必要なこと

　学校は，いじめ事案に対して，いじめに対する正しい知識をもって，実効的

な指導・支援・対処をする必要があります。学校のいじめ防止基本方針に従っ
て複数人が対応したとしても，仮に学校全体がいじめに対する誤った認識に基
づく指導や，不適切な調査をしては，全く意味がありません。

　適切ないじめ事案対応の第一歩は，丁寧かつ正確な事実確認といえます。い
じめ調査に限らず，事実確認の技術は教育的観点からも非常に重要です。何ら
かの児童・生徒のエラーに対して，その点を指摘し，適切な対処方法や考え方
を指導するとしても，そもそも児童・生徒がどのようなエラーをしたかを的確
に把握しなければ，実効的な指導につながりません。

　何が教育，指導上確認が必要な事実かというのは，各学校が教育者として判
断するべき事項ですが，少なくとも次のポイントは漏らさず確認することが望
ましいといえそうです。

---

① 　いじめの訴えの内容の確定
② 　①のいじめの訴えが事実かどうかの調査
- いじめを訴える側から言い分の聴き取り
- いじめを訴えられた側から言い分の聴き取り
- （双方の言い分が異なれば）第三者からの聴き取り
③ 　（事実の場合）いじめの背景の調査
- 加害側の動機や，加害の認識の有無などの確認
- 双方向性の有無の確認

　また，正確な事実確認をするためには，事実確認の方法にも注意が必要です。
もちろん，事案や状況によってできることできないことがあるとは思いますが，
調査をする際には次のような点は意識をするのが望ましいです。

---

① 　児童・生徒一人ひとりを尊重した質問方法
- 他の児童・生徒がいない場所等，落ち着いて話せる場所を設定する。
- 聴き取りを行う児童・生徒が話しやすかったり信頼している先生を聴き取り
  手にする。
- 複数の児童・生徒から同時に聴き取りをしない。それぞれの言い分を明確に，
  個別に聞くようにする。
- 保護者等関係者の同席を認めない。

- 特に初回の聴き取りでは，他の児童・生徒の言い分は出さない。「今回は，あなた自身が覚えていることや考えをしっかり聞きたい」という姿勢で臨む。

② 誘導をしない質問方法

- 5W1Hを聞く質問を徹底する。はい・いいえで答えられる質問は，明らかに答えがわかっていることの確認以外ではしない。
- 質問者のほうで要約はしない。さらに細かい事実を聞くときは，児童・生徒が答えたワードをそのまま使い，「○○と話したけれども，〜〜の点はどうですか？」といった質問を行う。
- 特に初回の聴き取りでは確認がすべて終わるまでに指導はしない。
- 質問に対して，こちらの期待する内容がでないときに，途中で話すのを止めない。「そういうことを聞きたいわけじゃない」といった訂正は決してしない。その点は触れず，質問の仕方を変えて，情報を聞き出していく。

　より詳細・正確な事実確認の手法は，刑事弁護の聴き取り手法や，児童相談所等で用いられている司法面接技法といった分野の中で研究・研鑽がされています。学校現場としても，そのような手法を適宜取り入れながら学校現場でも行える事実確認手法を模索していくことが望ましいといえます。

Q32　いじめの重大事態

いじめの重大事態とはどのような場合でしょうか。また，重大事態の調査を行うにあたってはどのような点に注意すべきでしょうか。

いじめが原因となり「生命，心身又は財産に重大な被害が生じた疑い」または「相当の期間学校を欠席することを余儀なくされている疑いのある場合を「重大事態」といい，報告・調査等をすることになります。また，調査にあたっては，調査組織の中立性・公平性，児童・生徒（以下「児童等」といいます）・保護者への適時の説明等に留意する必要があります。

1．重大事態とは

(1)　重大事態の定義

いじめ防止対策推進法28条1項は，次の場合を重大事態として定義しています。

> ①　いじめにより当該学校に在籍する児童等の生命，心身又は財産に重大な被害が生じた疑いがあると認めるとき（1号）。
>
> ②　いじめにより当該学校に在籍する児童等が相当の期間学校を欠席することを余儀なくされている疑いがあると認めるとき（2号）。

このうち，②の「相当の期間」とは概ね30日以上の欠席がとされています（文部科学省決定「いじめの防止等のための基本的な方針」（最終改定：平成29年3月14日））。

(2)　重大事態の判断基準

重大事態に該当するか否かは，学校または設置者が判断することとなっていますが，その判断にあたっては，いじめ防止対策推進法案に対する附帯決議（衆議院文部科学委員会）において，「重大事態への対処に当たっては，いじめを受けた児童等やその保護者からの申立てがあったときは，適切かつ真摯に対応すること。」と述べられていること等から，学校等が「いじめによるもので

はない」と考えたとしても，いじめを受けた児童等や保護者から，「いじめにより重大な被害を受けた」との申立てのある場合は，重大事態が生じたものとして調査等を行わなければなりません。

　なお，「疑い」により，重大事態調査を行うことになるため，調査の結果，「いじめによるものではない」との結論になることも想定されています。

2．重大事態の調査

(1)　調査の目的

　重大事態調査は，事態への対処，再発防止のため事実関係を明確にすることを目的としており，民事・刑事上の責任追及やその他の争訟等への対応を直接の目的とするものではありません。

(2)　調査の指針

　重大事態調査の内容については，主に次の文書に記載があります。

- 文部科学省「いじめの防止等のための基本的な方針」（最終改定：平成29年3月14日）
- 同「いじめの重大事態の調査に関するガイドライン」（平成29年3月）（以下「ガイドライン」といいます）
- 各設置者（教育委員会，国立大学法人，学校法人等）や学校の策定したいじめ防止のための基本方針

　これらの基本方針・ガイドライン・指針等は，法令ではないものの，教育に関する分野の所管官庁である文部科学省等があるべき調査の形を示しているものですので，記載に従って調査を行うことが望ましく，異なる方式を採る場合は，その方法が相当であることの説明が必要になると考えられます。

(3)　重大事態発生から調査の開始

　学校が重大事態発生を認知（前述のとおり疑いを含みます）したとき，設置者に重大事態発生の報告をしなければなりません（いじめ防止対策推進法29条〜30条）。

　このとき，学校等が「調査が終わってから対応する」などと当事者らの支援等を止めてしまい，被害児童らの不信感を高め，その後の対応が困難となってしまうケースが散見されます。調査が行われていたとしても，特に不登校事案

においては，学校は必要な対応を模索すべきといえます。

　なお，子どもの自殺が発生した場合は，いじめが原因か否かを問わず，児童生徒の自殺予防に関する調査研究協力者会議「子供の自殺が起きたときの背景調査の指針」（平成26年７月１日）に従って背景調査が行われ，いじめが原因と疑われるものは重大事態として扱われることになります。

(4)　調査組織の選択・人選

①　調査組織の選択

　重大事態調査は，主に次の方法があり，その判断は設置者において行うこととされています。

- 設置者に組織を設けて行う方法（いじめ防止対策推進法14条３項の附属機関，個々の事案に応じた調査組織等）
- 学校に組織を設けて行う方法（同法22条のいじめの防止等の対策のための組織，個々の事案に応じた調査組織）

②　判断のポイント

　設置者がどのような調査組織とするかを判断するにあたっては，次のポイントを考慮することになります。

- 新規の調査組織は，人選等で時間を要することになるため，特段の支障がない場合は，既存の組織を活用することが望ましいです。
- 被害児童らの訴えに学校や設置者の問題性が含まれる場合は，特に調査の公正さを厳しく求められることになりますので，設置者のもとに置かれる第三者から構成される調査組織とすることが望まれます。
- 学校に設けられる組織のほうが，調査の機動性や柔軟性に優れることがあり，卒業が迫っているなどスピードを重視した調査が必要である場合や学習支援や登校再開に向けた支援など調整を要する場合に適します。
- 被害児童らが調査組織について意見を述べている場合は，特段の支障のない限りその意見を尊重することが望ましいです。
  被害児童らが推薦する者を加え調査が行われた事例もあります。

---

③　人　　選

　調査組織の構成については，調査および調査結果への信頼性を確保するため，人選の公平性・中立性を確保する必要があります。

　また，適切な事実認定および再発防止の提言を行うための専門知識を有する者を人選する必要があり，ガイドラインは，弁護士や精神科医，学識経験者，心理や福祉の専門家であるスクールカウンセラー・スクールソーシャルワーカーを例示しています。特に事実の調査・認定についての知見を有する弁護士を加えることが多くの場合で必要となります。

　設置者のもとに置かれる組織については，いじめの事案の関係者と直接の人間関係または特別の利害関係を有しない者（第三者）により構成することになります。

　学校における調査組織については，当該学校の教職員が調査組織に加わることになりますが，事案に関わる者が加わらない，極力外部の「第三者」を組織に加えることにより，公平性を担保し，学校内では不足する知見を補う（事実認定の知見を有する弁護士等）といったことが必要になります。

(5)　当事者への説明等

　重大事態調査を実施する前にいじめを受けた児童等・保護者・遺族へ次の説明を行い調査に関する要望を聴取する必要があります。

① 　調査の目的・目標（前記(1)の目的を含む）
② 　調査主体（組織の構成，人選）
③ 　調査時期・期間
④ 　調査事項・調査対象（聴き取り等をする児童・生徒・教職員の範囲）
⑤ 　調査方法
⑥ 　調査結果の提供の方法

　また，同様のことを加害者とされている児童等およびその保護者に対しても説明を行い，意見を聴き取ることが望ましいです。

(6)　調査の実施

　当事者の聴き取りや報告書の作成等の調査は，調査組織が自ら主体となって行うものであり，第三者により構成される組織については，設置者は事務局として関与することになります。

　調査における主な留意点は次のとおりです。

①　聴き取り等の調査を実施する場合は，対象者および対象者の保護者に調査の目的や得られた情報の取り扱い等を説明した上で行います。

②　公平性・中立性の観点から，加害者とされている児童等については，聴き取りの機会を設ける必要があり，聴き取りの際には断定的な聴き取りを行わないように配慮する必要があります。

③　聴き取り等によって対象者が精神的に不安定となる可能性もあるため，ケアの体制を整える必要があります。

④　当事者への調査の経過報告については，調査への信頼を得ることにつながるため，可能な範囲で実施することが望ましいです。

⑤　記録の保存を適切にする必要があります。

⑥　調査組織として，事実関係について一定の結論がまとまった段階で当事者に説明し，意見を受け付けることが適切な場合もあります。

⑦　調査完了後，調査によって判明した事実関係については，適切にいじめを受けた児童等およびその保護者に報告する必要があります（いじめ防止対策推進法28条2項）。また，必要に応じて，いじめを行った児童等への指導等を行う必要があります。

Q33　SNSトラブルに対する学校の対応

　担任をしているB君の保護者から，同じクラスのA君と思われるSNSの公開アカウントが，差別的な発言や，B君への暴言を書き込んでいると相談がありました。どのように対応すればよいでしょうか。非公開アカウントや，掲示板上の匿名投稿の場合はどうすればよいでしょうか。

A

　まずは発信者の特定が必要です。発信者を特定できた場合は，その発信者に対して指導し，投稿の削除を促すことになります。発信者が特定できなかった場合は，保護者自身による法的対応を検討してもらうことになります。

1．SNSトラブルに学校は関わるべきか

　学校の敷地外のトラブルと同様，SNSトラブルについて学校がどこまで関わるかについて，現場が悩むことは多いかと思います。以下の回答はあくまで1つの立場であり絶対ではありませんが，本書としては，児童・生徒同士のことであれば，基本的には介入するスタンスが望ましいと考えます。

　まず前提として，児童・生徒間でのトラブルであれば，程度の問題はありますが，学校が一切関わらないという選択肢はほとんど考えられません。このことは，いじめ防止対策推進法のいじめが，インターネット上のいじめも含んでいること，いじめの定義の中で，いじめ行為の発生場所に限定をしていないことなどにも現れています。

　また，現在のICT社会の日本で正しいネットリテラシーを児童・生徒に身に付けさせることは，児童・生徒の自衛の点はもちろん，よりよい情報社会の実現のためにも非常に重要です。ですから，たとえば，児童・生徒間の内容ではないからといって，SNS上の差別表現等について一切学校は指導しないという姿勢は，教育の必要性・重要性からして望ましくないといえます。

2．学校はどこまで学校外の出来事に関わらなければならないか

　SNSに限らず，学校が児童・生徒の学校外の言動に対し，どこまで関与・指

導しなければならないのかというのは非常に難しい問題です。以下は，その範囲を画する上で参考となる視点を2つほど紹介します。

　1つは保護者との関係性です。当然ながら，学校が児童・生徒の教育すべてを引き受けなければならないわけではありません。教育基本法10条1項では，「父母その他の保護者は，子の教育について第一義的責任を有するものであつて，生活のために必要な習慣を身に付けさせるとともに，自立心を育成し，心身の調和のとれた発達を図るよう努めるものとする。」と定められています。子の教育についてまず責任を負うのは親であり，学校ではありません。また，「親に子育ての責任があるのだから，私の指示に従えばよい」といった主張を学校にする保護者が稀にいますが，同項に定める親の責任というのは，親自身の努力義務です。学校や第三者への命令権限を定めているわけでは決してありません。

　もう1つは，他機関との連携です。学校外の物損事故や，児童・生徒が深夜騒いでいる場合に地域住民から学校へ連絡が来る場合もありますが，児童・生徒に限らず，事件性のある場合の補導，指導は基本的に警察の業務です。教育者として，深夜でもその児童・生徒のために駆けつけ，対応することは社会的に評価されるのかもしれませんが，それはすべての教育者が等しく負うべき義務ではありません。

　教職員は教職員であると同時に，一個人としての生活があり，必ず職務にも限界があります。以上の2つの切り口等から，学校全体でどのような方針で行くか，事案毎に丁寧にその線引きを検討するのが望ましいといえます。

3．SNSトラブル対応の基本

　学校がSNSトラブルについて対応することにした場合，まずは発信者の特定が必要です。インターネット上で一般に公開されている情報であれば，発信者の特定・確認のために，その内容を児童・生徒に見せても，特段違法の問題は生じません。

　そして，発信者が特定できた場合，学校は，その発信者に対して指導し，投稿の削除を促すことになります。

　一方，発信者が特定できなかった場合は，学校がSNS上の投稿を削除させる

ことは現実的に困難です。そのような場合は，学校対応に限界があることを保護者に伝え，保護者自身に投稿削除に向けた，法的対応等を検討してもらうことになります。

4．公開アカウントによる投稿の場合

　公開アカウントで投稿されている内容は，インターネット上一般に公開されている情報ですから，教職員に限ってその内容を見てはならないということはありません。その投稿内容を細かく教職員が確認することや，削除対策として投稿している児童・生徒の特定や，指導に必要な部分を印刷等して手元に残し，児童・生徒の指導に活用しても基本的に違法はないといえます。

　同様に，公開されている投稿の内容を，児童・生徒に見せてはならないということもありません。公開アカウントの投稿内容を児童・生徒に見せながら，児童・生徒に自身が書き込んだものか確認すること自体も基本的に違法はないといえます。もっとも，いわゆるエログロな内容等，自身の書き込みでなかった場合に児童・生徒に見せるのが不適切な内容もありますので，その場合は本人に直接内容は見せずに，口答で投稿内容を伝えるなどの配慮が必要です。

5．非公開アカウントの場合

　非公開アカウントや，LINE等のSNSの友達だけのトークグループ内で発信された不適切な発言については，まずプライバシーの観点からその内容を学校が知ってよいのか，という問題があります。

　この点，その内容をいたずらに公開するのはネットリテラシー上不適切といえますが，基本的にはクローズドなグループ内だけのやりとりだとしても，その内容を誰かに見せるのかどうかというのは，受信した側の自由に委ねられています。ですから，そのような内容について学校が情報提供を受けたとしても，そのことが直ちに違法とはいえません。もっとも，教育指導の必要が特にない普段の友人間のやりとりをいたずらに学校が詮索したり，情報提供を受けたり，内容を保存したりするのは過度な介入となります。情報提供を受けるかどうかは，教育上，その情報を学校が知る正当性が認められるかどうかで判断をするのが妥当といえます。

6．匿名投稿の場合

　インターネットの匿名掲示板等の書き込みの場合，基本的には，一般公開されているという意味で公開アカウントの場合と同様です。しかし，匿名投稿ですので，それが児童・生徒の書き込みであると断定するのは非常に困難です。したがって，「この内容は〜が書いたものだと思う」という情報だけでは，学校は特に対応しないという判断をしたとしても合理的といえるでしょう。もちろん，逆に，少なくとも書き込みを疑われる児童・生徒本人に書き込みをしていないか投稿を見せて確認することも合理的といえ，個々の事案ごとに，教育者の裁量で判断するのが望ましいといえます。

　また，匿名投稿で，児童・生徒の悪口や個人情報が書かれており，その投稿者の特定と投稿削除などを求められた場合についても，学校がその掲示板の管理者に削除を求めることは現実的に非常に困難ですので，被害を訴える児童・生徒の保護者自身に，法的措置を視野に入れた対応をしてもらうことになります。

Q34　懲戒権・停退学処分

　公立小中学校で，いじめや問題行動を繰り返す児童・生徒に対してはどのような対応が可能でしょうか。停学・退学・原級留置・転校・出席停止などはできるでしょうか。

A

　公立小中学校ではいかなる場合であっても児童・生徒を停学や退学をさせることはできません。原級留置は可能ですが，運用としてはほとんど行われていません。出席停止はできますが，学校ではなく教育委員会が行います。

1．懲戒としての停退学処分

　学校教育法施行規則26条は校長が児童等に対して行う懲戒について規定していますが，退学は公立の小学校，中学校，義務教育学校，特別支援学校に在学する学齢児童または学齢生徒にはすることができません（同条2項）。つまり，退学は国私立小中学校ではできますが，公立小中学校ではできないと規定されています。

　また，停学については学齢児童または学齢生徒に対してすることができず（同条3項），この条項には公立学校に限る文言がないため，停学は公立・国私立を問わず，小中学校の児童・生徒に対してはできません。

　これらの条項には例外を認める規定は一切ありません。そのため，現行法上は，いかなる理由があっても公立小中学校の児童・生徒に対しては懲戒として低退学処分することはできません。

　そのため，いじめや問題行動を繰り返す児童・生徒に対しては，他の学校に転学するよう促すことは可能ですが，強制的に停学させたり，退学させたりすることはできません。このことは，いじめの被害者が加害者に対して転学を求めたり，加害者が登校するならば被害者は登校できないと主張している場合であっても異なりません。

2．原級留置

　原級留置とは，進級させずに同じ学年に在籍させることで，いわゆる「留年」のことです。原級留置については法令に直接明記された規定はありません。しかし，校長は児童・生徒の平素の成績を評価して各学年の課程の修了を認定する（学校教育法施行規則57条）ため，平素の成績を評価して課程修了を認定できない場合は原級留置ができると解されています。

　もっとも，実際に小中学校で原級留置になる児童・生徒はほとんどおらず，現状では不登校などで1日も出席しなかった児童・生徒も次学年への進級を認める扱いが一般的です。一方，いじめや問題行動を繰り返す児童・生徒を懲戒的な意味合いで原級留置できるか，という点については争いがありますが，前述の学校教育法26条が懲戒処分を限定している趣旨からすれば，原級留置を懲戒的に行うことは許されないという説が有力です。

3．出席停止

　学校教育法35条は，市町村の教育委員会が問題行動を繰り返し行う等性行不良であって，他の児童・生徒の教育の妨げがあると認める児童・生徒があるときは，その保護者に対して児童・生徒の出席停止を命ずることができます。同条で列挙されている問題行動は，①他の児童に傷害，心身の苦痛または財産上の損失を与える行為，②職員に傷害または心身の苦痛を与える行為，③施設または設備を損壊する行為，④授業その他の教育活動の実施を妨げる行為，です。

　一定期間児童・生徒が学校に登校できないという効果をもたらす意味で停学と出席停止は類似しますが，校長が児童・生徒に対して行う懲戒処分としての停学と異なり，出席停止は教育委員会が保護者に対して行う行政処分であり，両者は明確に異なります。最も重要な違いは，出席停止は学校の判断でできる処分ではなく，教育委員会が判断する点です。

　いじめ防止対策推進法26条は，いじめを行った児童・生徒の保護者に対して，出席停止を命ずる等，いじめを受けた児童・生徒が安心して教育を受けられるようにするために必要な措置を速やかに講ずべきことを規定しています。そのため，いじめを繰り返す児童・生徒の保護者に対しては，教育委員会が出席停

止を命ずることができますが，実際にいじめの加害者の保護者に対して教育委員会が出席停止を命じた例はほとんどありません。

　なお，国私立小中学校に関しては出席停止の規定がありません。学校教育法35条は教育委員会が行う出席停止について規定しているのみであり，設置者が教育委員会ではない国私立小中学校に関しては，設置者である国立大学法人や学校法人が出席停止措置をできるかどうかは争いがあります。学校教育法35条を国私立小中学校にも準用し，国立大学法人や学校法人も出席停止措置ができるとする説もありますが，学校教育法が規定する出席停止はあくまでも行政処分であり，懲戒処分としての出席停止規定がないことから，行政処分を行えない国立大学法人や学校法人は出席停止措置ができないとする説が有力です。

▏4．日本の法制度の問題点

　教育現場ではいじめが起きた際に，学校は被害者から「加害者が登校し続ける限りは恐くて学校に行けない。加害者を転校させてほしい」と要求されることが少なくありません。しかし，前述のとおり，学校は日本の法制度の下ではいかなる場合であっても加害者を強制的に転校させることはできません。このため，日本ではいじめの被害者が転校するケースが見受けられますが，被害者の人権の観点からは極めて不合理なことです。同様に，問題行動を繰り返す児童・生徒が，他の児童・生徒に対して深刻な危害を加える状況にあっても，当該児童・生徒を強制的に転校させることはできません。

　また，日本の法制度では小中学校での停学は公立・国私立を問わずできないため，国私立小中学校でいじめが起きた際に，加害者に対して退学よりも軽い処分である停学のほうができないという，極めて理不尽なことになってしまいます。

　一方，論者によっては退学や停学ができない代わりに，出席停止措置を積極的に運用すべきであるとする主張もあります。確かに，出席停止は一時的にいじめの加害者や問題行動を繰り返す児童・生徒を登校させない効果があり，懲戒処分としての停学と類似します。しかし，出席停止は教育委員会が実施すべきかどうかを判断するものであり，学校の判断では実施できません。そのため，出席停止は迅速な運用ができず，また事実関係から遠い教育委員会の判断によ

るため，効果的な運用が期待できません。出席停止がほとんど行われていない理由には，こうした制度的な問題があります。また，前述のとおり，出席停止は国私立学校ではできません。

　比較法的に見た場合，公立小中学校において例外なく停退学処分を認めていない日本の教育法制度は極めて珍しいものであり，海外ではいじめや問題行動を繰り返す児童・生徒に対しては，たとえ公立学校の義務教育段階であっても，厳格な条件と手続保障の下で例外的に退学処分にすることが一般的です。もちろん，子どもの人権保障の観点からこのような日本の教育法制度を支持する説も有力であり，むしろこのような法制度の問題点自体，法律家の間ではこれまでほとんど議論されてきませんでした。

　しかし，現状においてこのような法制度は極めて問題が多いと思われます。特に，退学はともかく，停学も一切の例外なく認めない日本の法制度は，児童・生徒に対する対応を硬直化させ，かえって子どもの人権を侵害することになりかねません。海外では，児童・生徒の状況や問題の程度などに応じて，停学処分が柔軟に運用されています。日本のように一切の例外を認めない制度よりも，海外のほうが子どもの状況に応じてより個別具体的な対応が可能であり，子どもの人権の観点からは優れていると考えられます。

　このように，いじめや問題行動を繰り返す児童・生徒に対して，一切の例外なく停退学処分ができない日本の法制度は，抜本的な改正を含めて議論を始める時期に来ているといえるでしょう。

《参考文献》
● 神内聡『スクールロイヤー学校現場の事例で学ぶ教育紛争実録Q&A170』（日本加除出版，2018）

Q35　天災による休校と進級

　高校での不登校の生徒に対して，一定の出席数と定期試験の受験を条件に進級できる旨を生徒と保護者に伝えていたところ，天災により学校が休校になり，出席数が確保できず，定期試験も実施できなくなりました。こうした場合に当該生徒をどのように取り扱えばよいでしょうか。

A

　高等学校では原級留置になる可能性がありますが，生徒に与える不利益が大きいため，それを回避するべく弾力的な対応が求められます。天災などで休校になる場合は出席日数が法令上どのように扱われるか確認し，出席に代わる追加指導や観点別学習状況の評価などの代替措置により，生徒の進学，進級に向けた最大限の努力をすることが大切です。

1．高等学校と進級の基礎知識

　小中学校では，法令上は原級留置が認められていますが（学校教育法施行規則57条・79条。「課程の修了又は卒業の認定等について」（昭和28年3月12日付委初28号）も参照），実務上は，入学，進級，卒業を年齢で決める「年齢主義」の考え方が浸透しています。よって，不登校のため，学校の授業に出席をしていない場合でも，小学校ないし中学校を卒業できないということは，ほとんどありません。しかし，学年制の高等学校では，所定の教育課程を修了できなかった場合は，進級ができず，原級留置となることが相当数あります（この点，単位制の高等学校では異なる扱いとなっています）。東京都立学校の管理運営に関する規則25条1項にも，「学校において，生徒の平素の成績を評価した結果，各学年の課程の修了または卒業を認めることができないと判定したときは，校長は，その生徒を原学年に留め置くことができる。」と規定されています。

　各学年の課程の修了要件は，各学校において規定されていますが，通常は，当該学年に修得すべき各教科科目単位数の3分の1程度が修得されない場合，原級に留置する措置がとられていることが多いようです（「高校における分割履修科目の一部単位不認定と進級について」昭和42年3月24日付文部省初等中等教育

局中等教育課事務連絡）。単位の修得には，授業の出席日数と成績の2つの要素が関連しています。設問で，不登校の生徒に対し，一定の出席数と定期試験の受験を条件に進級できる旨を伝えているのは，このような事情があります。

2．原級留置の裁判例

　原級留置については，原則，校長の合理的な教育的裁量に委ねられるべきものであるとされています。しかし，原級留置は，生徒に与える不利益が大きいこともあり，裁判でその処分の違法性が争われたものが何件かあります。有名な裁判例としては，最判平8・3・8民集50巻3号469頁（エホバの証人退学処分等取消訴訟上告審判決）があります。この裁判例は，信仰上の理由により剣道実技の履修を拒否した市立高等専門学校の学生に対し，校長が，体育科目の修得認定を受けられないことを理由として，2年連続して原級留置処分をし，さらに，それを前提として退学処分をした事案です。

　最高裁は，校長の裁量権の行使としての処分が，全く事実の基礎を欠くかまたは社会観念上著しく妥当を欠き，裁量権の範囲を超えまたは裁量権を濫用してされたと認められる場合には，違法であると判断されるとの一般論を示したうえ，レポート提出等の代替措置を何ら検討することもなく行われた原級留置処分や退学処分は，社会観念上著しく妥当を欠き，裁量権の範囲を超える違法なものであると判断しました。

　本設問でも，漫然と，出席数が確保できなかった，定期試験が実施できなかったという理由だけで原級留置とすると，違法となる可能性が高い事案と言えます。

3．出 席 数

(1)　はじめに

　まずは，一定の出席数を確保する方法について検討します。この点，設問における生徒は不登校ということですが，もし適応指導教室などに行っている場合には，出席扱いとできないか検討してみましょう（「高等学校における不登校生徒が学校外の公的機関や民間施設において相談・指導を受けている場合の対応について」（平成21年3月12日付20文科初第1346号）なども参照）。なお，この通達は，

指導要録上の出欠の取扱いについて定めたもので，厳密には，科目の履修の認定に当たって考慮される授業への出席の取扱いとは異なるものですが，不登校生徒への支援という観点から参考になると思われます。

(2)　天災等による休校と出席数

　次に，休校という点に着目して出席数の問題を考えます。法令では，学校の設置者や校長が臨時に休業を行うことができる場合について，いくつか定められています。たとえば，最近では，新型コロナウイルス感染症に対応した臨時休業が問題となりました。このような感染症が問題となる場合，学校保健安全法20条は，「学校の設置者は，感染症の予防上必要があるときは，臨時に，学校の全部又は一部の休業を行うことができる。」と規定しています。本設問にあるような天災の場合は，学校教育法施行規則63条に，「非常変災その他急迫の事情があるときは，校長は，臨時に授業を行わないことができる。この場合において，公立小学校についてはこの旨を当該学校を設置する地方公共団体の教育委員会（公立大学法人の設置する小学校にあつては，当該公立大学法人の理事長）に報告しなければならない。」と規定されています。その他，公立学校の場合は，各地方公共団体の学校管理運営規則に，さらに詳しい要件や手続が規定されていることが多いです。

　臨時休校と出席日数の関係については，「小学校，中学校，高等学校及び特別支援学校等における児童生徒の学習評価及び指導要録の改善等について（通知）」（平成31年3月29日付22文科初第1号）を参考にしてください。高等学校については，以下のように規定されています。学校保健安全法20条の規定に基づき，臨時に，学校の全部または学年の全部の休業を行うこととした日数は，そもそも授業日数に含まれません。また，同条により，臨時に学年の中の一部の休業を行った場合の日数，非常変災等生徒または保護者の責任に帰することのできない事由で欠席した場合などで，校長が出席しなくてもよいと認めた日数については，出席しなければならない日数を計算する際に，授業日数から差し引くことが認められています。

　出席数の条件については，実際は「出席日数が出席すべき日数の2分の2に満たない者の進級は認めない」など，出席割合を定めている学校も多く，進級に必要な具体的な出席数は，この出席割合を授業日数に掛け合わせて算出して

いると思われます。授業日数や出席すべき日数が減少することで，この出席割合の条件をクリアできないかまずは検討してみましょう。

⑶　それでも出席数が足りない場合

　それでも出席数が足りない場合の取扱いについては，東日本大震災や新型コロナウイルス感染症に対応した臨時休業の際の取組みが参考になるかと思います。文部科学省などの通達では，各学校に対し，児童・生徒の課程の修了または卒業の認定にあたっては，弾力的に対処し，その進級，進学等に不利益が生じないよう配慮するよう求められています。具体的には，卒業や進級の認定にあたり，追加の指導が必要な生徒，個別指導の必要な生徒については，個別に登校させた上で必要な指導を行うなど，柔軟な対応が求められることになるでしょう。

4．定期試験の受験

　本設問では，定期試験の受験も進級の条件とされています。しかし，3学期に臨時休校となった場合には，定期考査（学年末考査）が実施できず，延期もできないという状況も考えられます。新型コロナウイルス感染症に対応した臨時休業では，このような状況に直面した学校も多かったのではないでしょうか。この場合，日頃の学習の成果等を総合的に評価して，観点別学習状況の評価および評定を行い，卒業または進級の認定を行うことが求められるでしょう。家庭学習の成果を加味することが認められる余地もあります。

5．最後に

　不登校の生徒については，単位取得や進級に対して，普段から柔軟な対応をすることが求められます。それに加えて，大規模な天災等が発生した場合には，文部科学省などの通達を参考にしながら，できる限り原級留置を回避すべく，一層弾力的な対処が必要となります。

Q36　学校における強硬な保護者への対応

　学校と保護者との間で，話合いがまとまらずトラブルになっています。以下のような場合にどのように対応すればよいでしょうか。

(ⅰ)　書面での回答を求められた場合

(ⅱ)　面談での録音を求められた場合

(ⅲ)　電話を切らない場合，面談が終わらない場合

　学校が，学校の立場や見解を伝える際に，保護者の要望どおりに対応したり，対応し続けなければならない義務はありません。また，録音について拒絶自体は可能ですが，仮に秘密録音をされたとしても証拠としては基本的に認められますので，常に録音をされている想定での対応を心がけるのが重要です。

1．学校は説明をどこまでするべきか

　行政や政治のテレビニュースで「納得する説明をしろ」「説明責任を果たせ」と糾弾される場面を見たことがあるかもしれません。このような場面でいわれる説明責任というのは，道義的な責任として使われていることが多いです。法律上，処分の理由など説明義務を課せられているものもありますが，それは個別具体的な法律で定めがある場合に限られます。学校が何か説明する場面というのは，どちらかといえば，道義的に丁寧な説明を求められているケースがほとんどです。また，仮に説明義務が課せられている場面についても，説明する以上，質問者の納得を得られるのが望ましいのは確かですが，納得されなければ説明義務を尽くしていないのかといえば，そのようなことはありません。説明義務というのはあくまで説明者の考えや判断の根拠を明確に説明することであり，その内容が納得されようとしまいと，説明した内容自体が誤りなく相手方に理解されていれば義務は尽くされていると思います。

　もっとも，合理的な理由を説明できなければ，不十分な根拠で不適切な判断をした，ということになります。これは説明責任ではなく，判断過程や判断基準の問題として違法となりかねません。特に保護者からクレームがきている場

合などについては，その都度どういった要素を考慮して，どのような基準に従い，どのような判断をしたのかというのはきちんと整理した上で結論を出すのが望ましいです。またその判断過程が学校としては適切であると判断するのなら，自信をもって，具体的かつ簡潔に説明するのが適切だといえます。

　保護者の納得しない結論を伝えるのに抵抗を感じ，抽象的な説明に終始したり，場合によっては保護者の意見に寄り添ったかのような玉虫色の表現をしてしまうことがあります。しかし，そのような対応をしても結局は保護者の納得は得られないどころか，煮え切らない学校対応への不信感を増長させるだけです。保護者に寄り添うことが望ましいとはいえ，学校内で議論し，出した結論や理由が保護者の意見と対立する以上は，学校は教育のプロとして，自信と勇気をもって，毅然とした説明を心がけましょう。

2．書面回答の要否

　書面回答の要否を考える前提として，法的に書面回答が義務として課せられている場面は説明義務同様に限定的であり，学校現場で書面回答が義務付けられる場面はほとんどないと考えてよいです。

　義務がないとして，書面回答とするかどうかですが，学校現場としては，書面回答には抵抗が大きいところが多いようです。裁判などで利用されるのではないか，という不安がその理由として大きいようですが，仮に口頭での説明であっても，秘密録音をされれば結局は裁判上の証拠となる点では変わりません。また，保護者との会話の中で思わず軽率な回答や説明，不本意な約束をしてしまうリスクを考えると，十分に内容を吟味し，推敲を重ねた書面での回答のほうがリスクは低いとも考えられます。

　もっとも，弁護士はその書面の回答内容を推敲する際に，裁判で書面が提出された場合も見据え，必要十分な説明となっているか，誤解されるような表現がないかといった観点から検討ができますが，学校現場ではそのような判断は難しいです。さらに言えば，学校は教育指導のプロであっても書面回答のプロではありませんから，書面で説明する際の表現ぶりや言葉遣いが保護者の反感を買うリスクもあります。むしろ学校は口頭で説明を尽くし，説得してきたノウハウの蓄積のほうが多いでしょうから，回答内容を学校全体で議論して推敲

した上で，口頭での説明に終始することのほうがリスクが低いとも考えられます。このあたりはどちらの対応がよりリスクが低いか，各学校の実情を踏まえて結論を出すべきです。

　保護者が強く書面で回答を求めてきたとしても，必ずしも保護者の要望どおりに書面回答をしなければならないわけではありません。仮にある内容を説明すべき場面だとしても，その説明方法は基本的には説明する側が自由に決められます。書面回答はその準備，推敲に時間がかかりますし，書面を踏まえた再度の質問・要望への回答も書面でとなると，裁判のように多くの時間と負担がかかります。そういった理由から，あくまで口頭でしか回答しないという方針をとることも一定の合理性があるといえます。もっとも，その内容が秘密録音される可能性は残りますので，口頭での回答だからといって軽率な回答をしないようにくれぐれも気を付けなければなりません。

　また，公立の学校の場合，説明用の書面ではなく教育委員会などへの内部報告書の開示を求められることがあります。こういった要求については，どこまで開示ができるか，開示すべきかという点について，個人情報保護法などのさまざまな法律の検討が必要ですので，各自治体の情報開示請求の窓口で手続をしてもらうようにしてください。

┃3．説明時の録音

　説明時の録音についてはその場で拒否をすることも可能ですが，保護者に秘密録音をされたとしても民事上の裁判などでは特に証拠能力は否定されません。また，逆に，学校が保護者とのやりとりを秘密に録音していたとしても，その行為自体が直ちに違法とはなりません。

　書面回答をしない場合，大概の難しい局面での口頭説明では，後から言った言わないといった形で保護者ともめることは少なくありませんから，不安なようなら学校側も秘密に録音しておくこともリスク回避手段の一つです。

┃4．電話を切らない場合，面談が終わらない場合

　説明をしても，保護者が納得しない場合に，電話を切ろうとしなかったり，面談が終わらず，何時間も議論が繰り返されたり，場合によっては学校が責め

られ続けることも少なくありません。

　先述のとおり，学校は保護者が納得するまで説明をし続けなければならない
わけではありません。重要なのは，学校が適切であると判断した内容を，保護
者に理解をしてもらえるかです。

　保護者との話を強制的に切り上げるのに重要なことは，

①　話合いをしっかり平行線にもっていくこと

②　その上で，毅然とした態度で終了を告げ，切り上げること

です。

　学校は学校の説明内容が理解してもらえたかをきちんと確認し，これに対す
る反論をされたとしても，これについては決定事項であり変更できないことを
告げるなどして，まずは，議論をしっかりと平行線にもっていきます。そして，
学校としては結論や対応を変更する予定がないこと，同じ議論の繰り返しに
なっていることを確認した上で，これ以上は議論しても学校対応は変わらない
ので，話合いの場を切り上げることを伝えることになります。このような学校
の対応に激高されたり執拗に連絡を繰り返してくる場合は，相手方に威力業務
妨害罪（刑234条）が成立しうることになりますので，毅然とした態度で臨み，
最悪の場合，先方の了解を得ずに対応を切り上げましょう。

　学校と保護者は数年間はつながりを持つ関係にあることから，ともに友好的
な関係を維持するのが望ましいといえます。しかし，残念ながら友好的な関係
性の構築が非常に難しく，その保護者の要求をのめば，他の保護者との関係性
が大きく崩れてしまう事態も少なくありません。これまで述べたような，毅然
とした態度は学校としてもかなり抵抗は大きいと思います。しかし，議論や説
明の中で納得してもらえる余地を感じないケースについては，そのような対応
をすることも視野に入れ，事前に学校として最悪の場合どのように切り上げる
かきちんと確認した上で，対応に臨むのが望ましいといえます。

Q37　保護者同士の話合いへの協力

　掃除中にふざけてふりまわした箒が他の児童に当たってしまい，他の児童が顔にケガをしました。ケガをした児童の保護者が，学級担任に「ケガをさせた子の保護者と学校で話させてほしい」と要望を出してきました。どのように対応すべきでしょうか。

　保護者同士を学校で話し合わせる場合は，一定のルールを学校が積極的に設定し，保護者に合意してもらうのが望ましいです。また，学校の設定するルールに従わなかったり，学校の負担が大きい場合は学校外で話し合ってもらっても違法とはなりません。

1．保護者同士の話合いに学校は関わるべきか

　子ども達同士のトラブルの中で，保護者同士が話合いをすることは少なくありません。その際，基本的にはお互いの連絡先を交換させ，電話や，一方が他方の自宅を訪れて謝罪をするなどの対応が一般的かと思います。

　そのような中，特に保護者同士の話合いが上手くいかなかったり，一方が特に不満の気持ちが大きい場合などに保護者から「学校で話合いをさせほしい」「先生に立ち会ってほしい」といった要望が出ることもあるかと思います。

　まず，学校がそのような保護者からの要望に必ず応じなければならないのかといえば，そのようなことはありません。あくまで学校は，子ども達を教育するための専門機関であり，裁判所のような大人同士の紛争解決を目的とした機関ではありません。もっとも，裁判手続をするわけではなく，あくまで保護者の話合いの協力をするわけですから，そのような場所を提供してはならないというわけでもありません。学校は，学校の関係者が同席し，学校で話合いをすることが望ましい積極的な理由があるかどうかといった観点等から，学校として話合いの場所を提供するかどうかを事案ごとに判断することになります。たとえば，学校内での子ども同士のケンカに関する話合いなど，何があったのかの説明などを学校が丁寧にしなければならない場合があります。そのような場

合に，各保護者を呼んで何があったのか，学校が把握している内容を双方に報告し，そのまま話合いやそれぞれの意見交換をしてもらうというのは，効率的に保護者に話し合ってもらえるという点で，学校で話合いをさせる積極的な理由があるといえるでしょう。

2．話合いの場を設定する上で気を付けるべきルール

　学校が話合いの場を設ける場合に，気を付けてほしいのは，「ただ保護者同士に好きに話させればよい」というわけではないということです。保護者が学校は立ち会うだけで何もしてくれなくいいと言っていたとしても，学校が立ち会う以上，何か問題がある場合などには止めてくれることを期待されているという前提で対応するのが望ましいです。保護者が本当に学校は何もしてくれなくてよいと思っているのであれば，学校外で話してもらいましょう。

　保護者同士の話合いがヒートアップし，突然，保護者の一方から暴言といった，不適切な発言が出たり，激高したときにこれを止めるのはなかなか難しいです。また，そのようなときに「私はこのことを言いに来たのだから止めるな」「学校はなぜ止めるのか」と反論をされてしまうことも少なくありません。そこで，学校が話し合いの場を設ける以上，「話合いを始める前に，きちんとルールを設ける」ことが重要になります。

　細かい点は，学校の実情などによってさまざまありますが，次のような点はルールとしてはっきりと伝えるのが望ましいです。

---

① あくまでお互いの考えを伝えあう場であり，攻撃的な言動はしないこと
② 学校のほうで不適切な発言だと思った場合は発言を遮ること。学校の指示に従わない場合，話合いの場はその場で終了すること
③ 議論が長時間に及んだり，平行線になったり，すぐに結論が出せないと学校が判断したときは一旦話合いを切り上げ，日を置いて再度話し合うこと

　以上のルールを伝えるタイミングとしては，話合いの日程を調整する段階が望ましいです。話合いが始まる前にこのようなルールを説明するのは，抵抗があるかもしれませんが，話合いが始まってから，ルール違反時にルールを後出しするのは事態を悪化させかねません。また，話合いを始める際でもいいので

すが、「そんなルールだと知っていれば学校にはお願いしなかった」と言われかねません。話合いの日程調整の段階で学校での話合いのルールに難色を示されたり、抵抗をされたりした場合は、「このルールに従えない場合は保護者で連絡を取り合い学校外で話し合ってほしい」と毅然とした対応をしましょう。ルールに従わないと明言された保護者に学校を利用させる理由はありません。

また、ルールを説明する際の留意点として、「今回の事案に限らず、保護者同士が学校で話し合いを希望する場合は一般的に次のことをお願いしています。」とあくまで一般的な説明であることを断りましょう。この説明を省くと、「今回に限ってそのようなことを言っているのではないか」「私がそういう不適切な発言をする人だと思っているのか」といらぬトラブルの火種を増やしかねません。また、学校との電話等では穏やかでも、いざ当事者同士で顔を合わせると豹変する場合があります。そのような不測の事態を回避し、また両保護者に冷静な議論をするようにくぎを刺す上でも、ルール説明は可能な限り早く周知しておくのが望ましいといえます。

ルール説明をし、双方が理解納得した上で、話合いを始めたにもかかわらず、一方の保護者が感情的になってしまった場合は、ルールを知りながら違反した保護者に落ち度があるのは明らかです。学校は、ルール違反をした保護者にルール違反を指摘し、冷静な議論をするように促し、それでも従わない場合は話合いを中断しましょう。当然、止められた保護者の不満は残るでしょうが、先のようなルールを定めずに一方が攻め立てる様子を学校が放置するよりは、学校対応として適切といえます。なにより、ルールを周知した以上、ルール違反を放置するのは、他方の保護者と学校との信頼関係に影響を与えますので、毅然とした対応を心がけてください。

3. 立ち会う教職員を誰にすべきか

学校として、話合いにどの教職員を立ち会わせるべきかという点ですが、進行については、話し合う保護者双方と信頼関係のある教職員が望ましいといえますので、基本的には学級担任の先生が望ましいといえます。もっとも、話合いまでの対応の中で、学級担任の対応に対する不満の声が上がっていたり、信頼関係が十分築けていなかったりする場合については、学年主任や管理職など、

より上の立場にある教職員が取り仕切るのが無難といえます。

　また，複数人が同席することももちろん可能ですので，学校としては学級担任と密に情報を共有し，どのような構成で臨むのが妥当か柔軟に検討しましょう。

4．保護者の連絡先を教えてほしいと言われたら

　傍論となりますが，学校での話合いは希望されなくても，保護者同士の話合いのために相手方の連絡先を教えてほしいといわれることはあるかと思います。

　これは個人情報保護の関係がありますので，安易に連絡先は教えてはいけません。個人情報の開示については本人の承諾があれば許されますので，先方に学校が連絡をし，他方から連絡先を知りたいと要望が出ている旨と，連絡先を伝えてよいか確認することになります。

　多くの場合では連絡先の開示について快諾してもらえると思いますが，まれに拒絶に会う場合があります。

　拒絶をする場合としては，要望をしている側が感情的で冷静な議論がおよそできなかったり，要望を受けた側が過度に相手方を恐れているケースが考えられます。保護者同士が子ども同士のトラブルで全く話合いができない状況というのは教育上望ましいとはいえませんから，そのような場合は，「学校で話合いをさせる」積極的な理由があるケースといえます。学校は，無理やり話合いをさせることはできませんが，この状況を放置するのではなく，学校での話合いを提案するところまでは行うのが望ましいといえます。必ず話合いをしなければならないわけではありませんが，学級担任の意向などを踏まえつつ，学校として話し合わせようと判断した際には，学校で話し合う場合のルールをきちんと伝え，場合によっては保護者を守るので安心してほしい旨伝え，話合いを促しましょう。

Q38　保護者による「子の奪い合い」と学校対応

　ある児童の母親が，「別居中の父親が来校して子どもに会わせろと言ってきても，絶対に会わせないでください」と強く主張しています。もし父親が来校し，「親権者だから会わせろ」と要求してきたら，学校としてどのように対応すればよいですか。「手紙を渡して欲しい」などと要望された場合はどうでしょうか。

　親権者の一方のみの要求を学校が鵜呑みにするのは望ましくありません。原則は交流を認めつつ，児童・生徒が拒否する場合や，保護者間でルールを決めた場合はそのルールに従った対応をするのが望ましいです。

1．子どもの教育は誰がするのか

　両親の夫婦仲が不和の場合，子育ての方針や学校との情報共有の方法について，親同士が対立し，子どもや学校がその対立に巻き込まれるケースがあります。両親の学校に対する要望が一致しなかったり，片方が他方を排斥するような対応を要望した場合，学校はどのように対応すべきでしょうか。

　この点，民法820条には「親権を行うものは，子の利益のために子の監護及び教育をする権利を有し，義務を負う。」とあり，子どもにどのような教育をするのか，というのは親権者の権利・義務として定められています。そして，同法818条3項は，「親権は，父母の婚姻中は，父母が協働して行う。ただし，父母の一方が親権を行うことができないときは，他の一方が行う。」と定められています。つまり，父母の一方が遠方にいるなどして，現実的に親権を行使できないといった事情のない限りは，子どもにどのような教育をするかどうかを両親は共同で決めなければなりません。裏を返せば，自分が親権者であるからといって，片方の意見を聞かずに勝手に教育方針などを決定することは許されず，学校もその内容には拘束されない，ということになります。

2．離婚前の対応

　片方の親から他方の親を排斥するような要望が学校へ出されるほとんどの場合は，夫婦仲が不仲となっています。この場合，離婚調停中であったり，場合によっては離婚済みのことがあるので，どうしてそのような要望を出すのか事情を聴くのにあわせて，離婚しているのかは確認する必要があります。

　離婚していない場合，先述の通り親権は共同行使が原則ですので，一方の意向だけで学校との関わり方を決定することはできません。また，学校が保有する子どもの情報においては，子ども自身のプライバシーに関する情報も多くあり，子ども自身が一方への情報提供を強く拒否する場合があります。学校としては，情報提供の必要性も踏まえつつ，子どもの意思を尊重して，子どもの権利を守る必要があります。たとえば，子ども自身が，片方の保護者への情報提供を強く拒絶する場合などは，他方の保護者に伝えた情報を保護者同士で共有してもらうよう保護者に対応・話合いを要請するなどの工夫が必要になります。

　以上のことからすれば，

①　両親が2人で話し合い決めたルールには可能な限り学校は従うこと

②　①のルールが定まっていない場合は，子どもの希望を踏まえつつ，学校が対応方法を決定すること

③　①のルールが定まらず，②子どもの希望が特にない以上，子どもの状況や学校の予定などについては情報提供の要望があれば平等に学校は扱うこと

を説明し，以上のとおり学校対応するのが望ましいといえます。これに対して，「学校は親の要望を聞かないのか」と学校対応を批判してくる場合もありますが，学校対応が問題なのではなく，夫婦でルールを決めてもらえないのが問題だという毅然とした態度で説明をしましょう。問題点をすり替えられないように注意が必要です。また，子どもは親に対しても行使できる権利はあります。このあたりについては，児童の権利に関する条約（子どもの権利条約）(1990年発効，日本は1994年批准）などを参照することをお勧めします。

3．離婚した場合の対応

　既に離婚している場合には，親権の所在がどちらか片方に帰属することになりますので，2の対応とは権利関係の前提が大きく異なります。もっとも，学校対応としては大きな差はありません。

　離婚後に，子どもと別居するほう（非監護者）の親が子どもの情報をどこまで得て，どのような交流をするのか。この点については，民法766条1項に「父母が協議上の離婚をするときは，……父又は母と子との面会及びその他の交流……について必要な事項は，その協議で定める。」とあります。つまり，離婚する際に子どもとどのように接するかは併せて話して決められていることが一般的です。

　もっとも，夫婦仲がそこまで悪化していないときや，子育てについて双方が協力的なときなどは，面会交流の方法についてもざっくりとしか決められていない場合があります。また，ある程度しっかりと枠組みを決めたとしても，学校との細かいやりとりについてまで定めているケースは少ないかもしれません。

　いずれにせよ，学校としては，離婚している場合については，

① 　夫婦間で学校の情報共有についてどういう取決めになっているのか（何も決めていないのか）の確認

② 　内容が決まっている場合，その内容を確認するとともに，他方の親に一度内容を確認することの確認

をするのが丁寧といえます。特に②は，学校が片方の言い分のみで夫婦間の合意にない対応をしてしまうリスクを回避するために必要です。いずれかに弁護士が付いている場合は弁護士に確認したほうがより正確といえます。

　①，②の結果，特に合意内容が定まっていない場合については，2と同様の対応をすれば，大きなトラブルにはならないといえます。

4．子との面会，手紙のやりとり

　以上が基本的な学校対応の考え方ですが，本設問にある個別の対応として特に考慮する点，着眼点は次のとおりです。

　まず，「子どもに会わせろ」という要望については，離婚後であれば調停事

項などで面会のタイミング，頻度などが定められていることが多いですから，その点についてどのようになっているか，保護者双方にきちんと確認をすることが重要です。また，離婚前であっても，夫婦間で取決めがされていたり，取決めがなかったとしても，DV被害などの関係で，接触が法的に禁止されている場合がある（そのような処分が出た場合については，弁護士や関係機関から事前に学校に連絡が来ているはずです）ので，これらの点については確認を怠らないようにしてください。もし，接触禁止処分が出ている保護者が来校し，強硬な態度に出た場合には，迷わず警察に対応をさせましょう。

　さらに，離婚の前後を問わず，「子どもに会わせろ」といった要望がでる時点で，子ども自身が会うことを拒絶している可能性があります。したがって２の②のとおり，子どもの意思を確認し，子どもが保護者と会うことを強く拒否している場合については，「学校外で会うかは別論，学校としてはそのような場の提供・協力はできない」としてあくまで子どもの意思を尊重する姿勢を示すことが望ましいといえます。

　手紙を渡してほしいという要望についても，基本的な考え方は同様です。子との連絡方法について，夫婦間で取決めがあるのかどうか確認するのが基本です（手紙や日々の連絡については，離婚後でも特に定めていないケースもあります）。また，学校以外で手紙を渡す方法はあるわけですから，学校が必ず手紙の受渡し窓口になる必要はありません。基本的には子どもの意思を確認し，その意思を尊重する形で対応することになります。

Q39　学校とPTA・保護者会の関係

PTA・保護者会の位置付け，そのほか関連する加入・非加入，会費などの諸問題について教えてください。

PTA・保護者会は，保護者は教職員で構成される任意団体であり，学校や教育委員会からも独立した存在です。基本的には加入・非加入の方法や運用について学校が指示・命令できる関係にはありませんが，PTAに適切な支援・助言を行い，諸問題に対処していく必要はあります。

1．PTA・保護者会とは何か

PTA・保護者会について，PTA・青少年教育団体共済法2条では，「学校……に在籍する……児童生徒等……の保護者……及び当該学校の教職員で構成される団体又はその連合体」と定義がされています。

もっとも，構成員以外の特徴は特に定義されていません。PTA・保護者会というのは，学校と保護者がさまざまな場面で連携をとるうちに，保護者達が団体性を帯びていき，自然発生的に各地域でできていったようです。ですから，団体名や団体の運用方法なども，地域の特徴や文化，規模に応じた，さまざまなものがあるのが実情です。

明確・一般的な定義はありませんが，本書の「PTA・保護者会」とは，

①　団体の主な構成員が，学校に在籍する児童・生徒の保護者や教職員等である（PTA・青少年教育団体共済法2条に同じ）

②　団体の目的が，学校がよりよい教育活動をするための支援や，保護者と学校との密な連携である

といった特徴のある団体を念頭に置いて説明します。

PTA・保護者会は，法的には権利能力なき社団と呼ばれる任意団体であり，厳密な規制を受けるような団体ではありません。したがって，構成員が納得しており，外部に迷惑をかけていなければ，各団体の活動が裁判となるような大きな問題となることは，ほとんどないのですが，最近はその運用方法などにつ

いて疑問視する声が一部の保護者から特に強く上がり始め，現在，PTA・保護者会は運用改革の過渡期にあるようです。

2．PTA・保護者会の位置付け

　PTA・保護者会というのは，株式会社のような，法律に定められた手続に従って設立してはじめて存在が認められる団体とは異なり，現実，学校のために活動している保護者の集まりが実態として存在し，必要に応じてその法的位置付けや立ち位置が問題とされる団体です。

　法的な観点から，PTA・保護者会が学校から独立した団体として認められる上で，気を付けておくべき主なポイントは次の3つです。

---

① 　多数決の原則が行われる
② 　構成員の変更にもかかわらず団体そのものが存続する
③ 　代表の方法，総会の運営，財産の管理その他団体としての主な主要な点が確定している

　基本的に各団体の定款を見れば，いずれの点も問題なく定められていると思われますが，不安な場合は一度確認されることをお勧めします。

3．PTA・保護者会の加入・非加入

　PTA・保護者会の運用で特に問題となるのは，加入・非加入の手続についてです。特に，当該学校に在籍する児童・生徒の保護者は自動的に加入するような運用（いわゆる強制加入）になっているPTA・保護者会は現在少なくありません。結果的に構成員となった保護者から不満の声が出なければ，現実的に問題は表面化しないのですが，少しずつこの制度に対する不満の声（つまり，PTA・保護者会に入会したくないという声）は大きくなっており，全国でも少しずつこの体制が見直されはじめている状況といえます。

　法的な観点からいえば，保護者には，子どもに教育を受けさせる義務があり，学校と協力的であることが望ましいといえます。しかし，PTA・保護者会という学校とは別の任意団体に強制加入させられ，会費の支払いを強制させられることまでは義務とはいえません。したがって，「強制加入の形になっている」

というクレームをPTA・保護者会が受けた場合に，その体制を維持し続けることは難しいといえます。

　強制加入の体制をPTA・保護者会が改める場合，主に次の点について対応する必要があります。

---

　①　定款に，構成員となる条件として，「入会手続を経た」保護者であることを明記する
　②　新入生の保護者に対し，「入会を希望する／しない」の選択肢を明記した入会の希望届を配布する（なお，必須ではないですが，提出がない場合には希望意思を確認する旨明記しておくほうが無難です）

　任意加入の体制を制度上整えるのは以上のように比較的シンプルな対応で終わります。もっとも，新入生の保護者に対して「入らなくてもよい」ということを明確に伝えることついて抵抗感の大きいPTA・保護者会は多いようです。その理由としては，PTA・保護者会の活動はそれなりの負担があることから，PTA・保護者会の会員が減少してしまい，組織として維持できなくなるのではないかという不安などが挙げられます。この点，各PTA・保護者会でさまざまな成功例，失敗例が出ていますが，やはり単なる「義務感」だけの加入を超えて，地域の特色に配慮しながら，PTA・保護者会に入る負担感の軽減と，保護者自身も何かメリットを感じられるような活動をしなければ，団体としての存続は難しい状況といえそうです。

4. 会　費

　PTA・保護者会の会費の金額などについては，PTA・保護者会内部で決定することなので，学校が大きく関与すべき話ではありません。会費に関して，学校が特に配慮すべきは，会費の集金にどのようにかかわるのかという点です。

　まず学校とPTA・保護者会は別団体であり，そこに上下関係や指揮命令関係はなく，財産管理についても明確に区別をしなければなりません。学校で必要な副教材や給食費の集金と，PTA・保護者会で必要な会費とは性質上全く別のものといえます。この点，PTA・保護者会費の集金を学校長名のプリントで副教材等の集金と合わせて告知，呼びかけているケースもありますが，

保護者に学校とPTA・保護者会との線引きについて混乱を与えますので，PTA・保護者会と連名にするか別に告知をしてもらうことで明確に分けるようにしましょう。

　また，学校の諸経費の管理口座と，PTA・保護者会の会費管理口座は別口座にしなければなりません。PTA・保護者会の口座は，PTA会長の個人口座を専用に作ってもらうなどの対応が考えられます。なお，自動引き落としの手数料の観点から，学校の諸経費引き落としとPTA会費を同時に引き落とす場合もあるようです。そのような場合も，あくまで別団体の会費であることと，保護者（PTA・保護者会員）の手数料負担を軽減するために同時に引き落としとすることを明記して書面で説明しておくのが望ましいといえます。

5．学校としてPTA・保護者会にどう関わるか

　PTA・保護者会は学校を支援してくれる任意団体なので，友好的な関係を築きながら，さまざまな形で連携をすべきといえます。もっとも，その際に保護者がPTA・保護者会に加入していない児童・生徒に対して，学校が不利益を課さないように一定の配慮をすることが必要です。

　この「不利益を課さない」というのは，学校が保護者会・PTAに入っているかどうかで明らかな差別をするのは論外だとして，学校行事の中で，PTA・保護者会に入っていない児童・生徒が居づらい思いをしないという配慮が重要です。

　たとえば，卒業式の場でPTA・保護者会から記念品が渡されるケースで，同じ壇上で記念品をもらえない児童・生徒がいる場合などは，やはり不公平感は出ると思います。

　PTA・保護者会の内部で決定があれば，あくまで自らは学校（全校生徒）のために活動をする団体であるとして，加入・非加入にかかわらず，PTA・保護者会から卒業生全員に記念品を渡すということも可能です。他にも，卒業式の前後に別の機会を設け，記念品を渡すという運用や，当日渡せないことについて事前に非加入の保護者に告知しておくといった運用などが考えられます。また，PTA・保護者会側としては，こういった加入のメリットを積極的に発信することで，新入生の保護者にPTA・保護者会加入を強く促すなどの工夫

は考えられます。

　いずれにせよ，学校としては，非加入の児童・生徒が不公平感を感じないよう，PTA・保護者会がかかわるさまざまな行事について，「学校が主催者でPTA・保護者会は，その手伝いという立場なのか」「PTA・保護者会主催の学校行事とは別のイベントなのか」などについて整理し，丁寧に運用方法を見直し，ブラッシュアップすることが重要です。

Q40 教職員による立替払い

副教材の代金を支払わない保護者がいましたが，学校の授業に必要なため，教職員が立替払いをして副教材を生徒に渡しました。保護者への請求は誰がどのようにすべきでしょうか。部活動の備品の購入費を，部活の顧問が立て替え，保護者へ請求する場合はどうでしょうか。

A

立替払いをした場合，法律上は「不当利得返還請求権」が発生しますが，保護者が非協力的な場合の回収は非常に困難です。公立であれば，公会計化するなど，各自治体で回収方法の整備・工夫をするのが望ましいといえます。

1．立替払の法的構成

学校（学級担任や校長といった各教職員）が，保護者の明確な承諾・依頼のないまま副教材などを立替払いをした場合，保護者に対してその代金の請求ができるでしょうか。

この点，民法703条では，「法律上の原因なく他人の財産……を受け，そのために他人に損失を及ぼした者……は，その利益の存する限度において，これを返還する義務を負う。」と定められており，いわゆる不当利得返還請求権という権利が認められています。つまり，法律上の原因（保護者からの同意）がない場合でも一定の場合には，立替払した分の請求ができるということです。基本的には，児童・生徒に必要な物品であり，それが現に児童・生徒に与えられ使用されれば不当利得返還請求権は認められることになります。この点は，本設問の副教材，部活の備品のどちらでも大きく異なるところはありません。

2．「保護者の義務」と「無償教育」

そもそも，保護者は子供の教育費をどこまで負担をしなければならないのでしょうか。憲法26条２項前段に，「すべて国民は，……その保護する子女に普通教育を受けさせる義務を負ふ。」とあります。当たり前に感じるかもしれませんが，憲法上も基本的には，保護者が自身の子どもに普通教育を受けさせる

のに必要な費用を負担しなければならないと考えるのが簡明です。

その上で，憲法には同項後段で「義務教育は，これを無償とする」と定められています。この条文にいう無償の範囲については，判例上，「授業料」のみを指すとされています（最判昭39・2・26民集18巻2号343頁）。したがって，憲法上は，授業料は国が負担するが，その他の各種教材，制服代，修学旅行費等については保護者が負担することになる，というのが現在の通説的な解釈といえます。

もっとも，憲法は，授業料を必ず無償にしなければならないと定めているのであって，他の義務教育に必要な費用を国や各地方公共団体が無償にしてはならないとは定めていません。現在，さまざまな教育的，福祉的配慮等から，日本の公立の学校においては，基本的な教材と授業料は無償とされています。その上で，自治体によっては，さらに副教材費等についても無償としている地域もあります。このあたりは各地域の行政裁量としてさまざまな形があるようです。

3．学校現場としての立替払いの必要性・緊急性

以上は，法律上の解釈や制度上の話ですが，残念ながら保護者が皆，現在，保護者が支払うべきとされている子どもの教育の費用を捻出する（できる）わけではありません。一方で，制服や副教材等は，学校生活を送る上で，必ず使わなければならない時期が来てしまいます。保護者に責任があるからと割り切り，副教材等を持たない子どもをその授業に参加させることは，その子の教育の機会を失わせることにもなります。学校が，そのような子のために，緊急措置として立替払いを行っているケースは少なくありません。また，以上のような判断から，教職員が立替払いをすることは，社会的にも非難されることはないはずです。

4．現実的な回収の困難さ

これまで説明したように，法制度上も，おそらく社会的にも，教職員の立替払いの行為自体は認められるものといえ，教職員がもしその生徒のために立替払いをしようと決断をしたのなら，それをしてはならない理由はほとんどあり

ません。しかし，この問題の難しさは，法的構成ではなく，現実的な回収の困難さにあります。現在，子どもの義務教育の費用の一部は，保護者が負担することとなっており，ほとんどの保護者は，その支払いをしているのが現状です。もちろん，うっかり支払いを忘れてしまったケースなどもありますが，学校が立替払いをしなければならないような状況にあるのは，その保護者あるいは家庭に支払いができない（しない）特段の事情がある場合が大半です。

　そのような保護者，家庭には，学校からの事実上の支払督促等には応じず，回収が非常に困難なことが多いです。もちろん，法制度上は，裁判で勝訴判決を得て，強制執行で回収をしていく等の方法が設けられており，これを利用することは可能です。しかし，おそらく立替払分は高くても数万円程度であり，弁護士に裁判手続を依頼すれば，確実に費用倒れとなります。また，立替払いをした教職員が自ら各種裁判手続を行うとしても，実費はかかりますし，時間的にも非常に大きな負担となります。また，多忙な教職員の業務をこなしながら自ら裁判を行っていくのは現実的に不可能といえるでしょう。このような状況から実際の学校現場では，教育的配慮から立替払いをした教職員が身銭を切り，そのまま泣き寝入りをしているのがほとんどの実態です。

5．回収方法の模索

　こうした状況について，現時点で学校現場が即時に行える効率的・決定的な対応策というのは残念ながらないと言わざるを得ません。以下には，そのような中でもこの問題に対処する際のポイントを，大きく2つ挙げておきます。

① 支払う意思の確認をとること

　後に法的措置をするにしても，督促をするにしても，立替払いに対して支払う意思を確認しておくことは重要な意味があります。

　学校が立替払いをした後に，立替払いをしている旨と，立替払いをした物品を生徒が使用していることを伝え，立替払分について支払う意思があるのか，支払うとしていつ頃，どのような形で支払うのかについて保護者に確認をする必要があります。

　支払いを避けている保護者は，なかなか直接会えないことも多いですから，法的措置の際の証拠づくりのためにも，手紙を保護者に送り，支払う意思の有

無，支払方法の希望（支払時期や，分割払いの希望等）について記入させて返信してもらう形をとるなどの工夫も必要です。

　また，手紙を送る前に，保護者から，「支払うつもりはある」という言質がとれている場合には，手紙の中でも，「〇月〇日に～でお会いした際に，教職員〇〇がお話を伺っておりますが」などという形で，詳細な事実について記載しておくことも効果的です。

　督促について一番気を付けなければならないのは，強要はできないということです。もっとも，学校行事で会った際などに支払いの意思確認を繰り返し続けることは可能です。また，公立であれば，事前に教育委員会にきちんと話を通した上ですが，「〇月〇日まで返答がない場合は，教育委員会にも報告の上，法的措置も検討した対応に入らせてもらう」といった旨を保護者に伝えることは，適切な法的措置の予告のため，強要罪などにはあたりません。特に，いわゆる貧困家庭ではなく十分立替分を支払える資力のある家庭の場合などは，繰り返し督促を行い支払わせることが他の家庭との公平性の観点からも望ましいといえます。

② 福祉的支援に早期につなげること

　保護者が支払いを拒絶したり，督促を無視する理由にはさまざまなものがありますが，保護者の知的，精神的な特性（あるいは障害）や，貧困が理由の場合もあります。そのような場合は，①のようなアプローチではなかなか支払ってもらえないことが多いです。

　このようなケースについては，早期に行政の福祉的支援につなげることが重要といえます。たとえば，子育て手当といった各種福祉的支援や生活保護を活用することによって立替分を支払ってもらえる原資が得られる可能性がありますし，過去の立替分の支払いも期待できます。また，就学援助制度などを活用させれば，少なくとも，将来また立て替えるリスクは軽減することができます。このような制度の活用を学校現場のみで促すことが難しい場合は，スクールソーシャルワーカーの協力を得るなどの方法が考えられます。このあたりの支援や方策は，教育委員会に相談しながら連携していくことが大切です。

Q41 児童虐待・不適切な養育

登校してきた子どもがあまりにも怯えていたので話を聴いたところ，保護者から暴力を受けているとの話がありました。児童相談所へ通告したほうがよいでしょうか。またその際気を付けることはありますか。

その子が「怯える」，「保護者から暴力を受けていると訴える」という状況から，保護者等虐待が疑われますので，学校としては，児童相談所等へ通告することを検討します。また，関係機関との情報共有をします。

1．児童虐待

児童虐待とは，主に次の4類型（児童虐待の防止等に関する法律（以下「児童虐待防止法」といいます）2条各号）を指します。

① 身体的虐待…児童の身体に外傷が生じ，または生じるおそれのある暴行を加えること
② 性的虐待…児童にわいせつな行為をすることまたは児童をしてわいせつな行為をさせること
③ ネグレクト…児童の心身の正常な発達を妨げるような著しい減食または長時間の放置，保護者以外の同居人による虐待等の放置その他の保護者としての監護を著しく怠ること
④ 精神的虐待…児童に対する著しい暴言または著しく拒絶的な対応，児童が同居する家庭における配偶者等に対する暴力その他の児童に著しい心理的外傷を与える言動を行うこと

2．児童虐待に関わる関係機関

児童虐待に関わる主な関係機関は次のとおりです。

(1) 児童相談所

児童虐待通告や学校等の関係機関からの情報提供を受け，調査を行い，一時

保護の実施や保護者への助言・指導，施設への入所措置など必要な支援・援助を行います。

(2) 市町村（虐待対応部署）

児童虐待通告や情報提供に対応するとともに，市町村に設置される要保護児童対策地域協議会の調整機関として支援を行っています。

(3) 警　　察

関係機関と連携し，必要なケースについては，捜査を行います。

(4) 要保護児童対策地域協議会

関係機関が要保護児童等に関する情報や考え方を共有し，適切な連携・協力を確保するため，市町村に設置されています。

市町村児童福祉担当部局のほか，児童相談所，福祉事務所，保健所，医療機関，教育委員会，学校，警察，弁護士などで構成されています。

通告後等に継続的に関わる必要があるケースについては，進行管理台帳に登録され，定期的に会議を行い，情報共有します。

3．児童虐待の早期発見・通告義務

児童虐待を受けたと思われる児童を発見した者は，速やかに，市町村の虐待対応担当課や児童相談所等への通告する義務を負っています（児童虐待防止法6条1項）。

さらに，学校の教職員は，「児童虐待を発見しやすい立場にある」とされ，児童虐待の早期発見に努めなければならないとされています（同法5条1項）ので，通学する子どもについて，虐待が疑われる場合には児童相談所への通告等をする必要があります。普段衣服に隠れている場所に明らかな外傷がみられる（体育の授業等で発見されることがあります）等日常の不自然な変化から虐待を疑う意識を持つことが必要です。

4．発見から通告まで

(1) 通告の判断とポイント

通告にあたって注意すべきポイントは次のとおりです。

① 確証が得られない場合でも疑わしい場合は通告すること

　虐待の有無を調査するのは，児童相談所等の専門機関の役割ですので，学校が虐待の確証を持つまで調査をする必要はなく，一般的に見て虐待が疑われる場合，学校は通告等を行い，専門機関の判断に委ねます。

② 組織的に対応すること

　虐待が疑われる事案について，学校だけでなく児童相談所，市町村の虐待対応部署，警察など各機関が連携して対応することになりますので，学校は，管理職のもと組織的に対応することが必要です。

③ 記録を残すこと

　虐待が疑われる場合は，子ども本人の発言等を通告に至るまで時系列に記録する必要があります。

　また，外傷等客観的な事実も可能な限り記録すべきです。

④ 保護者との関係よりも子どもの安全を重視すること

　教職員は，日常的に保護者と関与することになるため，関係悪化を恐れ，通告を躊躇することになりがちですが，子どもの安全を第一に考え，必要な場合は適切に通告するべきです。

⑤ 通告により責任が生ずることは基本的にないこと

　児童虐待の防止等に関する法律に基づく通告により，刑法上の秘密漏示罪や職務上の守秘義務違反にあたることは基本的にありません（児童虐待防止法6条3項）。

　また，通告後，虐待の事実がないと判断されるなど，結果として誤りであったとしても，民事上・刑事上の等責任を問われることは基本的にありません。

(2) 通告先・通告方法

　児童虐待が疑われる際に通告する先は，児童相談所または市町村（児童虐待担当部署）になります。

　緊急性・重篤性（明らかな外傷等）のあるものは児童相談所へ，そうでないものは市町村へ通告することが一般的です。

　その際，家庭の状況や外傷や症状，学校が聴き取った本人の話，出席状況等学校での様子を可能な範囲で伝えることが望ましいです。

(3)　その他通告の際に行うこと

　学校が通告を行ったときは，学校設置者への報告を行います。

　また，明らかな外傷がある，性的虐待が疑われるなど，子どもの身体・生命に対する危険や緊急性が高い場合は，警察にも通報し，情報共有を図ることが望ましいです。

5．通告後の対応

(1)　通告後の流れ

　通告を受けた児童相談所や市町村（虐待担当部署）は，子どもの安全確認や調査を行い，援助が必要と判断されるケースには，児童相談所等が援助方針を立て，保護者への助言指導等を行っていくことになります。

　通告後，在宅のまま調査を行うことが，子どもにとって，安全ではないと判断される場合，児童相談所が一時保護（期間は最長2カ月，要件を満たす場合は延長可能）を行った上で調査を継続します。

　その後，ケースに応じて，在宅での援助，施設入所の措置がとられます。

(2)　通告後の学校が行う対応および注意点

①　子どもに対する支援

　通告により，子どもは，その後の手続の進行により，期間の長短はありますが，日常の学校生活から切り離された生活を送らざるを得なくなります。

　そのため，学校としては，子どもの状況に応じて安心して過ごせるよう支援をする必要があります。

②　情報収集等への協力

　通告後，学校は，児童相談所等が調査に協力し，情報提供します。

　また，在宅で調査や支援が行われる場合，学校は，子どもの学校での様子を把握し，児童相談所等へ情報提供をします。

　特に，不自然な欠席や長期の欠席があった場合，再度虐待が行われている可能性がありますので，注意が必要です。

③　保護者との関係

　学校が通告元になった場合，保護者は，状況から学校のせいで一時保護等の措置が執られたと思い，学校に対して質問・要求・苦情を述べることがありま

す。

　そのような場合，通告者の関する情報は秘匿されること（児童虐待防止法7
条）から，学校としても，保護者に自らが通告者であることや通告に至った経
緯を伝えないようする必要があります（「児童虐待防止対策に係る学校等及びその
設置者と市町村・児童相談所との連携の強化について」（平成31年2月28日付府子本
第189号，30文科初第1616号，子発0228第2号，障発0228第2号）参照）。

　苦情に対しても，一般論として一時保護等の措置をとるのは児童相談所であ
り，学校は関係がないことなどを説明します。

　また，保護者が通告の経緯等を知る目的で，子どもの法定代理人として，学
校の記録や設置者への報告書等について開示請求をする場合がありますが，個
人情報関連法令は，個人情報の保護に関する法律28条2項1号のように，本人
の生命身体等を害するおそれがある場合に不開示にするなどの取扱いとなって
いるものがほとんどですので，子どもの安全を第一に慎重に判断してください。

④　一時保護・施設入所の場合

　一時保護期間中は，子どもの安全のため必要である場合，学校への通学もさ
せないという取扱いがなされます。

　そのような場合，学校は，学習環境の確保に配慮します。

　また，一時保護期間中の出欠について，指導要録上出席とできることがあり
ます（「一時保護等が行われている児童生徒の指導要録に係る適切な対応及び児童虐
待防止対策に係る対応について」（平成27年7月31日付27文科初第335号）参照）。

　施設入所となった場合，入所する施設の場所次第では転校を要することにな
りますが，必要に応じて転校先の学校と情報共有をすることになりますが，対
応方法等児童相談所と協議することが望ましいです。

Q42　地域トラブル

(i)　生徒が下校中に３人横に並んで歩いている際，１人の生徒が持っていたアイスが反対から歩いていた歩行者についたとして，同被害にあった近隣住民から電話があり，当該生徒を懲戒してほしい，住所・氏名等を教えてほしい，学校に賠償をしてほしいなどといろいろ要望がありました。どのように対応すればよいでしょうか。

(ii)　学校から発生する音がうるさいと近隣住民から苦情が来ます。どのように対応すればよいでしょうか。

A

(i)　登下校中は学校の教育活動下とは必ずしも言えない時間帯であり，原則として学校側に法的責任は生じないことを説明するなどの対応が必要です。

(ii)　受忍限度を超えるような騒音は発生しないよう配慮する必要があります。

1．学校と地域住民との関係性

　学校が地域住民と良好な関係を作りあげていくことは大切なことです。地域社会に開かれた学校づくり推進のために，地域住民との協力関係を高めることは重要であり，そのために各種制度が規定されています。

　学校教育法42条では，学校が自ら学校評価を行って学校運営の改善を図ることが，同法43条では地域住民などに対して学校運営の状況などに関する情報を積極的に提供することが規定されています。またこれらの規定を受けて学校教育法施行規則66条には自己評価の実施とその公表の義務が，同規則67条では学校関係者による評価の実施とその公表の努力義務が，同規則68条では評価結果を学校設置者に報告する義務が定められています。また，同規則49条には，学校には設置者（教育委員会等）の定めるところにより学校評議員を置くことができるとされています。学校評議員は，学校の職員以外の者から校長の推薦により学校設置者が委嘱することとされており，学校評議員は校長の求めに応じ，学校運営に関し意見を述べることができるとされています。また，地方教育行政の組織及び運営に関する法律47条の6では学校運営協議会という制度が定め

られています。学校運営協議会は，学校の地域住民や保護者などからなる委員によって構成され，校長が編成する教育課程の編成などの重要事項について承認をする権限などを有しています。

　このように学校は，学校評議員制度や学校運営協議会などの活動と関連させて，地域住民に対して情報提供をすることが求められています。また，学校のウェブサイトなどを利用することにより，より多くの関係者に対して情報提供をし，地域住民との協力関係を構築する工夫をすることが望ましいといえるでしょう。

2．生徒の通学途中の行動に対する地域住民からの苦情（本設問(i)）

　上記のように，学校が地域住民との協力関係を構築することは必要としても，地域住民からの要求に対して学校がどこまで法的義務を追うかは別途検討が必用です。学校側は，児童・生徒の生活全般について損害賠償義務を負うような監督責任を負うものではなく，基本的に監督責任を負うのは，学校における教育活動ないしこれに準ずる活動関係に関する児童・生徒の行動についてです（高松高判昭49・11・27判時764号49頁・判タ318号255頁など参照）。

　生徒の年齢や具体的な事情にもよりますが，生徒の登下校中は，学校の教育活動下とは必ずしもいえない時間帯であり，登下校中の事故については，学校の法律上の義務としての監督義務の対象外であると考える場合が多いでしょう。

　この点，学校の管理下で起きた事故の損害を塡補する制度として，日本スポーツ振興センターが実施する災害共済給付制度があり，同制度では通学経路中の事故も「学校の管理下」の事故に該当するとされています。もっとも，災害救済制度は，学校教育の円滑な実施に資することを目的とした制度で支給対象範囲は広く解釈されており，学校側が法律上の義務として監督義務を負う範囲と同じではありません。

　本設問の場合，学校における教育活動とは関係のない生徒の行動によって生じたものであり，法的責任を問うのであれば，生徒やその保護者に対してであると思われます。

　また，生徒を懲戒処分とするかは学校側の裁量事項であり，住民の要求に従わなければならない法的義務はありませんし，学校側は当該生徒を探して特定

する義務はなく，住所・氏名などを回答する義務はありません。学校側は，必要と考える生徒指導はしていくものの，今回のような住民の要求に対しては学校として応じる義務はないことを住民に説明すべきでしょう。

ただ，今回の件では，生徒の下校時のマナーに問題があると考えられ，学校として生徒に対して教育的指導をし，地域住民の理解を求めていく必要はあるでしょう。また特にも同様の苦情が近隣住民から何度も寄せられているような場合は，学校側が生徒の迷惑行為を認識し，将来においても同様の行為が行われる危険性を具体的に予見することが可能であるような場合も考えられ，学校として生徒を注意し指導する必要性は高いと思われます。生徒に対し，下校時に広がって歩かない，飲食をしないなどの指導を周知徹底することが必要と思われます。また，近隣住民の苦情の内容などから特定の生徒に対する指導が必要と思われるような場合は，当該生徒から状況を聞くなどの調査を行った上で，当該生徒に対し，今後は迷惑をかけるような行為を慎むように指導をし，当該生徒の保護者に対しても状況を説明するなどの対応をすることが考えられます。また，学校組織としての指導体制を整えることも重要です。学校全体の職員に周知し，状況に応じて教員を通学路に立たせて下校指導をするなどの対応も検討が必用な場合があるでしょう。

3．学校から発生する騒音に対する苦情（本設問(ii)）

学校で行われる活動から騒音が一定程度生じることは避けられないことですが，学校としては受忍限度を超える騒音が生じないよう配慮する必要があります。裁判例でも，学校の設備（エアコンの室外機）から発せられる騒音についてですが，騒音規制法の基準値を超えていることなどを理由に，受忍限度を超えていると認定し，慰謝料の支払いを求めたものがあります（京都地判平20・9・18自動車保険ジャーナル1791号7頁）。

騒音が受忍限度を超えるどうかは，被害の程度や性質，加害行為の態様や回避可能性などを総合的に考慮し，社会通念から判断されます。つまり，騒音規制法による規制基準を超えるような騒音が発生しているのか，規制値を超えるような時間帯がどの程度続いているのか，学校側がこれまでどのような対策を講じてきたのかなどの諸事情をもとに，社会通念上受忍限度を超えるような騒

音といえるかどうかが問われることになります。学校としては，日常生活で音
による支障が生じやすい深夜や早朝などの時間帯は音の出るような活動を控え
る，屋内でも可能な活動であれば屋内で行い，窓を閉めて不必要な音を出さな
いなど，音を出す時間帯や場所について配慮すべきでしょう。また，防音壁を
設ける，音の出にくい設備に改良するなど，音を受忍限度内に抑える工夫が必
要な場合もあるでしょうし，学校行事で騒音が発生することが予想できる場合
は，事前に住民に対し開催日時を知らせて理解を求めたりするなど，住民との
トラブルを避けるよう配慮する必要があります。

　ただ，住民が，学校があることを知って近所に引っ越してきたにもかかわら
ず，騒音を理由に学校行事を一切行わないように要求してくるなど，過度な要
求をしてくることもあります。学校の活動の中で音が生じることは避けられず，
住民の方も一定程度の騒音は受任すべきです。学校としては，できる限り音を
発生させないよう工夫をしていることを伝えて住民の理解を求める必要性はあ
るでしょう。ただ，学校行事一切の中止を執拗に求めてくるような住民の過度
な要求に対しては，応じられないと返答すべきと考えられます。

Q43　部活動の外部委託

　教員の働き方改革をしたいので部活動指導員を外部委託で導入したいのですが，どのような注意点があるでしょうか。また，教員に部活動指導員を外部委託させることはできるでしょうか。

A

　部活動指導員は校長の監督下で部活動指導を行うため，雇用契約で外部委託し，体罰などを禁止するよう契約上明記し，顧問の教員との対立を招くことがないように注意する必要があります。また，教員に部活動指導員を外部委託することは，実質的に脱法的な時間外労働と判断されるおそれがあります。

1．部活動指導員の職務と注意点

(1)　部活動指導員の職務

　部活動指導員は，各種の統計調査などから日本の教員が部活動業務に相当の時間を割いており，多大な負担になっていることから，部活動顧問を担当する教員の負担を軽減するために，平成29年の学校教育法施行規則改正により導入された職種です。

　学校教育法施行規則78条の2は，「部活動指導員は，中学校におけるスポーツ，文化，科学等に関する教育活動（中学校の教育課程として行われるものを除く。）に係る技術的な指導に従事する。」と規定しており（104条において高校にも準用），部活動指導員が「技術的指導」を担当する職種であることを明記しています。

　一方，スポーツ庁の通知では，実技指導，安全・障害予防に関する知識・技能の指導，学校外での活動（大会・練習試合等）の引率，用具・施設の点検・管理，部活動の管理運営（会計管理等），保護者等への連絡，年間・月間指導計画の作成，生徒指導に係る対応，事故が発生した場合の現場対応，など，より広範囲な職務が想定されています。

(2)　部活動指導員の注意点

　部活動指導員の法的地位について注意しなければならない点は，①部活動指

導員は職務が法令で明記されているが，教員が担当する部活動顧問は法令で職務が何ら明記されていないこと，②スポーツ庁の通知では，部活動指導員は「校長の監督を受けて」技術的な指導に従事するとされていること，の2点です。

　①により，部活動業務は法令上は一次的に部活動指導員が担当すると解釈できます。つまり，部活動指導員がいるならば教員は部活動顧問を担当しなくともよく，部活動指導員が顧問を担当できることはスポーツ庁の通知でも明記されています。ところが，実際には部活動指導員が顧問を担当することで，教員が部活動業務から一切外れるといったことはほとんど行われていません。実際には，部活動の連盟が大会引率などは事実上教員の顧問が担当すべきであると要請していたり，部費会計などは学外の部活動指導員に担当させずに教員の顧問に担当させている場合がほとんどであり，結果的に部活動業務を全面的に部活動指導員に担当させ，教員が部活動業務から一切外れるといった状況は実現していません。

　また，②により，部活動指導員は校長の監督を受けて部活動業務を行うため，少なくとも部活動指導員を請負契約や委任契約で担当させることは不可能であり（請負人や受任者は注文者や委任者の監督を受けません），雇用契約で部活動指導員を担当してもらうことになります。このことは，教育現場で一般的に想定されている「業務委託契約で部活動指導員を担当させる」手法が違法であることを示すものであり，注意しなければなりません。

　また，部活動指導員は教員ではないため，直接には学校教育法の体罰禁止規定が適用されません。そのため，雇用契約上で体罰や不適切な指導を禁止する旨の条項を設ける必要があります。

2．普及しない部活動指導員

　前述のように，部活動業務は多くの教員にとって多大な負担となっており，部活動指導員は教育現場ですぐにでも普及するという予測もありました。しかし，実際には部活動指導員を導入し，制度として定着させている教育現場は公立・国私立を含めてほとんどありません。

　その理由は主に3つあると考えられます。第一に，部活動指導員の報酬相場

が全く不明確である点です。このことは，これまで教員が顧問として行ってきた部活動業務がほとんど無報酬に近い形で行われていた実情と無関係ではありません。報酬相場が不明確であることから，学校は部活動指導員を担える人材を探すのに苦労するのです。また，部活動中に事故が生じた場合に課せられる過酷な法的責任を鑑みれば，低廉な報酬で部活動指導員を担当する人材が容易に見つけられることは期待できないでしょう。

　第二に，部活動指導員が顧問教員の指導方針と対立したり，顧問教員よりも不適切な指導をする可能性がある点です。そもそも，部活動業務は教員にとって負担になっている一方で，部活動業務にやりがいを感じる教員や，部活動指導をやりたくて教員になった教員も少なくありません。また，生徒にとっても，部活動指導員よりも日常的に学校で接する教員が顧問として部活動指導に関わるほうがよい場合もあります。このため，部活動指導員を導入するに際しては，顧問教員との対立を招かないように注意する必要もあるでしょう。

　第三に，部活動が学校教育と密接に関連するため，教員ではない外部人材である部活動指導員が部活動業務を全面的に担当するのは現実的に困難である点です。たとえば，前述のスポーツ庁の通知では，部活動指導員は部活動内の生徒指導なども担当することが想定されています。しかし，生徒指導はそもそも教員が行う教育活動の一環であり，教員でない外部人材が担当するのは教員のサポートなしでは困難と思われます。また，部内の人間関係を調整することや，部内でいじめが起きた場合の対応は，教員ではない部活動指導員が全面的に担当することは困難であり，このような場合を想定すれば，教員が顧問を担当したほうが効率的です。日本の部活動は学校教育と密接に関連するために，学校で形成される人間関係を前提として部活動を運営するため，教員ではない部活動指導員が部活動業務を全面的に担当することは現実的には困難なのです。

　以上のような問題点から，部活動指導員が広く普及するのは時間がかかるのではないかと思われます。

3. 教員が部活動指導員を担当する場合

　1人の人間が雇用契約と請負契約の双方に基づく業務を行うことは法律で禁止されているわけではありません。このため，部活動指導員を請負の一種であ

る業務委託として教員に担当させることは，法律的には可能です。

　しかし，前述のように，部活動指導員は雇用契約でなければ担当できないため，教員が外部委託の形式で部活動指導員を担当する場合は，部活動指導員として別個の雇用契約を学校設置者と結ぶことになります。

　この場合に注意しなければならないことは，当該教員にとって部活動指導員としての勤務時間が時間外労働に該当しないかどうかです。労働基準法38条は「労働時間は，事業場を異にする場合においても，労働時間に関する規定の適用については通算する。」と規定しており，事業場が同じである場合はもとより労働時間が通算されることになります。そのため，部活動指導員としての勤務時間が教員としての所定労働時間を超えて勤務する場合は，部活動指導員としての勤務に対する賃金は時間外労働として割増賃金に相当する賃金を支払わなければなりません。

　一般的に部活動指導員を外部委託として教員に担当させる場合は，部活動顧問の業務が時間外労働に該当しないようにする意図で行われる可能性があります。しかし，前述のように，このような対応は実質的に脱法的な時間外労働と判断され，かえって割増賃金を支払う必要になるため，注意する必要があります。

COLUMN 2

スクールロイヤーってどんな弁護士？

　最近の学校現場では，「スクールロイヤー」と呼ばれる弁護士が注目されています。日本弁護士連合会の意見書によれば，スクールロイヤーは「学校現場で発生するさまざまな問題に対して，裁判になってから関わるのではなく，むしろトラブルが予測されそうな段階から，学校の相談相手としての立場で，子どもの最善の利益の観点から，教育や福祉，子どもの権利等の視点を取り入れながら継続的に助言する弁護士」と定義しています。また，日本弁護士連合会は，スクールロイヤーを「学校側からの依頼により内部的に助言・指導を行うものであって，学校側の代理人となって対外的な活動を行うものではない」「学校側の代理人として直接対応することは適切ではない」として，学校側の代理人ではなく，中立的に子どもの最善の利益の実現のために学校から相談を受ける弁護士であるとしています。文部科学省は2020年度より，300人のスクールロイヤーを全国的に配置することを目指しています。

　一部の学校では，既にスクールロイヤーが導入されています。現在導入されているスクールロイヤーは，次の表のように委任または業務委託契約による「顧問型」と，学校設置者に雇用または任用される「職員型」の2つのタイプがあり，さらに顧問型は弁護士の法律事務所での相談を基本とするタイプと，学校を訪問して相談を受けるタイプに区別され，職員型は学校設置者の事務職員として勤務するタイプと，教師と兼業するタイプに区別されます。

スクールロイヤーの4つのタイプ

顧問型		職員型	
委任・業務委託		雇用・任用	
法律事務所で相談を受ける	学校を訪問して相談を受ける	学校設置者の事務職員として勤務	弁護士資格を持つ教員として勤務

　本書の執筆に関わっているスクールロイヤーは，職員型と呼ばれるタイプで，いわゆる組織内弁護士としてのスクールロイヤーです。顧問型のスクールロイヤーと比べると組織内弁護士のスクールロイヤーはまだまだ少数ですが，近年急速に増加しています。

　スクールロイヤーはいじめや保護者対応などの相談を学校から受けるにあたって，子どもの最善の利益を実現する弁護士としての活躍が期待される一方で，学校にほとんど現れない弁護士をそもそもスクールロイヤーと称してもよいのかなどといった疑問もあります。また，最近の深刻な法律問題である教員の労働問題については，日本弁護士連合会や文部科学省はスクールロイヤーの役割として想定されていません。

　そのため，スクールロイヤーが学校で機能するためには，より多くの実践例を蓄積し，議論を深めていく必要があるでしょう。

第 **3** 章 ▶▶

大学・大学院

Q44　奨学金支払いの請求と時効，入学時の保証人の記載

(i)　元学生が，奨学金を支払わなくなってもうすぐ5年となります。今後奨学金を完済してもらうためにどのような方策があるでしょうか。また，本人が破産することになった場合，連帯保証人等にどのように対応すればよいでしょうか。さらに，この連帯保証人が亡くなった場合はどのように対応すればよいでしょうか。

(ii)　新民法に改正されたことによって，通常親族に記載してもらう入学時の保証人について影響はあるのでしょうか。記載してもらうフォームを改訂する必要はあるのでしょうか。

A

(i)　新民法施行により，消滅時効の期間が原則5年と短くなったので，奨学金の支払請求等の際に注意が必要です。

(ii)　新民法施行により，包括根保証を負わせるには契約書に上限額の記載が必要になりました。これにより，大学入学の際の保証人についてのフォームも変更を検討する必要があります。

1．新民法

　令和2 (2020) 年4月に民法の大改正が施行されました。内容が現代の社会にそぐわなくなってきたので改正された部分もあります。また，難解な用語等についても改善がされている部分もあります。債権法における債務不履行や危険負担の内容等を中心に，120年ぶりの大改正であると言われています（以下，この改正前の民法を「旧民法」といいます）。

　この改正により，本設問に関連する部分も消滅時効と根保証という2つの改正がありますので，まずその改正点について把握する必要があります。

(1)　消滅時効

　1つは，消滅時効が成立する期間の変化です。これまでは，債権が成立してもその権利を行使しない場合に，いつまでも債権が行使されないと社会が権利でいっぱいになって混乱すること，権利の上に眠る者を保護する必要はないこ

とを理由として，通常，10年で消滅時効が成立し，債権が消滅するようになっていました（旧民法167条1項）。

　この消滅時効が成立する期間が，債権が成立していることを知らなかった場合でない限り，5年間となりました（民法166条1項）（なお，債権が成立していることを知らなかった場合には10年）。

　そこで，これまで10年を経過しないと消滅しなかった奨学金の債権が，原則5年で消滅するようになったので注意が必要です。ただ，これに対し，旧法では，学費である学納金債権については，短期消滅時効と言って2年で消滅することになっていたのですが（旧民法173条3号），これも5年となり，この点については時効が成立するまでの期間が長くなりました。いずれにしても注意が必要です。

(2)　包括根保証

　もう一つは，保証に関する変更です。

　保証とは，債務に関して，本人と共に債務を負担することを言います。

　1つの債務に関しての保証ではなく，1つの契約に関していくつも債務が発生するような場合に，その発生する債務全体について保証することを包括根保証といいます。たとえば賃貸借契約は，賃料の未払，契約が終了したときに契約したときの状態に戻す（原状回復）等，いろいろな債務が発生する可能性があり，そのすべてについて保証をすることは，包括根保証の典型といえます。

　このような包括根保証は，旧民法では契約書を作成すれば有効だったのですが（旧民法446条2項），新民法においては，極度額，すなわち，負担する金額の上限が契約書内に記載されていなければ，効力を生じないことになりました（民法465条の2。旧民法では貸金の場合のみこの制約がありました）。

2．本設問(i)について

　本設問(i)の奨学金の債権は，上記のように，このままでは5年の消滅時効期間が経過してしまいます。

　そこで，消滅時効を止める必要があります。旧民法ではこの消滅時効を止める行為を時効の「中断」と言いましたが，新民法では時効の「更新」といいます。

　確実なのは，当該学生に債務の存在を認めてもらうことです。これを「承認」といい，消滅時効を更新させることができます（民法152条）。

　具体的には，一部でも債務を支払ってもらうことによって，承認となります。また，当該元学生が「奨学金を返済しなくてはならないのはわかっています。」と言えば，文字どおり承認してもらったことになります。電話で聞く場合は録音をすると証拠として残るので争いを避けることができるでしょう。

　さらに，当該元学生に対して裁判を起こすという「請求」という方法で消滅時効を更新させることができます（同法147条1項3号）。裁判上の判決や和解で請求に理由があることが認められれば，そこから10年間は消滅時効が成立しなくなります（同法169条1項）。

　しかし，裁判を起こすには訴状を提出する必要があり，その訴状の作成には弁護士であってもそれなりの時間がかかるので，本件では，裁判準備をしている間に消滅時効が成立してしまう可能性があります。

　そこで，取り急ぎ消滅時効が成立しないようにする手段として，当該元学生に対して内容証明郵便を送付する手段があります。これを「催告」といいます。

　この催告は，6カ月間だけ消滅時効が完成しない効果が得られます。この消滅時効が更新されるわけではなく，一時完成が妨げられることを，旧民法では時効の「停止」，改正民法では時効の「猶予」といいます（同法150条1項）。催告をして，6カ月の間にまた繰り返し催告をしても時効が猶予にはなりません（同条2項）。そこで，この6カ月の間に前述の裁判による「請求」等，他の方策をとらなくてはなりません。

　いずれにしろ，そもそも5年と時効成立までの時間が短くなっているので，これまでより早いうちから対応を考えなくてはなりません。このような債権回収を専門にしている法律事務所が増えており，そのような事務所では成功報酬制でも対応していることが多いので，まずは問い合わせてみるとよいでしょう。

　次に，本人が破産した場合であっても，連帯保証人の債務が消滅するわけではないので，連帯保証人に対して請求を続けることができます。

　さらに，この連帯保証人が亡くなった場合は，連帯保証人の地位を相続した者に対して請求できます。すなわち，連帯保証人が学生本人の父親だったとして，父親が亡くなった場合，母親と他の兄弟が存命であれば，法定の相続人で

あるその両者に対して（同法900条），奨学金全額を請求できます。

　ただし，相続人が裁判所に申し立てて相続を放棄した場合は（同法939条），その者に対しては請求できなくなります。

3．本設問(ii)について

　通常，親族に記載してもらう入学の際の保証は，その学生が在学中に行ったことについての一切の責任を負う旨が書いてあるのがほとんどなので，これは包括根保証になると考えられます。

　そうだとすれば，前述のように負担の極度額を設定しておく必要があることになります（民法465条の2）。これが高額すぎると保証人となる者が警戒することになり，ひいてはその学校に入らない等の結果を引き起こすことになりかねないので，在学4年間の学費相当額等を設定しておくのが無難でしょう。

　根保証についての改正が適用されるのは，契約成立時が令和2年4月より後の場合になります。令和2年4月入学の学生については，同年3月中に入学の要綱に従って入学申込等が提出されていることにより，同年3月に既に在学契約が成立している場合が多いです。このような場合は新法が適用されないことになります。

　このことから，根保証について本格的にフォーム等を改訂しておかなくてはならないのは，令和3年度入学生からの場合が多くなりそうです。

　なお，この部分について「保証する」とだけ書いている学校が多いように思います。しかし，「連帯して」保証する旨の記載がない場合，学生本人が支払えないことを立証する等しないと，保証人に対して請求ができないので（民法452条・453条。催告・検索の抗弁権），この点についても改訂を検討すべきです。

Q45　大学の課外活動中の事故と大学および顧問の法的責任

とある学生が課外活動中に骨折し，実習に参加できず留年になってしまいました。顧問の教員は置いていますが，本学では顧問は名目的な存在であり，今回も顧問教員は活動に同席していませんでした。大学と顧問教員に対して学生が損害賠償を求めてきたのですが，どのように対応したらよいですか。

A

大学における課外活動は本質的には学生の自主的運営に委ねられているものであるため，一般的な安全への配慮は必要であるものの，これを果たしていれば，具体的に事故の発生が予見できるような状況でない限りは責任を負わないと考えられています。

1．大学における課外活動と大学

　大学においても，運動系の部活から文化系のサークルに至るまで，さまざまな部活動・サークル活動（課外活動）が行われています。一般的に，大学における課外活動への大学側の関わり方としては，あくまで学生の自主的な活動として捉え，一定の条件を満たす部活動やサークルに対してその活動の承認をする，施設の利用許可をするといった程度のかかわりにとどまることが多く，特段のことがない限り，大学が課外活動の具体的な内容に関与することは少ないのが実情といえます。

2．課外活動における大学の責任

(1)　大学の責任の具体的内容

　大学は，学生の施設利用ないし教育活動について，信義則上一般的な安全配慮義務を負うこととされており，この一般的な安全配慮義務は課外活動にも及ぶものと考えられています。

　しかしながら，学生がすでに成人または成人に近い年齢であり十分な判断力・注意力を有することや，大学が専門的教育機関でありスポーツの指導をす

る能力を持たないのが一般的であることなどから，1で述べたとおり，中高生以下の部活動等と異なり大学とのかかわりは間接的であって，本質的には学生らによる自主的運営に委ねられているといえます。

　たとえば，国立大学合気道部の練習中に発生した死亡事故の責任が争われた裁判例（松山地判平8・8・28判タ968号160頁）では，上記のように課外活動は本来，学生らの自主的活動に委ねられるべきとしたうえで，個々具体的な活動面における危険防止についても部員らの自主性に委ねられ，一般的な安全配慮を超えて，大学として個々に介入して具体的に危険防止のための安全配慮を尽くす義務まで負うものではないとしています。

　なお，ここでいう大学が尽くすべき一般的な安全配慮の内容としては，危険防止に関する研修会や，事故時の報告を求めるなどの対策が考えられます。前掲松山地判の事例においては，同種の事故が1年前に発生していたところではあるものの，これまで承認団体に対して年に1回の危険防止に関する研修会を行っており，かつ，事故の際には事故報告を詳細にさせ合宿を中止させるほか，再発防止を誓約した事故報告書を提出させるなどの措置をとっていたことから，大学側は一般的な安全配慮義務を尽くしていたと認定しています。

　ただし，課外活動の目的を逸脱した違法行為を恒常的に行っているなどの特段の事情がある場合は，大学としても事故の発生についての具体的な予見可能性が生じることから，必要な措置（施設利用の禁止や承認取消しによる活動中止の勧告等）をとるべき義務があることには注意が必要です。

　たとえば，大阪高判昭63・6・29判タ672号267頁では，大学応援団の合宿中に上級生から気合い入れと称する集団暴行を受け死亡した事故につき，大学当局に違法状態是正措置をとらなかった過失があるとされました。この事例では，気合い入れと称する暴行を大学側が認識していた事案であり，大学としては，指導や施設の利用禁止，学生の懲戒などを段階的になすべき義務があったとの判断がなされています。

⑵　実務担当者として事案発生時に気を付けるべきポイント

　課外活動中の事故が発生した場合，法務担当者としては，事故当日の状況のみならず，①当該課外活動が学生の自主的な活動と評価できるか，②大学として一般的な安全配慮義務を果たしていたか，③かかる事故につき大学に具体的

な予見可能性があったといえるかを検討することになります。

　したがって，これまでの活動において同様の事案が発生していなかったか，その事実を大学側がどの程度把握していたかまたは把握しようと努めていたか，これまでにとっていた改善措置の内容はどのようなものであったか等をきちんと把握しなければなりません。

3．大学の課外活動に伴う顧問の責任

(1)　大学の課外活動における顧問の地位

　大学の学生団体の顧問教員についても，本来自主的に運営される学生団体にあっては名目的な地位にとどまるもので，学生団体に対する一般的助言や大学当局との調整的役割を期待されているに過ぎないといえる場合がほとんどです。このような立場の顧問については，学生団体の具体的な活動について責任を負うものではないと考えられています（前掲松山地判平8・8・28）。

　顧問の地位が名目的なものであるかについては，個別具体的な事情の下で顧問に期待されていた役割から判断されることになると考えられます。なお，前掲松山地判において，顧問の性質を判断するにあたっては，学生団体承認願の提出や施設利用の際の署名押印の有無，顧問の資格に制限があるか否か（専門性を求められるものか），学内において，顧問の地位や職務内容，権限を規定するものがあるか，大学から顧問を依頼していたか，報酬の有無等が考慮されています。

　また，仮に顧問が名目的な地位にとどまるとしても，学生団体としての本来の目的を逸脱した違法行為を恒常的に行っているなど特段の事情があり，それを顧問が承知していた場合は，必要な措置をとるべき義務があるといえ，これに反した場合，顧問の責任が問われます。

(2)　実務担当者として事案発生時に気を付けるべきポイント

　法務担当者としては，顧問が名目的なものといえるかどうかを判断したうえで，顧問において本件事故につき具体的な予見ができたといえるような事情があるかどうかを調査する必要があります。大学として顧問の地位や職務内容に関する規定を置いていたり，報酬を支払ったりしているような場合は，慎重に検討する必要があります。また，具体的に危険が予見できるような場合にも責

任を問われうるため，本設問のような場合であっても，これまでに同様の事案が何度も発生しており顧問教員もこれを認識していたというような事情がある場合は責任が認められる可能性があります。

　また，仮に飲酒の場に顧問が同席しており，一気飲みなどの行為が行われ，これによりアルコール中毒などが発生した場合，顧問の責任が認められる可能性が高いといえます。

4．大学として何をしておくべきか（予防法務的観点から）

　大学としては，学生を預かる教育機関として一般的に要求されているような安全配慮義務をきちんと果たすということが法務的な観点からも重要ですし，それがひいては事故防止につながることになります。特に大学から公認を与えたり施設利用の許可を与えているような場合は定期的に安全に関する研修会等を開催したり事故発生時の連絡体制を整備し，また実際の発生時には報告と再発防止の指導を行うなどの配慮が必要です。

　また，リスクマネジメントとして特に運動系のサークルにおいては，学生は当然のこととして顧問教員に対しても保険加入等を勧奨すべきです。活動の承認や施設利用の許可の際に付保がきちんとなされているかについてもチェックできるような仕組みづくりを整えるべきでしょう。

Q46 不正経理（カラ出張）事案の対応

教員（研究者）が，架空の出張をもとに旅費の申請を行い，研究費から旅費相当額を不正に受給している旨（カラ出張）の匿名での通報がありました。研究費の原資は「補助金等に係る予算の執行の適正化に関する法律」（以下「適化法」といいます）における補助金に該当します。大学として調査を進める上でどのような点に気を付ければよいでしょうか。

カラ出張は，不正の中でも証拠集めが難航しやすい類型です。不正経理としての調査に加え，懲戒手続，民事訴訟，刑事手続など，各々の手続の性質・目的の異同を意識しながらも一貫した対応を進めていく必要があります。

1．概　　要

出張の実態がないにもかかわらず，出張旅費の申請をして，当該旅費相当額を不正に受給する，カラ出張（以下，本稿では，いわゆる架空出張，水増し出張，無駄出張いずれも含む）行為は，当該旅費相当額の原資にかかわらず，違法行為となります。具体的な事案に応じて，民事法上は不当利得（または不法行為）として返還請求（または賠償請求）を求められるおそれがあり，刑事法上は詐欺，業務上横領，背任などの罪に抵触するおそれがあります。もちろん，人事面での懲戒事由にも該当します。以上のことは，大学に限らず，広く一般の組織に当てはまります。

加えて，大学においては，教員（研究者）を典型として，補助金（以下，本稿では，適化法上の補助金に該当するものを指し，助成金などいわゆる「競争的資金」に含まれるものも，統一して「補助金」と表記します）の採択を受けている場合には注意が必要です。カラ出張の原資が補助金の場合は，当該補助金にかかる不正経理に該当するおそれがあります。そのため，大学等の当該補助金の経理を実施する機関（以下「大学等」といいます）としては，適化法に基づく不正経理の調査，補助金の配分機関への調査結果の報告，補助金の配分機関からの返還請求への対応にも迫られます。

この場合，大学等としては，迅速な事実の確認のためにも，調査結果報告の期間制限の観点からも，通常，他の民事・刑事・人事上の対応よりも不正経理の調査を先行することになるものと思われます。

2．大学等内部での不正調査

補助金等の不正経理に関する一般的な流れは，ここでは割愛し，事実認定上の留意点を見ていきたいと思います。

カラ出張事案の中でも，いわゆる架空出張や水増し出張は，申請にかかる出張の実態がないことを認定する必要があります。他方，いわゆる無駄出張は，出張にいく必要性がないこと（私事出張，目的外出張であったこと）を認定する必要があります。

これらは，いずれも，正当な出張の根拠が「なかった」という，過去の時点の，消極的な事実を認定する必要があり，事実認定のハードルは一般的に高いものと考えられます。

(1) 客観的資料の収集

事実認定は，第一には客観的な資料に基づいて行うべきものです。仮に，普段の出張の際に，それぞれの交通手段と目的地ごとに細かく，半券，領収証，メール，先方のサインなどの詳細な証憑を求めていれば，提出された証憑を検証（偽造の有無など）することで認定も容易な場合があるでしょう。しかし，現実には，出張者の負担や事務手続の煩雑さ，証憑を欠いた場合（取り忘れ，紛失含む）の取扱いへの懸念から，そのような証憑までは求めておらず，または原則として求めていたとしても例外も広く認める運用がなされている組織も多いと思われます。そのため，あるとすれば，出張の当日，用務先以外の場所にいることを示す証拠（別の場所での会議への参加など）などが非常に重要な証拠となります。そのような証拠が見つかるケースは稀と思われますが，1つでも決定的なものが見つかることで調査を促進する効果も期待できます。

なお，職場で管理するファイルサーバー上のメールデータについては，調査における必要性を根拠に，本人への事前告知なく内容を閲覧・保存などした調査手法が適法とされた事例があります（東京地判平14・2・26労判825号50頁）。

(2)　本人のヒアリング

　カラ出張の事案では，過去の具体的な行動について質問することとなるため，単に「（数カ月前，数年前の日付である）●月×日に，どこにいたか。申請通りの交通経路を通り，宿泊先に泊まったか」という聞き方をしても，「覚えていない」という回答が返ってくるだけになり，ヒアリングの実効性が乏しいものになります。ヒアリングの実施に当たっては，上記(1)のとおり，客観的資料（当日の出張の相手方，用務内容，成果物，日程表など）を，可能な限り事前に収集することが肝要です。また，調査対象事実のうち，本人がカラ出張を明確に認めていないものについては，疑義を払拭するために必要であるとして，一定のプライバシーが含まれるメール，手帳，交通機関の乗車履歴なども任意提出させるべきでしょう。

　そのうえで，客観的な資料から，カラ出張の疑いが濃厚な場合には，事実の有無に加え，カラ出張を自認する場合にはその動機を，否認する場合には資料の評価について認識を確認するべきです。

　また，証拠保全の観点からは，調査過程でのヒアリングは可能な限り録音をとることが望ましいでしょう。加えて，本人が不正自体について争う姿勢を示している場合はもちろん，自認している場合でも，重要な供述内容については書面にまとめ，本人に内容を確認してもらったうえで，署名をもらうことも望ましいと考えます。

　さらに，カラ出張に限られませんが，就業規則に根拠があるのであれば，証拠保全のため，調査中の出勤停止を命じることも検討すべきです。

(3)　第三者のヒアリング

　そもそもの発覚の端緒自体が，本人に近い研究者・事務からの通報・相談であるケースも多いと思われます。同研究室の教員や秘書などから協力が得られれば，調査対象日時の動向について手掛かりが大きく広がります。

　また，用務先に来訪の有無を照会することも重要な調査手法です。調査に際しては，原則，本人の同意が必要と考えられますが，十分に検討する価値があります。

　なお，可能な限り録音を取ることが望ましいという点については本人へのヒアリングと同様です。

3．懲戒手続・民事訴訟との関係

(1)　懲戒手続

　通常は，不正経理調査が先行し，その調査における認定事実をもとに懲戒審査手続を開始することになると考えられます。ただし，不正経理の調査と懲戒審査とは，手続もその目的もあくまで別のものであるため，不正経理調査で本人にヒアリングをしていたとしても，改めて，懲戒手続においては，弁明の機会の付与など，通常どおりの手順を踏む必要があると考えられます。

　懲戒手続一般の留意事項ではありますが，懲戒事由の有無だけでなく，適正な手続が重要であることは言うまでもありません。不正の規模が大きい場合，悪性がある場合，報道や刑事捜査が動いている場合など，早急に結論を出して懲戒解雇したいと考えてしまうことはありますが，調査未了，本人への弁明の機会の付与を十分に行わないなど，手続に不備があれば，調査で不正が認められたとしても事後の訴訟にて懲戒の効力自体が覆される恐れがあります。本人がヒアリング等で事実を認めている場合には悩ましい問題ですが，後に懲戒の効力を訴訟で争われた際に，手続面での不備を指摘されるリスクは否定できません。

(2)　民事訴訟

　カラ出張は，不当に受領した旅費の原資にかかわらず，大学等との関係で不当利得（または不法行為）が成立すると考えられます。補助金など税金を源流とする資金の場合は，特に，当該教職員に対して返還請求（または損害賠償請求）をすべきとする社会的要請も高いと思われます。

　民事訴訟を提起する場合，通常は，不正経理調査の結果を待ってから行うことになると思われますが，消滅時効には注意が必要です。強制捜査が入った場合などは，調査未了のまま，やむを得ず提訴を行う必要がある場合もあるでしょう。

　また，不正額が多い場合，争う姿勢が明確な場合には，仮差押えなど財産の保全を行うことも検討すべきです。

Q47　研究不正疑い事案に対する対応

　学外から，A教授の研究成果は根拠が曖昧で同じ条件で実験しても再現できない，成果の捏造ではないかという指摘を受けました。このような事案に対応するために，法務パーソンとして，どのようなことを知っておく必要がありますか。

A

　本設問で外部から受けた研究成果の捏造の指摘は，研究不正行為の可能性についての指摘です。法務パーソンが内部調査や情報収集に関わる場合には，研究現場特有の事情に留意しながら（Q50参照），研究不正行為の類型を意識した事案の整理と情報収集が必要です。

　研究不正行為は，研究資金の不正使用行為や，不正の手段により研究資金を受給する不正受給行為を伴うこともありますが，以下では，研究現場に特有の研究不正行為を取り扱います。

1．研究不正行為

　研究不正行為は，主に，①捏造（存在しないデータ，研究結果等を作成すること），②改ざん（研究資料・機器・過程を変更する操作を行い，データ，研究活動によって得られた結果等を真正でないものに加工すること），③盗用（他の研究者のアイディア，分析・解析方法，データ，研究結果，論文または用語を当該研究者の了解または適切な表示なく流用すること）です。国際的には，④二重投稿（著者自身によってすでに公表されていることを開示することなく，同一の情報を投稿し，発表すること）も研究不正行為とされ，国内外の多くの学会が，二重投稿の禁止や二重投稿に対する制裁を規定しています（日本学術振興会「【テキスト版】科学の健全な発展のために―誠実な科学者の心得―」（https://www.jsps.go.jp/j-kousei/data/rinri.pdf）参照）。

　不正行為の多くは，論文が学術誌等で公開され，論文に掲載されたデータ，画像，テキスト等を第三者が検証可能となった段階で発覚します。また，学内で通報を受けて対応する場合にも，具体的な論文に掲載されたデータ等につい

ての指摘でなければ，不正行為の存否の判断にかかる調査は困難です。学術誌において公表済みの論文でも，その学術的内容に瑕疵がある場合は，掲載しておくのは不適切として学術誌，または著者自らが撤回することになります。Retraction Watchというウェブサイト（https://retractionwatch.com/）で，論文の撤回理由や研究分野・所属機関・国等の多くの情報を得ることができます。

2．研究不正行為が起こる分野

　研究不正行為は，医学や生物学が注目されがちですが，1のどの類型も，自然科学（物理学，化学，生物学等），人文社会学（法学，文学，教育学等），応用科学（工学，医学等）など，分野を問わず問題となっています。研究分野，不正行為の類型・発生原因，資金配分機関による措置等について，文部科学省「文部科学省の予算の配分又は措置により行われる研究活動において不正行為が認定された事案（一覧）」（https://www.mext.go.jp/a_menu/jinzai/fusei/1360839.htm）や日本学術振興会「研究活動の不正行為及び研究資金の不正使用等への措置について」（https://www.jsps.go.jp/j-kousei/sochi.html）が参考になります。

3．不正行為対応に関係するガイドラインや規程

　各大学は，研究活動上の不正行為に関する規程や調査フローなどが定めています。不正行為が認定され，教職員や学生に対する懲戒処分を検討する場合は，教職員懲戒規程，学生懲戒処分規程等を参照することになります。

　大学を所管する文部科学省は，平成26年に「研究活動における不正行為への対応等に関するガイドライン」（同年8月26日文部科学大臣決定）を新たに定め，従来のように不正行為への対応を研究者個人の責任に委ねるだけでなく，大学等の研究機関が責任を持って不正行為の防止に関わり対応を強化する方針を打ち出しました。

　また，経済産業省「研究活動の不正行為への対応に関する指針」（平成27年1月15日改正），厚生労働省「厚生労働分野の研究活動における不正行為への対応等に関するガイドライン」（平成29年2月23日一部改正），日本学術振興会「研究活動の不正行為及び研究資金の不正使用等への対応に関する規程」（平成18年12月6日規程第19号），国立研究開発法人日本医療研究開発機構「研究活動に

おける不正行為等への対応に関する規則」（改正平成30年3月29日規則第102号）
等も，調査対象とともに，予備調査，本調査にかかる手続などを定めています。

｜4．研究不正行為への対応

　研究不正行為への対応は，大まかに，①大学内での対応，②研究資金の配分
機関への対応，③社会への説明責任を果たすための対応の3つに分かれます。
① 大学内での対応（申立て・外部からの指摘対応，当事者対応，調査を含む）
　多くの大学が，学生も含めた大学研究者の科学研究における行動規範を定め，
不正行為に関する申立て，情報提供，関連の学内規則にかかる相談・照会等に
対応するための窓口を設置しています。また，大学に研究資金を配分する資金
配分機関（②で解説）も，機関内外からの不正行為の告発窓口を設置し，告発
にかかる情報を集約する仕組みをもっています。
　大学では，学内規程や3で述べた規則・ガイドラインに従い，予備調査を行
い，その結果，告発内容が確からしく本格的な調査が必要となれば，本調査を
開始します。本調査の実施主体は，委員長を学内者として学内的な調査委員会
（一定数の外部有識者委員を含む）と，委員長を学外者として大学からの独立
性を高める第三者委員会とがあります。複数の研究機関が関わり社会的影響が
大きな案件は，第三者委員会を立ち上げる印象ですが，学内の調査委員会であ
れ第三者委員会であれ，調査や調査結果の判断に大学執行部からの不当な影響
を排除すべきなのは，言うまでもありません。本調査では，告発された不正行
為に関係する論文や実験・観察ノート，生データ等の各種資料の精査や，調査
対象者・関係者のヒアリング等が行われます（前記厚生労働省ガイドライン参照）。
また，告発された調査対象者からの弁明の聴取も必須です。調査対象者の弁明
を正確に把握するには，調査対象者の専門分野に明るい研究者からの研究慣行
に関する情報収集も必要です。
　本調査の結果，研究不正行為の評価根拠事実が認定され，行為の背景や行為
の存否が確定されると，学生や教職員の懲戒の要否が検討されます。通常，大
学による懲戒処分の判断は，研究不正にかかる調査委員会の調査結果も判断材
料として懲戒委員会で行われます。その他学内で，論文等の取下げや学位剥奪
などの検討がされる場合もあります。

　また，調査の際には，研究不正行為が繰り返されないよう，再発防止策の検討も必須です。多くの大学が関係規程や窓口を設けていますが，学生や職員に対して定期的な研究倫理講習の受講を義務付けるなど，実現可能かつ実効性のある再発防止策の提示が必須です。③で述べる公表の段階でも，調査結果と再発防止策をセットで提示します。

② 研究資金の配分機関への対応

　大学で実施する研究に利用される研究資金は，文部科学省，厚生労働省，経済産業省のような官公庁や，日本学術振興会，国立研究開発法人日本医療研究開発機構のような資金配分機関から，補助金や委託事業等として配分されています。そのため，各資金配分機関は，大学や資金配分機関自体が研究不正行為の可能性があるとの告発に接した場合にどのような手続をとるのかを定めています（3参照）。研究不正行為が認定された場合にも，該当する研究の資金配分機関が定める手順にしたがい，経過報告や調査結果の報告が必要です。

③ 社会への説明責任を果たすための対応

　調査委員会の調査結果の公表手段の選択は，個別の難しい判断になります。検討するポイントは，実名・匿名，所属部局，職位・学年，調査の概要，認定事実の具体性，懲戒処分の内容等です。また，公表の手段も，大学ウェブサイトに掲載して公開，マスコミへの記者発表資料の送付，記者会見の開催など，選択が難しいところです。社会的に影響が大きな案件は，大学ウェブサイトだけでなく，マスコミへの記者発表資料の送付や記者会見が視野にはいってきます。不正行為に至った経緯，論点，調査結果，再発防止策を軸とした公表が基本です。

Q48　感染症の流行による留学中止と学費の返還請求

　大学で交換留学を実施していたところ，日本と留学先の国の双方で新型ウイルスによる感染防止を目的とした非常事態宣言（緊急事態宣言）が出され，双方の大学が当面の間の全面的な休校を決定したため，いずれの学生もやむなく帰国することになりました。本学に留学していた留学生から学費の返還を求められた場合，どのように対応すればよいでしょうか。

A

　休校の継続を理由として留学自体が中止となった場合は，留学先の大学は授業料等の学費の返還（延期の場合は，学費の追加不徴取）をすべき場合があります。オンライン講義等の代替措置による十分な教育の提供が可能か，および，休校の期間がどの程度かにより影響が異なります。

1．世界的な感染症の流行による留学への影響

(1)　近年の世界的な感染症の流行事例

　近年では，平成14（2002）年から平成15（2003）年にかけて，新型コロナウイルス感染症（SARS）がアジアを中心に全世界で約8,000人の罹患者（その内，死者800人弱）を出していました。また，直近では，令和元（2019）年末から流行が始まったとされる新型コロナウイルスによる急性呼吸器疾患（COVID-19）が，令和2（2020）年初頭にかけて，爆発的に世界に感染を拡大させました。

(2)　COVID-19による教育機関への影響

　COVID-19の感染拡大では，一部地域での感染拡大が判明した初期の時期より，感染者の多い国や地域からの入国者について，入国後の行動制限，そして入国制限の動きが始まりました。並行して，そうした地域への渡航禁止レベルの引上げもなされました。特に感染拡大が深刻な各国・地域の政府は，非常事態宣言を出し，個々の法律に基づきながら，都市封鎖や市民への厳しい自粛要請を出しました。大学などの教育機関も多人数が集まり濃厚接触の機会も多く，集団感染のリスクがあるとみられています。

(3) COVID-19による留学への影響

このような中で，COVID-19による留学への影響は，一部地域での感染拡大が判明した初期の時期から始まったと言えるでしょう。入国後の行動制限や入国制限，そして渡航レベルの引上げは，留学そのもののリスクを大きく高めました。また，留学先の学校が休校となるおそれ，休校となった場合の再開の見通しが不透明であること，滞在国の都市封鎖，空港施設や旅客便の大幅減など，将来的な帰国への不安も生じる事態となりました。

そのため，実際には，非常事態宣言の発出にかかわらず，予定していた留学を取りやめ，または，留学先から自主的に帰国した留学生は世界中でも多くいたものと思われます（なお，令和2年11月24日現在においても，留学生を含め海外にいる日本人に対して政府から帰国を強制する命令や要請（感染症危険レベル4の退避勧告など）は出ていません）。

2．感染症拡大による留学中止と学費の返還請求

(1) 大学と学生の法律関係

大学と，その大学に入学した学生との間の法律関係は一般に「在学契約」と称されます。在学契約とは，「大学が学生に対して，講義，実習及び実験等の教育活動を実施するという方法で，大学の目的にかなった教育役務を提供するとともに，これに必要な教育施設等を利用させる義務を負い，他方，学生が大学に対して，これらに対する対価を支払う義務を負うことを中核的な要素とするものであり，学生が部分社会を形成する組織体である大学の構成員としての学生の身分，地位を取得，保持し，大学の包括的な指導，規律に服するという要素も有し，教育法規や教育の理念によって規律されることが予定されている……契約である」と説明されます（最判平18・11・27民集60巻9号3437頁）。

これは要するに，大学は，在学契約上の義務として，学生に対して，学生としての身分を保障した上で，入学の目的に応じた広範な方法・内容での教育を提供する義務を負い，学生はその対価として学費を支払うものと理解できます。

(2) 在学契約上の留学の位置付け

留学は，広い意味では，自国外に在留して学術等を学ぶことを指します。ここでは，ある国の大学に入学しながら，その在学期間中に海外の大学において

一定期間の教育を受けることと捉えます。

　留学期間中の学生に対して，在学契約上の教育を提供する義務を負う主体は，原則として，留学先の大学と考えられます。これは，留学の目的が主として留学先の大学における教育を受けることにあり，当該留学における教育の実施主体も実施責任も，留学先の大学にあると想定されるからです（留学先の大学での学修が留学元で単位認定される場合や，ジョイントディグリーなどの制度に基づく場合も同様です）。

　他方，留学元の大学における義務は，あくまで当該留学を円滑に実施する補助的な立場にとどまるといえます。もっとも，留学中であっても，また，その間に休学していても，学生との間の元々の在学契約は存在しますので，留学元の大学は，留学に関しても大学と学生という身分関係に基づく一定の安全配慮義務を負うものと考えられます。安全配慮義務の具体的な内容は，その留学の実施に対する関わり方に応じてさまざまですが，本設問のような生命身体への危険が懸念される事態では，最低限，こまめな安否確認や安全確保のための情報提供を行うことが求められると考えられます。

(3)　感染症拡大による影響の程度と学費の返還

　留学先の大学の在学契約上の義務は，本設問のような事態において，どのような影響を受けるのでしょうか（なお，以下の説明は日本法を前提としたものですが，留学に関するトラブルに関しては，大学間の協定内容によっては準拠法が日本法ではない場合もあるため，留意する必要があります）。

　一つの観点は，休校の期間です。休校が1カ月程度の短期間にとどまるのであれば，再開後も無理のない補習などで十分に当初のカリキュラムが達成できると考えられ，学費の返還の問題は生じ難いでしょう。

　もう一つの観点は，代替措置です。キャンパスへの立入制限は中長期的に続いたとしても，オンラインでの講義など教育の提供方法を一部変更することで，十分に当初のカリキュラムが想定していた教育提供の水準を満たせるのであれば，やはり，大学としての義務の不履行はなく，対価としての学費を返還すべきという問題は生じ難いといえます（ただし，施設利用料については，当該留学の目的に応じて別途検討が必要です）。

　しかし，休校が中長期にわたり，その間の代替措置を講じることもできなけ

れば，大学としては想定していた教育の提供ができていないと言わざるを得ません。

上述1のCOVID-19の例のように，感染拡大地域における大半の教育機関が一時的な休校の判断をすることもありえます。また，他方で，休校の判断を前にして留学生が帰国を決める事態も生じえます。

本設問における各大学としては，留学生への影響を最小限にするため，相当な期間が経過するまでの間に，学校の再開が可能か，オンラインでの講義などの代替措置により留学の目的を達成できないかを模索すべきでしょう。そして，仮に，大学・留学生のいずれの責任にもよらず，また，どのような代替措置を講じても在学契約の趣旨に照らして大学が負うべき義務が履行できないという場合は，その義務の対価である学費とりわけ授業料は発生しないと評価される可能性もあります。その結果，留学を中止せざるを得ないのであれば学費の返還を，延期により学生生活が延びるならば少なくとも授業料の追加徴収なく教育を実施すべきことになります。

留学先ではなく留学元への学費納入のみで留学が実施されるケースがあります。その場合には，留学の中止または延期により就学できなかった期間について，休学と同等の取扱いにするなどの対応が想定されます。

(4)　国や社会からの要請

以上は，あくまで大学と学生との間だけを捉えた整理ですが，問題の背景には，感染症拡大による社会全体への甚大な影響も一体となっています。

特に，経済活動の停滞により，学資を支援する保護者の経済状況，および，学生自身のアルバイト等の収入源の断絶など，学費の維持が困難な状況が生じることも懸念されます。政府には，家計への支援，奨学金の拡充を図るといった政策が求められる一方で，教育機関に対しては，学費の減額や納付時期の延期などの要請が国や社会全体から向けられることもありえます。

大学の予算制度は，特に国公立においては柔軟な運用が難しい面がありますが，このような国や社会の動きは慎重に注視していく必要があります。

Q49　産学連携の概要

　当大学では企業と連携して研究等を行うことを検討しています。産学連携とはどのようなものですか。法務パーソンはどのように関わればいいでしょうか。

A

　産学連携とは，企業と大学が，相互に補完しあって行う研究活動や，技術連携をいいます。具体的には，共同研究，受託研究などの研究段階における連携や，知的財産権の譲渡・ライセンスなどの研究成果の活用段階における連携などがあります。昨今では，大学発ベンチャー企業を介して，大学の研究成果を社会実装するという形態も増えてきています。企業と大学とでは，その社会的役割や，適用される法令等が異なりますので，このような違いを念頭におき，連携を支援していくことが求められます。

1．「産学連携」の概要

　産学連携とは，「産」と「学」との共同作業により，新しい価値を創造しようとする活動です。具体的には，企業（産）と大学（学）とが，組織の垣根を越えて連携し，共同研究その他の連携を行うことで，イノベーションの創出を目指し，将来のイノベーションが期待される大学における科学技術の「シーズ」を実用化して社会へ還元し，社会経済や科学技術の発展，国民生活の向上につなげる取組みになります。ここでシーズ（Seeds）とは，「技術の種」という意味で，技術のニーズ（Needs）に対応する概念です。企業にとっては，企業内部と外部のアイディアを有機的に結合させ価値を創造するという「オープン・イノベーション」の一形態であり，自社の研究開発資源の限界を打破する手段として，大学にとっては，大学で生まれた技術を企業と連携することで社会実装し，公益につなげる手段として，重要な意義を有しています。

　産学連携は，年々盛んになってきており，文部科学省の統計によると，平成26年度においては，企業からの研究資金等（知的財産収入含む）は約705億円であったものが，平成30年度においては約1,075億円と，約370億円増加してい

ます（約52.5％増）（文部科学省「平成30年度　産学連携等実施状況について」（令和２年１月17日））。産学連携は，平成28年６月２日に閣議決定された，日本の成長戦略を定める「日本再興戦略2016」においても推進されており，今後も増加していくことが見込まれます。

2.「産学連携」の種類

(1)　総　　論

　産学連携は，大きく，研究段階における連携および成果の活用段階における連携の２つに分けることができます。以下では，それぞれの場面に分けて解説します。

(2)　研究段階における連携

①　受託研究

　受託研究は，大学が企業からの委託により，主として大学のみが行う研究で，そのための費用を企業が支弁するものです。たとえば，企業が，研究経費と研究試料（企業が合成した化合物など）を大学に提供し，大学が有する評価技術，測定技術を用いて，当該研究試料を評価する研究です

②　共同研究

　共同研究は，大学と企業とが共同で行う研究であって，大学が要する費用を企業が負担するものです。共同研究では，大学と企業が共通の課題を有し，その課題について両者協力して研究を行います。

(3)　研究成果の活用段階における連携

①　知的財産権の譲渡・ライセンス

　研究成果の活用段階における連携として代表的なものは，大学が，研究成果として生じたその保有する発明，著作物，ノウハウ等に係る知的財産権を，企業に譲渡またはライセンスし，企業の事業活動に供するものです。たとえば，大学の研究成果である新規化合物に係る知的財産権を，製薬企業に対しライセンスし，当該製薬企業が医薬品として製造販売する場合です。

②　研究試料等の提供

　上記①で述べた知的財産権の譲渡・ライセンスに加え，大学が企業に対し，大学で作成された化合物・細胞・実験動物等（研究成果有体物）を提供する場

合もあります。その目的としては，企業において，(i)社内における研究開発，(ii)大学との共同研究の可能性の検討，(iii)大学が保有する当該研究成果有体物に関する特許についてライセンスを受けるか否かの検討，および(iv)試薬等としての販売等を行うことなどが挙げられます。

③　学術指導・学術コンサルティング

　学術指導・学術コンサルティングは，大学が，その保有する研究成果及び担当する教員の専門知識に基づき，企業における社内教育，研究開発，経営その他の業務や事業活動について，企業に指導・助言を行うものです。必ずしも研究を伴うものではなく，従来の「共同研究」や「受託研究」の枠にとどまらない企業のニーズへの対応が可能な連携として期待されています。

④　事業化支援

　大企業を中心とした既存の企業との間の共同研究や知的財産権の譲渡・ライセンス等による連携ではなく，大学の研究成果を活用しようとするベンチャー企業（研究成果活用ベンチャー企業）に対し，設立段階から株式上場等に至る各段階において，大学から支援を提供する取組みも行われています。具体的には，❶大学に設置した専門部署による，研究成果活用ベンチャー企業の設立手続，当該研究成果に関係する知財戦略等の策定の支援，❷大学関係のベンチャーキャピタルによる研究成果活用ベンチャー企業への出資，❸研究成果活用ベンチャー企業による研究成果の事業化を見込んだ，大学による学内研究者に対する研究・開発への資金援助などの支援があります。

(4)　産学連携において生じる主な問題点等

　これらの連携において生じうる主な問題点等については，「産学連携活動と研究現場特有の背景」についてはQ50，「産学連携と教員・学生の起業（研究成果活用型ベンチャー）と利益相反管理」についてはQ51，「大学や教員の名前を使った企業の広告・宣伝への対応」についてはQ52，「大学を通さない共同研究契約と大学施設の私的利用」についてはQ53，「大学から生まれた発明についての特許出願」についてはQ54，「安全保障輸出管理」についてはQ55で，それぞれ解説します。

3.「産」と「学」との社会的役割の違い，取組み方

(1) 大学の社会的役割

　大学の社会的役割は，(a)高い教養と専門的能力を培うこと（教育活動），(b)真理を探究し新たな知見を創造すること（研究活動），(c)これらの成果を広く社会に還元し，社会の発展に寄与すること（社会貢献）です（教育基本法7条1項）。

　これらの社会的役割のうち，産学連携に関係する社会的役割は，主として，研究活動と，社会貢献です。大学は，従来，得られた成果を学会発表や論文雑誌へ投稿すること（学術発表）により，社会貢献の役割を果たしてきました。しかし昨今では，学術発表による学術的観点からの間接的な社会貢献だけでなく，より社会需要に即応する形での社会貢献も，求められるようになってきています。上記で解説した各種の産学連携は，このうち，特に後者の社会貢献に資する活動といえます。

(2) 企業の社会的役割

　一方，企業は，「製品・サービス」の提供といった自社の事業を通じて，利益の追求を図ると同時に，社会の一員として社会の持続可能な発展に貢献することをその社会的役割としています。そのため，企業は，研究開発で得られた成果そのものを広く社会に還元するというよりは，自社の事業で活用し，社会に還元していくことになります。

(3) 取組み方

　企業と大学とでは，上記のように社会的役割が異なり，また，適用される法令等も異なっているため，産学連携に対する考え方も異なっている場合があります。法務パーソンは，この考え方の違いなどを理解し，自身が有している事案の整理能力，調整能力などを活かして，双方にとって有意義な連携を行えるように支援を行うことが求められています。

《参考文献》
- オープン・イノベーション・ロー・ネットワーク編『共同研究開発契約ハンドブック―実務と和英条項例』（商事法務，2015）

Q50　産学連携活動と研究現場特有の背景

　大学に入職し，共同研究，受託研究など研究プロジェクトに関係する契約や，特許ライセンス契約のレビューなど，産学連携活動の支援を担当することになりました。一般的な各種契約締結に関する知識のほかに，法務パーソンとして知っておかなければならない大学特有の事情には，どのようなものがありますか。

　大学の産学連携活動は，大学の活動の役割や研究環境から，民間企業における研究開発とは大きく異なる特徴を持つということを理解する必要があります。

1．民間企業における研究開発との違い

　まず，大学の活動は教育と研究を柱とします（国立大学法人法1条参照）。大学における産学連携活動は，研究活動を通じた学生の教育と密接に関連するため，産学連携の場でも学生の教育環境の質の担保が必要です（後記2）。

　また，産学連携活動において，大学で研究活動に従事する研究者（学生を含む）や技術者の人件費が軽視される傾向もあり，大学で働く法務パーソンとしては注意が必要です。

　さらに，国立大学でも私立大学でも，大学の学術研究の成果は，税金を原資とした公的資金が直接間接的に投入され蓄積されたもので，広く公開して社会的に活用するのが基本姿勢です。産学連携活動の成果もそのような蓄積がなければ創出できないため，情報の秘匿を目的とした全面的永続的な公表の制限は適切ではありません。大学による研究成果の公表に対する過剰な制限がないか，情報の秘匿対象・管理手段を具体的に定めたか，知的財産の権利関係やライセンス条件の予測可能性はあるか，企業による研究成果の宣伝活動をどのようにコントロールするか（Q52参照），などについて，契約締結段階で相手方企業と調整し，秘匿対象・期間等を具体的に契約内容に盛り込むことが重要です（研究成果の公表に際しての留意点は，後記3を参照ください）。

2．教育環境の質の担保

(1)　研究プロジェクトに参画するメンバー

　大学における研究開発は，特定の学術研究分野の専門家である大学教員が運営する研究室（複数の研究室が集まって構成される研究センターもあります）を中心に行われ，産学連携プロジェクトも同様です。研究に参画するメンバーには，大学における立場や大学との雇用関係にバリエーションがあるため，研究分野の特性だけでなく，研究プロジェクトに参画するメンバーの属性にも配慮した支援が必要です。

① 　大学における立場

　産学連携活動には，原資が何であれ大学に雇用されている有期・無期雇用の教員（教授・准教授・講師・助教など），多くが有期雇用の研究員（多くの場合ポスト・ドクター），学生，技術員・技術補佐員等が参画します。

② 　産学連携プロジェクトにおける研究者の雇用

　ポスト・ドクターを中心とした有期雇用の研究員は，博士号を取得し一定レベル以上の研究能力が期待されることから，研究室で行う産学連携活動においても重要な戦力です。また，特任教員や技術員・技術補佐員等がプロジェクトの経費で雇用されることも多いため，(2)で述べる学生の関与とあわせて，支援するプロジェクトの経費に，適切な額の人件費が含まれているか，チェックが必要です。

(2)　学生の関与

　学生は授業料を支払い大学に在籍しているため，大学との間に雇用関係はありません。産学連携活動の支援においては，まず学生の参画の有無の確認が必要です。学生が参画するのであれば，学生が担当する業務が教育研究の範囲内か，報酬支払いの要否はどうかについて，確認が必要です。産学連携活動において，企業側が学生の労働力が報酬支払いの必要のない使い勝手のよい労働力と誤解しているケースもあり，注意が必要です。

① 　学生の関与の態様

　学生が研究活動のなかで企業と接点を持つケースとして，次のようなものがあります。たとえば，学位論文のテーマの一部として大学内で産学連携活動に

参画する，学位論文のテーマとは別に大学内で産学連携活動に参画する，指導教員が理事等を務める機関（企業に限らない）でアルバイト・インターンシップをする，などです。産学連携の相手先企業が，指導教員が役員・技術アドバイザー等の兼業を行う企業（教員が起業したベンチャー含む）で，研究室で実施する研究開発と当該企業の研究開発の線引きが曖昧になり，学生がどちらに参画しているのか自覚しにくい場合もあります。

　学生の労働力が報酬支払いの対象となる場合には，適切な費用を産学連携契約に盛り込むとともに，どのような仕組みで支払うのかも検討対象です。多くの大学が，学生が行う学術研究業務や研究補助業務に対し，報酬として一定の金額を支給するリサーチ・アシスタント制度を設け，企業から支弁された研究経費の一部をリサーチ・アシスタント報酬にあてる制度もあります。支給の要否や支給方法を検討する際には，産学連携活動の実態に合う学内の制度を調べる必要があります。

② 　博士課程（課程博士・社会人博士）の特殊性

　博士課程の学生も，多くの場合修士課程から進学する課程博士と，企業などに社員として所属し，企業での業務に関連する研究分野の研究室で研究を行う社会人博士が存在します。課程博士も社会人博士も，博士号取得を目指して研究活動を行う点は同じですが，大学以外の帰属主体の有無が大きく異なります。課程博士は，学部・修士課程の学生と同様です。他方，社会人博士は，多くが企業と雇用関係のある社員で，所属企業と社会人博士が所属する大学の研究室とは研究・技術分野において密接な関係にあるという特徴があります。このような社会人博士は，自身の所属する企業と学生として所属する研究室との産学連携活動に参加することもあります。利益相反の適切な管理（Q51）とともに，社会人博士自身の学生としての教育研究環境が担保されているのか，多角的な配慮が必要です。

3. 研究成果の公表

　大学，特に国立大学では，研究成果を広く社会に普及することと，成果を活用促進することが，組織としての業務に含まれます（国立大学法人法22条1項5号参照）。また，大学研究者の知見は，公的資金により創出された研究成果の

蓄積であるため，産学連携活動の成果も，広く公開し，社会的に活用すべきというのが基本姿勢です。

　もちろん，企業との秘密保持契約の順守や特許出願時の新規性担保など，研究成果を秘匿すべき場面はあります。とはいえ，秘匿対象の情報の範囲が広くなりすぎないよう，また，秘匿期間がどの程度であれば大学による成果の公表を過度に制限しないのか，などについて，研究者とよく相談しながら，企業と調整しておく必要があります。

　米国のライフサイエンス領域も扱う産学連携センターについて，全般的な情報公開，他大学の研究者との交流，所属組織内やセンター内の他の研究者との交流すら制限されることがあり，最初の全般的な情報公開の制限について41%という高い割合が報告されています（Blumenthal, D., Ethics issues in academic-industry relationships in the life sciences: the continuing debate, Academic Medicine, 71, 1291-6, 1996）。そして，このような調査結果は，産学連携のネガティブな側面と捉えられています。

　また，学生にとって，研究成果の学会発表や論文発表は研究活動にとって重要なトレーニングの場で，学位審査でも積極評価の対象となります。これは，個々の教員や研究員にとっても，同じです。学術的な研究成果の公開は，第三者による新たな創造につながり，科学技術全体の発展に寄与するため，大学で働く法務パーソンとしてはこの点に配慮が必要です。

　特に学生の場合，上述した学会・論文発表のほかに，学位審査に関係する学内公開の発表会が存在します。学生が産学連携活動に参画する場合には，このような場での情報の取扱いについても，産学間での事前の取決めが必要です。制約が多く学生の教育環境の質の担保が難しいのであれば，当該研究プロジェクトへの学生の関わり方の再検討も必要です。たとえば，学位のテーマとは別にリサーチ・アシスタントとして研究補助業務を行う，学生の参画は断念する等です。

Q51 産学連携活動の利益相反管理と大学発ベンチャーとの連携の留意点

(ⅰ) 大学で，産学連携活動の支援を担当することになりました。産学連携のリスク管理体制を構築するとのことで，産学連携リスクの一つである利益相反管理について検討することになりました。大学で注意すべき利益相反とはどのようなもので，利益相反の管理のためには，何を検討すればよいのでしょうか。

(ⅱ) 大学研究室のスタッフや学生が大学発ベンチャーを起業しました。大学研究室とベンチャーとで共同研究を行う際には，どのようなことに気を付ければよいのでしょうか。

A

本設問で扱う利益相反は，会社法の利益相反取引とは全く異なる整理を要する概念です。意思決定の主体と対象を明確にして，経済的利益によりどのようなバイアスが生じるか，社会からの見え方を意識した事案の整理が重要です。

1．設問(ⅰ)について

(1) 大学で留意すべき利益相反

　大学と関係する利益相反には，個人の利益相反，大学組織の利益相反，大学と政府との契約関係を問題とする利益相反（Organizational Conflict of Interest）の3種類がありますが，産学連携の場面で論点となりうるのは，個人の利益相反と組織の利益相反です。会社法の「利益相反」取引規制（同法356条1項）とは，別物です。

　利益相反は，大学教職員，主に研究者，の専門家としての意思決定や行動が，研究者と企業との間の経済的関係によるバイアスの影響を受ける（と社会からみられる）状態で，バイアスが生じるかは，社会からの見え方で評価します。バイアスが研究者の意思決定や行動に影響すると，研究の公正性（臨床研究であれば，研究の公正性と研究対象者の安全性）が損なわれ，大学に対する社会的な信頼や評判を損ないかねません。そのため，利益相反を管理する趣旨は，

研究の公正性，研究対象者の安全性，透明性，社会からの信頼の担保です。

　利益相反管理の対象として最重要なのは研究活動で，大学の教育研究機関としての根幹にかかわります（国立大学法人法１条参照）。他の利益相反管理対象の候補は，教育活動，臨床・患者ケア，技術移転・ライセンス活動，組織運営に関わる業務，専門家として行う業務（学外から依頼された技術アドバイザー業務等），調達などです。

　利益相反管理の歴史が長い米国大学の利益相反ポリシーでは，管理対象を研究活動に限定するもの，しないものがあります。その違いは，たとえば，教育活動であれば，研究活動に関係する教育（学位取得にかかる研究活動等）と，一般教養科目の教育活動とで，扱いが異なる点です。

(2)　産学連携活動と利益相反管理

　本稿では，産学連携活動（Q49・50参照）として，大学と民間企業との研究開発を目的とした関係である共同研究・受託研究・治験（受託研究を除く）と，企業への知的財産権のライセンス活動を扱います（文部科学省「平成30年度大学等における産学連携等実施状況について」参照）。利益相反管理は，産学連携活動との関係が密接ですが，産学連携活動だから利益相反管理が必要というわけではなく，産学連携活動も，(1)で利益相反管理対象となる研究活動の一場面です。

(3)　利益相反管理体制の構築

　利益相反管理は，①教職員からの申告，②委員会審査，③利益相反管理，の３ステップで構成されます。

　まず，①教職員からの申告のステップで，個別具体的な研究の枠組みに関する情報と，研究者個人が享受した経済的利益に関する情報が申告対象です。前者は，個別研究課題に提供された企業資金（共同研究・受託研究費等），契約締結の有無，企業社員の関与・薬剤等の提供などの情報です。他方，後者は，企業から受領する個人的な経済的利益が対象で，寄附金・報酬・謝金・特許ライセンス料の受領，株式保有が典型例です。

　②の委員会審査では，①の情報を基礎資料として，個別の研究課題にかかる研究計画書や契約内容も検討しつつ，利益相反の有無と，利益相反があれば管理可能かを審査します。利益相反ありでも，よほど深刻でなく管理可能性が認められれば，問題はありません。実務的には，深刻な案件は滅多になく，研究

代表者の変更，研究結果解析に対する第三者のチェック機構の導入，論文公表時や，研究対象者（臨床研究）に対する利益相反開示等について委員会から指摘することで，利益相反を管理し，研究の公正性を担保し，研究対象者の保護もはかることができます。

　③の利益相反管理は，利益相反管理計画として利益相反委員会から教職員に示されます。管理対象の研究者を特定し，研究計画・実施・結果の解析・公表のどの過程のどのような関与が専門的な判断に影響を及ぼし研究の公正性や研究対象者の安全性に影響しうるのか，さまざまな要素を総合考慮しながら，委員会で管理計画が検討され，②の末尾のような指摘がなされます。

2．本設問(ii)について

(1)　大学発ベンチャー

　大学発ベンチャーは次の5つに分類されます（経済産業省「平成30年度産業技術調査（大学発ベンチャー実施等調査）報告書」(https://www.meti.go.jp/policy/innovation_corp/start-ups/start-ups.html)）。①研究成果ベンチャー（大学で達成された研究成果に基づく特許や新たな技術・ビジネス手法を事業化する目的で新規に設立されたベンチャー，58.9%），②共同研究ベンチャー（創業者の持つ技術やノウハウを事業化するために，設立5年以内に大学と共同研究等を行ったベンチャー，9.6%），③技術移転ベンチャー（既存事業を維持・発展させるため，設立5年以内に大学から技術移転等を受けたベンチャー，4.2%），④学生ベンチャー（大学と深い関連のある学生ベンチャー，20.5%），⑤関連ベンチャー（大学からの出資がある等その他，大学と深い関連のあるベンチャー，6.8%）です。

　このうち，大学との関係で特に利益相反の観点から注意が必要となるのは，①研究成果ベンチャーです。

(2)　大学と大学発ベンチャーの関係性

　大学発ベンチャーの85%以上が大学とアライアンスを行い，64%は大学から大学施設の利用について支援を受け，51%は経営陣に大学関係者が参画し，40%以上の早期段階にあるベンチャーの最高技術顧問（CTO）が大学・公的機関の研究者です（前掲「平成30年度産業技術調査事業（大学発ベンチャー実態等調

査）報告書」）。日本では，(1)①研究成果ベンチャーが他の類型より圧倒的に多く，大学と当該大学発ベンチャーは密接に関連しています。

　前述のとおり，研究上の利益相反は，研究者の専門家としての意思決定や行動が，研究者と企業との間の経済的関係に影響されてバイアスを生じる（とみえる）状態です。大学研究者が株式を保有し，特許のライセンス先でもあるベンチャーと，アライアンス（共同研究等）することもあります。株主としてのリターンやランセンス料のような経済的利益への期待によるバイアスの影響が懸念され，利益相反の管理が必要です。

　バイアスの影響は，大学の「ヒト」，「モノ（無形の情報資産含む）」，「お金」他，あらゆる場面で懸念材料となります。「ヒト」について，ベンチャーの経営陣が研究室を管理運営する教授で，その部下も役員等に就任していれば，研究室での活動とベンチャーでの活動の分別は難しいものです。また，学生が自発的に，または教授の指示で，学業か企業活動か無頓着にベンチャーの研究開発に参加する可能性もあります。大学外での，ベンチャー社長の現役学生による指導教授の雇用もありえます。また，「モノ（無形の情報資産含む）」について，大学に大学施設の利用に関する支援策としてベンチャー育成用の独立した建物・設備をもつ大学は，少数です。特に初期段階のベンチャーの財政状況では独自の研究開発用設備を備えるのは難しく，大学が，明示または黙示で，大学研究室の一角でのベンチャーの作業や，大学の設備・機器・試薬・備品等の利用を認めている場合もあります。このような場合，大学研究室の研究データや，ベンチャー以外との産学連携活動の成果について，ベンチャーとのファイアーウォールが必要です。さらに，「お金」と前述の「ヒト」「モノ」は不可分です。大学研究室における研究活動とベンチャーの研究開発の分別の視点で，公的資金で雇用される「ヒト」や，公的資金で購入された「モノ」の管理について，確認が必要です。

　特に，大学がベンチャーの支援を表明する場合，教育研究機関にふさわしい活動と営利目的のベンチャーの活動とのバランスは，大変難しいところです。

Q52　大学や教員の名前を使った企業の広告・宣伝への対応

　当大学の名称や，当大学の教員の名前を用いて，「○○大学の技術を使った化粧品」，「○○先生ご推薦」という広告を出している企業があります。どのように対応すればよいでしょうか。

A

　ほとんどの大学では，大学・大学研究者・研究成果の宣伝利用に対する対応手順を定めていません。明らかな商標権侵害事案や名誉毀損事案を除いて，大学の広報活動の方針に深く関わるため，大学の広報や産学連携の実態を踏まえた対応が必要です。

1．大学・大学研究者と企業との関係

　企業等の大学外の団体が，大学の許可なしに，または，許可の範囲を超えた態様で，大学や大学所属の研究者の氏名を製品・サービス・出版物などの宣伝に利用することがあります。

　本設問のようなケースでは，大学や大学の研究者と縁もゆかりもない企業により大学の名称や研究者の氏名が利用されるというよりは，現在または過去に，大学や大学研究者と何らかの関係があることがほとんどです。企業は，たとえば，大学の産学連携活動の相手方企業，大学に製品・サービスを納入する企業，大学に研究費や寄附を提供した企業等です。また，大学研究者個人と企業との間に何らかの関係があるとすれば，たとえば，大学研究者が当該企業に技術指導をしたことがある，大学研究者が当該企業で技術アドバイザーや顧問を務めた，当該企業と共同研究・受託研究を実施した，当該企業が大学に寄附金を提供した，大学研究者に指導を受けた卒業生が当該企業を経営している，研究者の専門分野に関係した製品・サービスを当該企業が製造・販売している，などが挙げられます。このような場合，大学本体が宣伝利用について消極的でも，企業は，大学や大学研究者が明示・黙示的に名称・氏名の利用を承認したと誤認しているケースもあります。

2．成果の宣伝利用に関する大学の制度整備の現状

　平成29年度に実施された東北大学による調査（平成29年度文部科学省産学官連携支援委託事業）によれば，同事業に参画・協力した23大学のうち，研究成果の利用に関する学内規程を整備している大学は，12％です。また，研究成果の宣伝利用にかかる承認・不承認の判断にかかる手続についても，事前申請を受け，会議体で承認するかどうか判断するという大学は30％で，残りの70％は，現時点で手続規程を整備していません。

　また，同調査によると，企業と共同研究等の契約を締結している場合でも，企業との間で成果の宣伝利用条件について定めている大学は22％と少数派で，規程がなく事案ごとに個別の対応を検討する大学が多数派です。

　上記事業に参画・協力している23大学は，今までに産学連携活動の実績があり，他大学と比較して産学連携にともなうリスクについての感度が高いことを考慮すれば，一般的に研究成果の宣伝利用に関する学内ルールが整備されている大学の割合は，もっと少ないと考えられます。

　そのため，法務パーソンが設問のような事案に接した場合は，まず，次項以下のような論点を整理して，大学としての対応方針を担当部署と協議する必要があります。

3．宣伝利用の対象は何か

　大きくわけると，企業が①大学名・大学ロゴマークや研究者の氏名・写真・似顔絵等を大学のブランドとセットで利用する場合と，②製品の性能や品質との関係で大学の研究成果を利用する場合に整理することができます。

① 大学名・大学ロゴマークや研究者の氏名・写真・似顔絵等の利用

　大学名・大学ロゴマークの利用について，前掲2記載の調査によれば，96％の大学が内規を有しています。他方，研究者の氏名・写真・似顔絵等の利用について明確な取扱ルールが定まっている大学は少ない印象です。大学教職員としての利用と，所属先大学を記載しないプライベートな利用とで，対応方針が同じかを検討する必要があります。専門家である研究者は大学そのもののブランドと不可分と理解する大学もあれば，所属を記載しない個人としての氏名等

の利用は，大学のブランドとは独立しているとして，利用許諾を個人の判断に
まかせる大学もあります。

② 製品の性能や品質との関係での大学の研究成果の利用

　大学の研究成果が企業の製品・サービスに組み込まれる典型例として，大学
と企業が共同研究で開発した成果を当該企業がその製品等に組み込む場合や，
大学が企業に研究成果をランセンスして技術移転し，企業による事業化の過程
を経て製品等の販売に至る場合があります。

　前者の共同研究について，理想的には，共同研究契約のなかで，企業による
研究成果の宣伝を許可する際の視点や判断基準を盛り込むことになります。た
だ，大学と企業との共同研究の成果は，学術的・基礎的なレベルにとどまるこ
とが多く，企業による事業化の過程を経て製品となり，共同研究から製品販売
までの間に数年経過するということも珍しくありません。このような事情から，
共同研究契約には，研究成果が製品化され，当該企業が製品に関する宣伝を行
う段階になれば，事前に大学に宣伝文言をチェックする機会を与えるよう定め
ておくのが現実的です。

　後者のライセンス契約について，大学内では，研究成果が特許やノウハウの
形で具体的に創出されています。そのため，共同研究の成果と比較すると，製
品までの距離はかなり縮まっています。このような場合は，ライセンス契約の
なかに，大学による宣伝文言の事前チェックの機会の付与とともに，大学が宣
伝を許可する際の視点や判断基準を盛り込むという調整も可能です。

　とはいえ，大学が準備している共同研究契約雛形やライセンス契約雛形に成
果の宣伝利用に関する定めが盛り込まれていることは，ほとんどないものと推
測されます。法務パーソンとしては，共同研究契約やライセンス契約と分離し
て，別途，成果の宣伝利用にかかる契約の締結を検討し，大学としての許可の
視点や許可基準を整備する方向で対応するのが現実的です。

4．大学が宣伝利用を許可する際の視点や許可基準

　大学は，宣伝の内容の正確性，適切性を判断するとともに，利用を許可する
ことが公正にみて大学にとって価値があることなのか，を検討する必要があり
ます。

　検討すべき要素としては，大学と製品・サービス・出版物等との関係性が正確に表現されているか，製品・サービス・出版物等における大学と大学研究者の名称の利用態様は，教育・研究機関としての大学にふさわしいものか（もっぱら製品等の販売促進を目的としたものでないか等），大学の名称・ロゴ等の使用料や研究成果の利用料について適切な条件の取決めができているか，などです。

　大学や大学研究者の研究成果が製品・サービス・出版物等の宣伝に利用される場合には，論文や特許公報等で公表済みの内容に基づき研究成果が学術的に正確に表現されているか，共同研究や技術移転などの事実が存在しており，その事実が正確に表現されているか，大学が製品等の効能・効果を保証するかのような内容になっていないか，大学や大学研究者が等を検討することになります。また，未承認の医薬品・医療機器・再生医療等製品については，効能・効果・性能等に関する広告が禁止されているという点にも注意が必要です（医薬品，医療機器等の品質，有効性及び安全性の確保等に関する法律68条）。

　宣伝利用を許可することが大学にとって価値があるかどうかの検討にあたり，各大学の広報戦略の把握も必要です。たとえば，大学研究者がその専門分野との関係が曖昧なテレビの娯楽番組（たとえば健康をテーマとしたクイズ番組）の出演依頼を受けた場合，大学を社会に広報する機会と捉えて出演を推奨する大学があります。他方，専門家として具体的な話題につき専門的説明を行う場でないことを理由に出演を禁じる大学もあります。これと同じく，大学，大学研究者，大学の研究成果の宣伝利用についても，大学ごとに広報の捉え方には，かなりのバリエーションがあります。大学の実態をふまえた提案が必要です。

《参考文献等》
- 東北大学「平成29年度文部科学省産学官連携支援事業委託事業　産学官連携リスクマネジメントモデル事業（産学官連携リスクマネジメントネットワーク構築）新たなリスクへの取組みのまとめ〈研究成果の宣伝利用について〉」(http://www.bureau.tohoku.ac.jp/coi/model/risk-promotion1803.pdf)

Q53 大学を通さない共同研究契約と大学施設の私的利用

　教員（研究者）が，大学を通さずに直接企業と共同研究契約を締結し，当該企業から交付された研究費1,500万円を自身の口座において受け取って管理していました。当該教員は，受け取った研究費が500万円残っているにもかかわらず，大学の施設や研究機器，寄附金700万円を用いてその共同研究を実施していたことも判明しました。学内の就業規則や規程への違反（懲戒事由の発生）とは別に，どのような問題がありますか。

　当該教員は，背任罪（刑法247条）その他の罪に問われるおそれがあります。大学としては，当該教員に対して，不法行為に基づく損害賠償請求（民法709条）または不当利得返還請求（民法703条・704条）を行うことを検討する余地があります。

1．刑罰法規への抵触

(1)　背任罪とは

　大学に所属する教員（研究者）は，その職務の執行にあたって，同大学における無用な経費負担等を免れさせる義務を負っています。自己または第三者の利益を図るため，同大学が受け取るべき研究費を不当に受け取らせなかったり，同大学が支払う経費や資金を不当に増加させたりするなどして，同大学に財産上の損害を与えることは，背任罪として刑事罰の対象となりえます（大阪地判平29・7・11判例集未登載，刑法247条参照）。

　本設問では，教員（研究者）が，企業から受け取った研究費ではなく，あえて同大学の施設や研究機器，同大学の管理する寄附金を使用したことが，同大学に財産上の損害を与える違法な行為とみなされるおそれがあります。

(2)　共同研究の業務上の位置付けによる区別

　問題となる共同研究が大学の業務として行われるべきものである場合，ほとんどの大学では，そのような共同研究を実施する場合において，研究相手である企業から受け取った資金については，個人経理を禁止し，機関経理とするよ

うに学内の内規において定められているものと考えられます。したがって，本設問のように，当該企業から交付された研究費を自身の口座で管理すること自体が，内規違反に該当することになりかねません。

　他方で，共同研究が大学の業務の範囲外であると評価できる場合，兼業規定への抵触が問題となることに加え，所属する大学に対して特段の使用料の割当がなければ，同大学の設備等を当該共同研究に用いることは，不当に同大学に財産上の損害を与える行為として許されないものと考えられます。また，使途の定めのない寄附金といっても，同大学が管理する研究費である以上は，研究上の支出の必要性がないにもかかわらず支出することは許されません。

(3)　本設問の違法性のポイント

　本設問の事案について，仮に大学の業務として位置付けられる共同研究であった場合は，前述のように個人経理を行っていること自体が問題となることは言うまでもありません。その上で，さらに背任罪が成立するというためには，当該教員が自身の口座で管理する研究費が余っているにもかかわらず，同大学の管理する寄附金を使用している点にあると考えられます。研究費を使用していれば，かかる寄附金からの支出を大学は行う必要はなかったためです。そのため，厳密には，当該教員が共同研究の実施後に余った研究費については大学に寄附する旨の約束が別途あるような場合には，背任罪に抵触する可能性は低いと考えられますが，通常，個人経理が禁止されているなかで，そのような約束が存在する事案は想定しがたいと思われます。

　他方で，大学の業務外の研究であった場合は，同大学が別途使用料の割当を受けていない以上は，同大学の設備等を用いること自体が，消耗品の利用や，機器の劣化・損傷という形で大学に損害を与えることになりえますし，寄附金の使用についても，同大学に本来不要な支出を行わせたとして，違法に財産上の損害を与えたものと評価されるおそれがあります。

　以上のいずれの場合も，余った研究費について教員自身が保持するかまたは企業に返金するかは，自己または第三者の利益を図る目的があるとする構成要件を満たすという点で，背任罪が成立するおそれがあることに変わりありません。

(4) その他の罪の該当性

本設問に類似する事案について，前掲の裁判例（大阪地判平29・7・11）では，これに背任罪を認めました。しかし，大学としては，寄附金からの支出の申請があった場合に，当該寄附金が共同研究のために使用される事実，および当該共同研究については教員が研究費を別途受領して個人経理している事実を知っていれば，かかる寄附金の執行を許さないとも考えられます。

すると，それらの事実を秘して寄附金からの支出を申請したことが認められれば，かかる寄附金の支出に関しては詐欺罪（刑法246条）または業務上横領罪（同法253条）が成立する余地もあると考えられます。

2. 民事法上の問題

(1) 概 要

本設問の事案では，同大学における設備等の使用，寄附金の支出の点と，当該教員の口座に余った研究費が残されているという点が指摘できます。

これらについて，同大学から教員に対して，不法行為に基づく損害賠償請求（民法709条）または不当利得返還請求（同法703条・704条）を行うことができる範囲について，場合ごとに検討してみたいと思います。

(2) 共同研究が大学の業務として実施された場合

当該共同研究が大学の業務として実施されていた場合，上述のとおり，企業から交付された研究費は機関経理とすることが定められている場合が通常です。仮にそうでなくとも，当該共同研究に用いるための研究費1,500万円は，その他の大学の資金に優先して当該共同研究に用いられるべきものです。

他方で，同大学としても，仮に，当該共同研究を行うに当たって，企業から受け取った研究費では研究の実施に不足した場合で，当該企業から追加の資金提供が受けられない場合は，同大学の管理する資金から研究費の補填をする必要が出てくる場合があることも否定できません。すると，そこで使途に定めのない寄附金を支出した場合には，直ちに同額について不当な支出とは言い切れません。

本設問では，1,500万円の研究費のうちの1,000万円と，寄附金からの700万円の合計1,700万円が当該共同研究に要した費用と考えられます。すると，1,500

万円を超える200万円（1,700万円－1,500万円）については，当初の研究費では不足する金額といえます。この時に，追加で研究費を要求できる見込みがなければ，200万円については，当該共同研究のために同大学が負担すべき金額であったといえ，それを超える500万円（700万円－200万円）が，同大学から当該教員に対して請求できる金額であると考えられます。

(3)　共同研究が大学の業務の範囲外である場合

　他方で，当該共同研究が業務の範囲外であると評価できる場合，研究費が不足するとしても，当該研究のために大学の管理する寄附金を支出することが許されるかは解釈が分かれる点だと考えられます。

　仮に，当該教員が何らかの研究費として使用する限りでは業務の範囲外の研究のためでも許されると判断された場合には，(2)と同様に考えることができます。すなわち，当該共同研究のために必要な金額のうち，当該共同研究のために用いられるべき資金が用いられなかったために寄附金から余分に支出することを要した金額である500万円{700万円－（1,000万円＋700万円－1,500万円）}が，同大学から当該教員に対して請求できる金額であると考えられます。

　他方で，そのような寄附金の支出が許されないとした場合には，当該共同研究のために必要な金額や，当該研究のために用いられるべき資金の額にかかわらず，現に支出された寄附金の額がそのまま同大学の損害となると考えられます。したがって，本設問の事案であれば，700万円全額が，同大学から当該教員に対して請求できる金額となると考えられます。

Q54　大学から生まれた発明についての特許出願

　当大学の教員Ａおよび修士課程の学生Ｂが，大学で行っている研究の過程で共同で発明をしました。学生Ｂは，2カ月後に当該発明に関する修士論文の発表をしようとしています。当該大学は，どのような点に気を付ければよいでしょうか。また，企業との共同研究の成果であり企業の従業員との共同発明の場合は，どのような点に気を付ければよいでしょうか。

　大学に職務発明規程が規定されていれば，教員Ａについての特許を受ける権利は大学に帰属しますが，学生Ｂの特許を受ける権利については，大学が譲り受ける必要があります。修士論文発表会によって発明が公知になった後は，公知になった後1年以内に特許法30条に従って特許出願を完了しなければ特許を取得することができません。企業との共同発明については，共同出願に関する取扱いを定めた共同出願契約を締結する必要があります。

1．職務発明の取扱い

⑴　特許法35条の改正

　平成27年に改正された特許法35条3項（平成28年4月1日施行）は，「従業者等がした職務発明については，契約，勤務規則その他の定めにおいてあらかじめ使用者等に特許を受ける権利を取得させることを定めたときは，その特許を受ける権利は，その発生した時から当該使用者等に帰属する。」と規定しています。この規定を受けて，現在理科系の学部を持つ多くの大学で，「職務発明取扱規程」等の名称の大学内部の規程（以下「職務発明規程」といいます）において，大学の教員が行った職務発明についての特許を受ける権利は，当該大学に帰属することを定めています。このような職務発明規程が存在する大学においては，特に当該教員との間で譲渡契約等を締結しなくても，特許を受ける権利は当該大学に帰属します。

　一方で，このような職務発明規程が存在しない大学においては，職務発明についての特許を受ける権利は発明者である教員に帰属します（特許法29条1項

柱書）。したがって，この場合，当該教員の特許を受ける権利を大学が当該教員から譲り受ける必要があります。よって，職務発明が生まれる可能性がある大学では，上記の内容を定めた職務発明規程を設けることが推奨されます。

　なお，平成27年に改正される前の特許法35条には，職務発明に関する特許を受ける権利は，その発生時には発明者に帰属し，これを予め使用者に承継させることを定めた契約，勤務規則等の条項は有効とすることが規定されていました。平成27年改正前の特許法35条の規定を前提とした職務発明規程のまま規程が改正されていない大学については，平成27年改正特許法に適合するように，職務発明の特許を受ける権利がその発生時から大学に帰属する旨の規程改正を行うことを推奨します。

(2)　職務発明該当性

　研究活動は大学の教員の職務の一つであることから，教員の大学における研究分野に属する発明は，職務発明に該当するといえます（「従業者等……の職務に属する発明」の意義について，マホービン事件・大阪地判平6・4・28大阪地判平6・4・28判時1542号115頁参照）。また，大学の研究費用を使用して当該発明を生み出したり，大学が所有する実験設備を使用して当該発明を生み出したりした等の事情は，当該発明が職務発明であることを肯定する事情となります。

2．学生の特許を受ける権利

　学生は大学の従業者（従業員）ではないため，大学の職務発明規程は学生には適用されません。したがって，学生が行った発明の特許を受ける権利は，特許法29条1項の原則に従って，発明者である学生に帰属します。大学は，当該学生から特許を受ける権利を譲り受ける必要があります。具体的には，当該学生が，自己が保有する特許を受ける権利を大学に譲渡する旨の譲渡証に押印または署名させることが一般的です。

　ところで，特許を受ける権利が共有に係るときは，各共有者は，他の共有者の同意を得なければ，その持分を譲渡することができません（同法33条3項）。したがって，複数の発明者の学生が大学に特許を受ける権利を譲渡する場合は，当該譲渡について他の発明者の同意を得る必要があります。

3．新規性喪失の例外規定（特許法30条）

(1)　新規性喪失例外規定の概要

　「特許出願前に日本国内又は外国において公然知られた発明」（特許法29条1項1号）については，原則として特許を取得することができませんが，例外として特許を取得できる場合があります。

　同法30条2項は，特許を受ける権利を有する者の行為に起因して公然知られた（「公然知られた」ことを「公知」となったといいます）発明については，公知となった日から1年以内にその者が同条3項の手続を履践した特許出願に係る発明については，公知にならなかったものとみなすことを定めています。

　ただし，外国においてはわが国のような新規性喪失の例外規定が設けられていない国もあるため，外国における特許取得が制限されることに注意が必要です。

　したがって，外国で特許出願を行う可能性がある場合は，学会発表等により公知になる前に特許出願を完了させる必要があります。

(2)　修士論文発表による公知性

　修士論文の発表会を行うことによって，修士論文に含まれている発明が公知となるのでしょうか。この点，発明が守秘義務がない者に知られた時点でその発明が公知になると解されています（東京高判平12・12・25特許法判例百選（第3版）22頁）。したがって，修士論文の発表会の聴講者全員に守秘義務を課されているのであれば，修士論文発表会によってもその修士論文に含まれている発明は公知にはなりません。したがって，修士論文発表会の後に，その修士論文に含まれている発明について特許出願を行う可能性があるのであれば，聴講者に秘密保持誓約書に署名させる等して守秘義務を課し，当該発明が公知とならないような措置をとることを推奨します。

　聴講者に秘密保持誓約書へ署名させる方法としては，「本修士論文発表会で知得した情報を秘密として保持することを誓約致します。」等の文章が記載された聴講者名簿に，聴講者に署名させる方法等が考えられます。

4．企業との共同発明

　企業の従業員との共同発明を特許出願する場合は，大学と当該企業の間で，当該発明に関する特許を受ける権利の持分，当該共同出願の出願等費用の負担割合，当該企業が当該発明を実施する場合の取扱い等を定めた共同出願契約を締結することが推奨されます。

　出願等費用については，自らが当該発明を事業化しない大学の特性等を考慮して，出願等費用を企業にすべて負担してもらうよう求めることが考えられます。

　また，特許法73条2項は，「特許権が共有に係るときは，各共有者は，契約で別段の定をした場合を除き，他の共有者の同意を得ないでその特許発明の実施をすることができる。」と定めていますが，大学自らが当該発明を事業化せず，第三者への実施許諾が制限される（同条3項）ことを考慮し，企業が当該発明を実施する場合に実施料の支払いを求めることが考えられます。

5．本設問について

　当該発明が教員Aの職務発明（特許法35条1項）であり，当該大学の職務発明規程等で，予め当該大学に特許を受ける権利を取得することが定められているときは，教員Aの特許を受ける権利は，特許法35条3項の規定により，当該大学に帰属します。

　一方，学生Bは当該大学の従業者ではないため，職務発明規程等は適用されず，当該大学は学生Bから特許を受ける権利の任意譲渡を受ける必要があります。

　修士論文発表会で発表した後は，その発明が公知となる場合とならない場合がありますが，公知となる場合でも発表後1年以内に特許法30条3項に規定されている手続を行い特許出願を完了すれば，日本においては特許を取得することが可能です。

　企業との共同発明の場合，大学と当該企業の間で当該発明の取扱いを協議し，共同出願契約を締結する必要があります。

Q55　安全保障輸出管理

　次のような場合，当大学は安全保障輸出管理の観点からどのような点に気を付ければよいでしょうか。

(i)　当大学のＡ教授は，Ｂ国のＸ社と測定技術に関する共同研究を行っており，この共同研究の実験を行うために，Ｂ国内のＸ社の研究所にレーダー装置を持ち込みたいと思っています。

(ii)　ドローンに関する研究を行っている当大学のＡ教授が，日本に居住してから６カ月経過していないＢ国の研究者Ｃを留学生として受け入れようとしています。

　日本国非居住者に対する技術の提供や貨物の輸出は，外国為替及び外国貿易法（以下「外為法」といいます）その他の輸出関連法規の規制の対象となる場合があります。(i)は貨物の輸出に該当し，(ii)は，日本国非居住者に対する技術の提供に該当する可能性があります。したがって，(i)の貨物輸出，(ii)の技術の提供が輸出関連法規による規制の対象となるかどうかを確認し，規制対象となる場合は，事前に経済産業大臣に許可申請を行い，許可を得る必要があります。

1．安全保障輸出管理の必要性

　北朝鮮による核・ミサイル開発をはじめ，懸念国による軍事能力強化の動きが活発する一方で，非国家主体によるテロリズムが世界中に拡大し，化学兵器を使用した事案も報告されるなど，世界の安全保障環境は大きく変化しています。

　先進国が有する高度な技術や貨物が，大量破壊兵器等（核兵器・化学兵器・生物兵器・ミサイル）を開発等（開発・製造・使用または貯蔵）している国等に渡ること，また通常兵器が過剰に蓄積されることなどの国際的な脅威を未然に防ぐために，先進国を中心とした安全保障輸出管理の枠組み（国際輸出管理レジーム）を作り，安全保障輸出管理を推進しています。

　懸念国やテロリストが研究者や留学生を大学に派遣し，大学から得た技術を

利用して大量破壊兵器等の開発を行うおそれもあるため，大学においても，技術および貨物の管理を適切に行う必要があります。

　わが国では外為法をはじめとする輸出関連法規により安全保障輸出管理を推進しており，これらの輸出関連法規により日本国非居住者に対する技術の提供や貨物の輸出が規制される場合があります。

2．規制の内容

(1)　規制の概要

　外為法等の輸出規制は，リスト規制とキャッチオール規制（貨物輸出について，外為法48条1項。技術提供について同法25条1項）と呼ばれる規制から構成されており，これらの規制に該当する技術の提供や貨物の輸出は，経済産業大臣の事前許可を得る必要があります。

(2)　リスト規制

①　リスト規制の概要

　武器および大量破壊兵器等や通常兵器の開発等に用いられるおそれの高い技術や貨物に該当する場合には，輸出等の仕向地にかかわらず経済産業大臣の事前許可が必要になります。

　具体的には，品目（リスト）が「外国為替令別表」および「輸出貿易管理令（以下「輸出令」といいます）別表第一」に，仕様（スペック）がいわゆる「貨物等省令」（輸出貿易管理令別表第一及び外国為替令別表の規定に基づき貨物又は技術を定める省令（平成3年通商産業省令第49号））に規定されています。したがって，提供する技術や輸出する貨物が，これらに該当するかを判定する（「該非判定」といいます）必要があります。

②　居住者，非居住者の区別

　外為法25条1項は，リスト規制の対象となる技術を「非居住者」に提供する場合，経済産業大臣の許可を受けなければならないことを規定しているため，「居住者」と「非居住者」の区別が重要となります。

　同法6条1項5号によれば，「「居住者」とは，本邦内に住所又は居所を有する自然人及び本邦内に主たる事務所を有する法人をいう。」とされています。また，「外国為替法令の解釈及び運用について」（昭和55年11月29日付蔵国第4672

号）によれば，外国人は原則として「非居住者」として取り扱うが，わが国に入国後6月以上経過すれば「居住者」として取り扱うことが定められています。

(3)　キャッチオール規制

①　キャッチオール規制の概要

キャッチオール規制においては，ほぼすべての技術・貨物が規制対象となっており，提供技術や輸出貨物がリスト規制に該当しない場合であっても，用途，需要者等によって輸出許可申請が必要な場合があります。

キャッチオール規制には，大量破壊兵器キャッチオール規制と通常兵器キャッチオール規制があります。

②　大量破壊兵器キャッチオール規制

貨物，技術の提供地または仕向地が輸出管理を厳格に実施している国として輸出令別表第三に掲げられている国（「グループＡ」と呼ばれています）以外の場合，提供技術や輸出貨物が核兵器等の開発等に用いられるおそれがあると輸出者等が知った場合，経済産業大臣の事前許可が必要になります（貨物輸出について輸出令4条1項3号イ，技術提供について貿易関係貿易外取引等に関する省令（以下「貿易外省令」といいます）9条2項7号イ）。

輸出する貨物等のユーザーが経済産業省が大量破壊兵器等の開発等の懸念が払拭されない外国所在団体として公表している「外国ユーザーリスト」記載の団体である場合には，当該貨物の用途，取引の態様・条件についてチェックし，大量破壊兵器等の開発などに用いられないことが明らかでない場合には，経済産業大臣への輸出許可申請が必要となります（「外国ユーザーリストの公表について」（平成14年3月経済産業省貿易経済協力局安全保障貿易管理課））。

③　通常兵器キャッチオール規制

相手先が国連武器禁輸国・地域の場合，提供技術や輸出貨物が通常兵器の開発等のために用いられるおそれがあると輸出者等が知った場合，経済産業大臣の事前許可が必要になります（貨物輸出について輸出令4条1項3号ハ，技術提供について貿易外省令9条2項7号ハ）。

3．外為法違反の罰則等

外為法の法令違反については，刑罰が科されます。たとえば，経済産業大臣

の許可を受けるべき貨物輸出について許可を受けずに輸出した場合，当該貨物を輸出した者に「7年以下の懲役」が科され（外為法69条の6第1項2号），当該輸出者が所属する法人に「7億円以下」の罰金刑が科される可能性があります（同法72条1項2号）。

　また，当該輸出者に3年以内の輸出禁止等の行政制裁が課される可能性があります（同法53条1項）。

4．大学における安全保障輸出管理構築の必要性

　大学に単に輸出管理担当者を設けただけでは，適切に安全保障輸出管理を行うことはできません。大学の教員等に，輸出管理規制の内容や重要性を説明会等で周知し，教員が行おうとしている技術提供，貨物輸出がリスト規制，キャッチオール規制の規制対象となる可能性があるかどうかを教員自らがチェックし，規制の対象となる可能性がある場合は大学の輸出管理担当者に伝える体制を構築する必要があります（経済産業省「安全保障貿易に係る機微技術管理ガイダンス（大学・研究機関用）第三版」（平成29年10月）参照）。

5　本設問について

(1)　本設問(ⅰ)について

　(ⅰ)のレーダー装置は，リスト規制対象品目を定める外国為替令別表第一の10（十一）の「レーダー」に該当すると思われます。したがって，対象となるレーダー装置のスペックを調査し，貨物等省令に定めるスペックの要件を満たすか確認し，満たす場合は事前に経済産業大臣に輸出許可を申請する必要があります。

(2)　本設問(ⅱ)について

　(ⅱ)でA教授が非居住者である研究者Cに提供しようとしているドローンに関する技術は，リスト規制対象を定める外国為替令別表第四の（三）の「無人航空機搭載用の電子計算機の使用に係る技術」である可能性があります。したがって，A教授が研究者Cに提供しようとしている技術の詳細を確認し，当該技術の該非判定を行い，提供技術がリスト規制の対象となるのであれば，事前に経済産業大臣の役務提供許可を申請するか，研究者Cが入国から6カ月経過

して居住者として取り扱われるまで技術の提供を控える必要があります。

　また，研究者Cが「外国ユーザーリスト」記載の団体に所属しているまたは所属していた場合は，研究者Cへの技術提供がキャッチオール規制の対象となるか確認する必要があります。この場合，たとえ技術提供がキャッチオール規制の対象とならないことが確認できたとしても，当該技術提供が安全保障上問題ないかどうか，慎重な検討が必要になります。

COLUMN 3

大学が特許を取得する意義

1 大学の特許出願件数の推移

　文部科学省の統計によると，わが国の大学からの年間特許出願件数は，2003年度頃から急増し，2007年度に7,282件とピークになりました，その後漸減し，2018年度には6,596件となっており，大学から多数の特許出願がされています。

2 大学が特許を取得する意義

　企業は，一般に，自社の事業を他社の模倣から守るために特許を取得します。それでは，営利的な事業を行わない大学は，何のために特許出願を行い，特許を取得するのでしょうか。

　米国では，1980年度から大学が特許を企業にライセンスする活動を開始し，多額の特許ライセンス収入等（特許の譲渡対価も含む）を得ている大学があります。わが国の大学も，当初は，米国の大学のように，ライセンス収入を得て研究資金とすることを目的として特許出願を行うようになったと思われます。

　しかし，特許を取得するには弁理士等の専門家に支払う報酬や特許庁に支払う手数料等，多額の費用がかかります。特に，外国で特許を取得するためには，外国の代理人にも多額の報酬を支払う必要があり，1カ国数百万円の費用がかかります。特許料収支を計算すると，マイナスになっている大学が多いと思われます。したがって，もし特許ライセンス料を得ることにより利益を得ることが目的であれば，特許出願はしないほうがよいでしょう。

　それでは，なぜ大学がこれだけ多くの特許出願を行っているのでしょうか。おそらく，「優れた発明をした場合，その発明について知的財産権を確保しなければならない」という権利意識に基づくものでしょう。

　近年では，大学の研究成果を企業によって実用化する（企業に技術移転する）ために，特許を取得したほうがよいという考え方があります。企業が大学の研究成果を実用化するためには，大学への共同研究費の支払等多額の投資を行うことが必要になりますが，その企業が研究成果を実用化・製品化した後に他の企業に模倣されてしまうと，投資が回収できなくなるため，企業が研究成果の実用化に向けた活動を行うことをためらってしまいます。大学が研究成果について特許を取得していれば，大学が事業を他社の模倣から守ってくれることが期待できるため，企業が安心して実用化に向けた投資ができるという考え方です。大学の役割の一つである社会貢献（学校教育法83条2項）の手段として，大学は企業と産学連携活動を実施して大学の研究成果の実用化を図っています。大学が特許を取得することにより，企業との産学連携活動を促進する効果が近年注目されています。

第 **4** 章 ▶▶

専修学校

Q56　実習先施設での加害事故

　看護師養成施設である専門学校Lでは，履修科目の中に病院での臨地実習があります。ある生徒が実習先の病院で患者さんに誤ってケガをさせてしまいました。このような事故を防ぐため，今後，学校はどのような対策をとるべきでしょうか。

A

　生徒が臨地実習中に過失により第三者に傷害を負わせてしまった場合，使用者責任などの民事上の責任を問われる可能性がありますので，保険には必ず加入しておきましょう。また，実施協定書の締結や学校と実習先施設との連携も重要です。

1．専門学校における実習

(1)　専門学校の特色

　専修学校とは，「職業若しくは実際生活に必要な能力を育成し，又は教養の向上を図ることを目的として……組織的な教育を行う」教育施設をいいます（学校教育法124条）。専修学校のうち，専門課程を置くものを一般に「専門学校」といいます。専門学校では，卒業後，社会において即戦力として活躍できる人材養成を行っており，実践的な職業教育・専門的な技術教育に力を入れている点が大きな特色です。

　看護師を養成する専門学校では，病院での臨地実習は，生徒の看護実践能力を育成するために非常に重要な科目となっています。

(2)　実習生の法的地位

　専門学校の生徒は，実習先施設において実習を受けることになります。実習生と実習先施設との関係には，実習先施設と実習生が労働契約を締結して行う雇用型と，労働契約を締結せずに職場体験や訓練として実務を経験する非雇用型があります。ただし，労働基準法9条の「労働者」に該当するか否かは，労務提供の形態等を勘案して，実習先施設と生徒との間に使用従属性があるか否かを個々の実態に即して総合的に判断されます。

2. 実習先施設での事故に対する責任

(1) 実習生の責任

　実習生が不注意により他人にケガをさせてしまった場合には，被害者に生じた損害について，実習生本人が損害賠償の支払義務を負います（民法709条）。

(2) 実習先施設の責任

　実習先施設は，実習生を受け入れ，現場に就かせている以上，実習生が他人を傷つけたり他人の物を壊したりしないよう管理監督する注意義務があります。その注意義務に違反したといえる場合には，使用者責任（民法715条1項）に問われる可能性があります。

(3) 学校の責任

　学校は，学校のカリキュラムとして実習を行っており，実習生を普段から指導監督できる地位にあります。そのため，学校は，実習生を指導監督する注意義務を負うとして，使用者責任に問われる可能性も否定できません。なお，学生が労働基準法の「労働者」に該当しない場合であっても，学校が使用者責任を負う可能性は否定されません。

3. 事前の対策

(1) 実施協定書の締結

　実習は，実習先施設の業務の過程で行われる一方で，学校のカリキュラムの一環という側面も有するため，事故が起こった場合，学校と実習先施設との間でどちらが責任を負うのか曖昧になる場面が多くあります。そこで，紛争の予防，円滑な解決の観点から，学校と実習先施設との間で，実施協定書を締結し，それぞれの責任の範囲を明確にしておくことが望ましいです。

【実施協定書の記載例】

専門学校の実習に係る実施協定書

　専門学校（以下「甲」という）と事業者名（以下「乙」という）は，甲の臨地実習の授業科目の乙の事業所における実施について，以下のとおり合意する。

（実施計画）

第○条　臨地実習の円滑な実施のため，甲は，乙と協議の上，実施計画を書面で作成するものとする。

2　実施計画には，以下の事項を記載する。

　①　実習の内容，期間，一日当たりの実習時間及び主たる実習場所

　②　受け入れる生徒の数

　③　実習指導者の配置

　④　成績評価の基準及び方法

　⑤　生徒に対する報酬及び交通費支給等の取扱い

　⑥　実習中の災害補償及び損害賠償責任

　⑦　その他の臨地実習の実施に必要な事項

3　乙は，実施計画に従い，甲と連携して臨地実習を実施するものとする。

4　乙は，甲の求めがあったときは，あらかじめ甲乙協議して定める方法により，業務の進捗状況について報告するものとする。

（指揮命令）

第○条　乙は，実施計画に定める内容を超えて，乙の指揮命令下で生徒又は甲の教員に労務の提供をさせてはならない。

（実習中の災害補償及び損害賠償責任）

第○条　甲は，臨地実習中の事故等により，実習生が傷害を負った場合又は実習生が乙，乙の従業員等若しくは第三者へ損害を与えた場合等に備え，実習生に災害補償保険及び賠償責任保険へ加入させなければならない。当該保険の加入に関して必要な手続は甲が行い，その保険料は実習生が負担するものとする。

2　実習生の臨地実習中の事故等については，乙の故意又は重過失による場合を除き，実習生が加入する保険をもって補償に充てるものとする。

3　実習生が臨地実務実習中に乙又は第三者へ損害を与えた場合は，実習生の故意又は重過失による場合を除き，実習生が加入する保険をもって補償に充てるものとする。

（出所）　文部科学省高等教育局専門教育課「専門職大学等の臨地実務実習の手引き」より抜粋・改変

(2) 保険の加入

　安全にいくら配慮したとしても，事故は起こります。万が一，実習中の事故により第三者に傷害を負わせたり，第三者の物を壊してしまったりした場合に備えて，対人賠償と対物賠償を補償してくれる学生生徒賠償責任保険に加入しましょう。そして，実習生の受入機関および生徒には，予め学校が保険に加入していることを伝え，実習生に起因する事故が発生した場合には，速やかに連絡してもらえるようにしましょう。

(3) 実習前講義

　実習生による実習中の事故の多くは，生徒の経験や知識の不足によって起きています。特に，安全管理に関する知識は，事故を防止するために必須であり，実習に臨むにあたり優先して習得されるべきです。学校としては，実習開始前に実習に臨む生徒に対し，安全管理に関する知識を再確認する機会を設けることが望ましいでしょう。実際の事故事例の紹介や，起こりやすい事故の対処法を授業に組み込むことも有益です。

4．その他実務上の対応

(1) 連絡体制の整備

　実習先施設での実習は，学校の管理が行き届きにくい分，さまざまな事故の発生が想定されます。事故が発生した場合，学校は，なるべく早い情報収集をする必要があります。そのためには，日ごろから迅速かつ適切に報告を受領できるようなシステムを策定しておくことが重要です。

　また，事故が発生した後，学校に報告することをためらう生徒がいるかもしれません。事前に，事故が起こった場合には学校に報告する必要性や自身の実習評価とは直結しないことを生徒に対し十分周知することが必要です。

(2) 実習指導者と教員の連携

　生徒が実習中に事故を起こすのは，実習指導者と教員との連携不足も大きな要因の一つです。また，実際に事故が起こってしまった場合にも，実習指導者と教員間で十分連携をとって対応する必要があります。したがって，実習前・中・後にかかわらず，実習指導者と教員間で情報交換を密に行う必要があります。教員は，事前に実習指導者に対し生徒の情報を伝え，実習内容の充実

を図るために，教員と実習指導者は互いに協力する必要があります。実習指導者の役割は，生徒に専門職としてロールモデルを示すことであり，教員の役割は，生徒が得る現実の体験を知識として構造化することにあります。ただ，その役割分担があったとしても，教員と実習指導者は補完関係にあることを十分に認識し，指導範囲に固執することなく柔軟に協働していく必要があります。

　また，実習指導者が実習生に適切な指導を行うためにも，実習生のレベルを予め知ることが重要です。そのためには，学校は，実習先施設に対し，学習進度・実習課題について十分周知する必要があります。

《参考文献》
- 椎葉美千代＝齋藤ひさ子＝福澤雪子「看護学実習における実習指導者と教員の協働に影響する要因」産業医科大学雑誌32巻2号161〜176頁
- 滝島紀子「臨地実習指導における実習指導者と教員の協働のための要件—実習指導者の教員に対する要望から—」川崎市立看護短期大学紀要17巻1号29〜35頁
- 星直子＝小林郁恵＝水原裕美＝岸田敦子「臨地実習中の事故事例に学ぶ」季刊ナースアイ季刊19号98〜110頁

Q57　実習先施設での被害

　専門学校〇では，履修科目の中に臨地実習があります。ある生徒が実習先施設の指導係から，「もう実習なんてやめてしまえ」「お前みたいな役立たずが，一人前になれるわけない」等言われ，厳しい指導を継続して受けていたため，うつ病と診断されたと申出がありました。学校としては当該生徒にどのように対応すればよいでしょうか。また，今後このようなことを防止するための対策はどのようにすればよいでしょうか。

A

　学校の対応としては，事実を調査し，実習指導者の変更の要請や，実習先施設を変更することが考えられます。生徒の実習の環境整備は，学校の義務となります。また，実習先施設との連携を密にし，情報共有を適切に行いましょう。

1．法的責任

(1)　実習指導者の責任

　実習指導者は，実習中に実習生を直接指導する立場であり，実習の指導によって，実習生の生命，身体，精神および財産等に危害が及ぶことがないように，実習生の安全に配慮すべき義務（安全配慮義務）を負います。そして，その注意義務に違反して，実習生の心身の健康を損なうに至った場合には，不法行為に基づく損害賠償責任（民法709条）を負うことになります。

　本設問における実習指導者の「もう実習なんてやめてしまえ」「お前みたいな役立たずが，一人前になれるわけない」といった発言は，実習生を無意味に侮辱するもので，業務の指導に必要であるとは考えにくく，業務の適正な範囲を超えた注意・指導と言いうるでしょう。この場合，実習指導者は，安全配慮義務に違反し，不法行為責任を負います。

(2)　実習先施設の責任

　実習指導者が不法行為責任を負う場合，実習指導者を雇用している実習先の事業者は，使用者責任に基づく損害賠償責任を負います（民法715条1項）。そのため，実習先施設は実習生から使用者責任を追及される可能性があります。

(3)　学校の責任

　実習指導者と同じく，学校もまた，在学する生徒に対し，在学契約に基づき，その教育活動によって，当該生徒の生命，身体，精神および財産等に危害が及ぶことのないように，実習生において具体的に予見できる危険から当該生徒の生命，身体，精神および財産等を保護し，その安全に配慮すべき義務（安全配慮義務）を負っています。

　本設問では，実習期間中，実習生が実習指導者から継続して業務の適正な範囲を超えた指導を受け続けていたことを，学校が認識・予見可能であった場合には，実習生に対し安全配慮義務違反による損害賠償義務を負うことになります。

2．裁 判 例

(1)　事案の概要（大阪地判平30・6・28平26（ワ）11499）

　AはB法人が運営する理学療法士養成施設Cに入学し，同校のカリキュラムの一つとして，D法人が経営する診療所Eにおいて実習を受けたところ，実習指導者であるFからパワーハラスメント（パワハラ）を受けるなどしたことにより自殺しました。Aの妻が，Bに対しては不法行為または在学契約に係る債務不履行（いずれも安全配慮義務違反）に基づき，Dに対しては使用者責任（民法715条1項）または実習生受入契約に係る債務不履行（いずれも安全配慮義務違反）に基づき，連帯して，原告（Aの妻）がAから相続（相続分は3分の2の割合）した死亡慰謝料等合計の一部である6,125万1,000円の支払いを請求しました。裁判所は，原告の請求をすべて認容しました（控訴審において和解が成立）。

(2)　裁判所の判断

①　実習指導者の責任

　裁判所は，実習先施設および実習指導者が負う義務について，「臨床実習の指導によって実習生の生命，身体，精神及び財産等に危害が及ぶことがないように，実習生の安全に配慮すべき義務（安全配慮義務）を負う」としました。そして，実習指導者が負う具体的な安全配慮義務の内容として，「実習に伴う疲労や心理的負担等が過度に蓄積して実習生の心身の健康を損なうことがない

ようすべき注意義務を負」うとしました。

　裁判所は，実習指導者Fが実習生を叱責し，結果として実習の中止を示唆した行為等は，上記注意義務に違反すると判断しました。

② 　実習先施設の責任

　裁判所は，実習指導者が不法行為責任を負う場合，被告Dは，民法715条1項に基づく損害賠償責任（使用者責任）を負うと判断しました。

③ 　学校の責任

　裁判所は，学校は，「同校の学生に対し，在学契約に基づき，その教育活動によって，当該学生の生命，身体，精神及び財産等に危害が及びことのないように，被告Bにおいて具体的に予見できる危険から当該学生の生命，身体，精神及び財産等を保護し，その安全に配慮すべき義務（安全配慮義務）を負う」としました。

　安全配慮義務の具体的内容として，厚生省指導要領に規定された学習時間が規定された趣旨からすると，学校の安全配慮義務の内容として，「臨床実習における学習時間が1週間当たりおおむね45時間以内となるよう注意すべき義務を負う」としました。また，学校が「学生に対して」，「安全配慮義務を果たすためには」，学校の「教員が，当該学生の情報を適切に引き継ぎ，当該学生の実習施設や実習時期を適切に選択し，当該学生や実習施設との間で適切な環境調整や情報共有等を行うことが不可欠である」から，学校は，「安全配慮義務の内容として，Aの情報を適切に引き継ぐべき注意義務，Aの実習施設や実習時期を適切に選択すべき注意義務及び本件実習の開始前後を通じてAの実習環境の調整やEとの情報共有等を適切に行うべき注意義務を負う」としました。

　裁判所は，学校は，実習後，実習指導者の行為によって疲労や心理的負荷等が過度に蓄積していたAが自殺を決意することを予見できるようになったと認定した上で，学校は，教員において，「AやFとの面談等を実施するなどしてF違法発言及びF違法行為の経緯を具体的に調査・確認した上で，これらの違法行為の影響を除去し，又は更なる違法行為を防止するために，Eへの申入れ等の対応策を検討・実行し，仮にEにおける本件実習の継続が困難である場合には実習施設の変更等の対応策を検討・実行して，Aの実習環境の調整やEとの情報共有等を適切に行うべきであった」にもかかわらず，これらをしなかっ

たことが学校の注意義務に違反するとしました。

3. 実務上の対応

(1) 事実の調査

　生徒から，実習先施設でパワハラ等の問題があると報告を受けた場合，学校としては，被害者である実習生本人の聴取調査をします。そして，実習先施設の担当者に連絡し，実習生がパワハラの事実を訴えていることを伝え，事実の調査を求めるべきです。

(2) 当該生徒への対応

　実習生が，実習期間中にパワハラ被害を申し出てきた場合，本人の意向を確認した上で，実習を継続するか否かを決定します。実習を継続する場合であっても，学校は実習指導者の変更を実習先施設に要請する等，現にパワハラの被害に遭っている環境を除去すべきです。実習を中断する場合には，他の実習先施設への変更等代替手段を予め用意し，スムーズに対応できるよう規定しておくことが望ましいです。どちらの場合においても，実習生の単位取得に影響がないように配慮する必要があります。

4. 事前対策

(1) 学校と実習先施設との連携

　学校は，実習生を指導監督する立場にある以上，実習先の状況を常に把握する必要があります。そのためには，実習先との連携が不可欠です。実習開始前から学校と実習先はコミュニケーションを密にとり，信頼関係を構築して情報交換を行い，常に相談できる体制を整備しておく必要があります。

(2) 生徒の相談窓口の設置

　生徒は，パワハラを受けた場合でも，指導とパワハラの区別がつかないために報告や相談を躊躇したり，実習の成績評価を気にして報告しづらいといったことも考えられます。そこで，パワハラとはどういうものかというのを事前指導し，十分に認識させておくのがよいでしょう。また，ハラスメントの対応窓口を設置し，生徒や被害を目撃した者から連絡を受ける体制を整えておくことが必要です。設置しただけでは活用されないこともあるので，徹底した周知が

必要となります。そして，実習先で困ったことがあっても，それが成績評価に結びつくことはないこと，学校は生徒を保護する立場にあることを伝え，生徒から報告を受領しやすい体制を整えることも重要です。

COLUMN 4

増える留学生，消える留学生…

　平成20年7月29日，日本を世界により開かれた国とし，アジア，世界の間のヒト・モノ・カネ，情報の流れを拡大するグローバル戦略を展開する一環として，2020年を目途に30万人の留学生受入れを目指す「留学生30万人計画」が文部科学省によって策定されました。令和元年には，外国から日本に来て学ぶ留学生は30万人を超え，目標は達成されました。また，留学生のうち，約7万9千人は専門学校に在籍しています（独立行政法人日本学生支援機構の「2019（令和元）年度外国人留学生在籍状況調査」）。

　来日する留学生が増える一方で，一部の大学等では受け入れた留学生が所在不明となったり，犯罪に関与したりするなど，真に修学を目的とした留学生の受入れと留学生に対する適切な指導が課題となっています。

　そのような状況を受けて，文部科学省は，大学および高等専門学校に対し，平成31年3月29日に「外国人留学生の適切な受入れ及び在籍管理の徹底等について」（30高学留第72号）という通知を出しました（その後，令和2年4月9日付けで同旨の通知が出されています（2高学留第5号））。上記平成31年通知では，外国人留学生の受入れについて，学生数の確保という観点で安易に留学生を受け入れることは厳に慎むことや入学志願者が真に修学を目的としており，その目的を達するための十分な能力・意欲・適正等を有しているかを適切に判定し，特に，日本語など必要な能力の基準を明確化することが要請されています。外国人留学生の適切な管理については，長期欠席者や学業成績の良好でない者に対する連絡・指導の徹底や，退学，除籍処分をした場合には学生が不法滞在にならないよう適切な対応をとるよう要請されています。

　一方，専門学校については，全国専修学校各種学校総連合会により策定された「専門学校留学生受け入れに関する自主規約」，および同規約に基づき策定された「専門学校における留学生の入学及び在籍管理に関するガイドライン」により，留学生の募集，受入れ，在籍管理等の留意点について基本方針が設けられています。

　日本では少子化が進み，修学人口が減少する中で，留学生の獲得は学校経営において重要事項となってきています。しかし，経営を優先し，安易に留学生を受け入れることで，学校本来の役割を見失う事態も起こっています。学校の役割は，受け入れた学生らに修学の場を提供し，知識や技術を身に付けた者を社会に輩出することにあります。学校は，社会における役割を十分に認識し，上記の様々なルールを遵守したうえで，適切に入学者を受け入れ，適切に管理・指導して経営を行う必要があるでしょう。

第 **5** 章 ▶▶

通信制学校・
通信教育

Q58　学習履歴，解答データ活用の注意点

　通信制学校の教員として，教育事業に携わっている者ですが，ネット学習を通じて提出いただいたレポートやテスト等により得られたデータ（生徒の氏名や学習履歴，解答データを含みます）の活用（AI技術を利用したテストの解答データの自動添削など）を検討しています。データ活用する上で法律上注意すべき点はありますか。個人情報保護委員会による勧告・指導などの事例などもあれば，あわせて問題点を教えてください。

　個人を識別できるデータを第三者に提供する場合には，その利用目的をできる限り具体的に特定し，生徒および保護者から同意を得ることが必要となります。提供元では個人を識別できるデータに該当しないものの，提供先において個人を識別できることが明らかな情報についても第三者提供を制限する規律の適用を受けますので，注意が必要です。なお，データの利活用にあたっては匿名加工情報の活用，内部でデータの分析・活用を行いたいとのことであれば仮名加工情報の活用も考えられます。

1．問題となる権利の内容

　本設問では，ネット学習を通じて提出いただいたレポートやテスト等から得られたデータを用いてAI技術を利用した自動添削システムの開発を検討されているとのことですが，このデータには氏名，学習履歴，解答データが含まれるとのことですので，氏名はもちろんのこと，それ以外のデータに関しても特定の個人を識別できる場合には個人情報に該当し，データの活用にあたっては，個人情報保護法（以下，本設問で「法」といいます）による規制や同法改正によるデータの利活用に関する施策が問題となりますので，以下検討していきます。

2．第三者（システム開発のベンダ）に提供する場合

(1)　特定の個人を識別することができる場合

　AI技術を利用したテストの解答データの自動添削のシステムの開発を行う
にあたっては，システム開発のベンダに学習用データセットの元となる生の
データを提供することとなります。AIのプログラムに自動添削を学習させる
ためには，少なくとも質・量ともに充実した生徒の解答データを提供する必要
があるところ，解答データが生徒の氏名等と紐づけて管理されており，これら
の情報と容易に照合することができ，それにより特定の個人を識別することが
できる場合には，個人情報（法2条）に該当することとなります。その場合に
は，利用目的をできる限り具体的に特定しなければならず，あらかじめ生徒お
よび保護者の同意を得ないで特定された利用目的の達成に必要な範囲を超えて，
個人情報を取り扱ってはなりません（法15条）。また，個人情報を第三者に提
供するためには，原則として予め，生徒および保護者の同意を得なければなり
ません（法23条1項）。

(2)　特定の個人を識別することができない場合

　上記(1)と異なり，解答データを特定の個人を識別することができないように
個人情報を加工し，当該個人情報を復元できないようにした場合には，匿名加
工情報（法2条9項）に該当します。この場合，個人情報には該当しないこと
から，個人情報の取扱いに関する上記の義務に服することなく匿名加工情報
の取扱いに関する義務（法36条）を守ることにより自由な利活用が認められる
こととなります。

　もっとも，匿名加工情報として特定の個人を識別することができないように
個人情報を加工し法2条1項1号括弧書のいわゆる「容易照合性」があるとは
いえないといえるためには，少なくとも，一般人および一般的な事業者の能力，
手法等を基準として加工前の個人情報を事業者が通常の方法により特定できな
いような状態にすることが求められます。そのような加工によってもデータと
しての有用性を一定の水準以上に保つためには相当程度に高度な技術や判断が
必要とされます。その結果，匿名加工情報として法が要請する水準を満たそう
とした場合，利用目的の達成が困難になるほどの情報量を減じた加工が不可避

となる場合も見受けられます。そのため，匿名加工情報の利用を検討する場合には個人情報を加工する中でデータとしての有用性を維持できるかという点は注意しなければなりません。また，生徒や保護者が不安を抱かないよう，予め匿名加工情報についてわかりやすく説明するなどの配慮も必要となります。

3．第三者（システム開発のベンダ）に委託する場合

　上記の2のように，特定の個人を識別することができないような加工を加えることなく個人情報を第三者に提供するためには，原則として本人の同意を得なければなりません。もっとも，顧客のデータを含む膨大なデータについて企業の情報処理効率のため編集等の処理作業を外部委託する必要性は高く，外部委託した場合においても，委託先における個人データ（個人情報データベース等を構成する個人情報をいいます）の安全管理について監督責任を負っている（法22条）点に鑑み，「利用目的の達成に必要な範囲内において個人データの取扱いの全部又は一部を委託することに伴って当該個人データが提供される場合」には，提供先における個人情報の取扱いを提供元による取扱いであるとみることとして，利用目的の達成に必要な範囲内における提供先は第三者に該当しないこととされています（法23条5項1号）。また，情報処理を終えた提供先が，委託した提供元に返却のために個人データを提供する場合も，受取人たる提供元は，第三者ではないこととなります（宇賀克也『個人情報保護法の逐条解説〔第6版〕』（有斐閣，2018）178頁）。

4．個人情報保護委員会による勧告・指導（株式会社リクルートキャリア事件）

　株式会社リクルートキャリア（以下「R社」といいます）においては，対象となる学生の選考離脱や内定辞退の「可能性」を示すサービス「リクナビDMPフォロー」（以下「本サービス」といいます）を提供していました。本サービスの具体的な内容としては，契約企業における前年度の選考離脱・内定辞退者のR社のサービス上での閲覧・行動履歴から，当該契約企業に対する応募行動についての予測モデルを作成します。そこに当該契約企業から提供を受けた今年度の応募学生情報について，R社が保有する当該契約企業の予測モデ

ルに，応募学生のＲ社内上での行動ログを照合することで，「学生からの辞退」というかたちで選考離脱や内定辞退が起こる可能性をスコア値にし，契約企業に対して提示していました。Ｒ社が，契約企業から提供を受けた今年度の応募学生情報としては，2019年2月以前は，Ｒ社においては個人を特定できない企業特有のIDとCookie情報であり，これに対してＲ社内ではCookieなどを用いて個人を特定できない形で分析を行い，企業特有のIDごとのスコアを納品し，個人との紐づけは当該企業の内部で行われていました。このような本サービスのうち，内定辞退率の提供を受けた企業側において特定の個人を識別できることを知りながら，提供する側では特定の個人を識別できないとして，個人データの第三者提供の同意取得を行っていなかった点に対して個人情報保護委員会から勧告がなされました。

5．その他注意点

　本設問では，自動添削システムの開発をシステム開発のベンダに委託する場合など内部における分析に限定したデータ利用を考えられる場合には，令和2年6月12日公布「個人情報の保護に関する法律等の一部を改正する法律」（以下「改正法」といいます。）により導入された個人情報と匿名加工情報の中間的規律である仮名加工情報の利活用も選択肢となると考えられます。

　なお，個人情報を第三者に提供する場合には，4の事件において問題となったとおり，提供元では個人を識別できるデータに該当しないものの，提供先において個人を識別できることが明らかな情報についても第三者提供を制限する規律の適用（改正法26条の2）を受けますので，注意が必要です。

Q59　アダプティブ・ラーニング等の概要と活用方法

私は，私立高校の教師をしています。プログラミングが趣味で，画期的な機能を搭載したアダプティブ・ラーニングのソフトウェアを自ら開発しました。学校の許可を得て，一般にインターネットを通じて，ダウンロードにより販売したいのですが，何か注意点はありますか。

A

現役の教師による副業については，所属学校に応じて制限があります。

また，ソフトウェアの作成にあたっては，権利侵害に留意するとともに，自己の権利保護についても確認，検討が必要です。

販売にあたっては，特定商取引法や個人情報保護法などの消費者保護法制に特に注意してください。

1.「アダプティブ・ラーニング」とは

アダプティブ・ラーニングとは，個々の児童・生徒の習熟度等に応じた学習のことをいいます。これからの時代を生き抜くために必要な資質・能力を育成するため，学習指導要領が改訂され（平成29・30改訂学習指導要領），①知識・技能，②思考力・判断力・表現力等，③学びに向かう力・人間性等をバランス良く育成することが目標とされています。この新しい学習を可能とするため，ICTをも活用して主体的・対話的で深い学び（アクティブ・ラーニング）を推進することが推奨され，その前提として，アダプティブ・ラーニングが重要となっています。アダプティブ・ラーニングの実現方法として，AIを活用し，間違えた問題や解答傾向などから最適なトレーニング課題を出題するシステムが注目されています。本設問では，熱心な先生が，自らアダプティブ・ラーニングのためのソフトウェアを開発し，一般にも販売したいと考えた事例を検討します。

2. 現役教師による「副業」

まず，現役の先生が，教師以外の活動で報酬を得る行為について，所属学校

の許可を得ることが必要です。私立高校の教師も，労働基準法上の「労働者」にあたりますので，所属学校の定める就業規則等のルールに服します。教師に専念義務を課してそもそも兼業を認めない学校法人も少なくないため，慎重に確認が必要です。なお，公立学校の教師である場合は，国家公務員法101条，地方公務員法35条において，原則として副業が禁じられているため，本設問のような自作ソフトのネット販売は，通常は困難です。今回は，私立高校に許可を得て，「副業」自体は可能なケースを想定します。

3．ソフトウェアの権利関係

(1)　素材の権利関係

　ソフトウェアを開発するにあたって，すべてのプログラムを一から作成することは少なく，元になるプログラムや参考となる既製品等があることが多いと思われます。この場合，既存の素材や商品についての利用に制限や条件があるかを確認することが必要です。具体的には，インターネット上でオープンソースソフトウェアや，フリー素材とうたっていたプログラムをそのまま利用したが，規約をよく読むと商用利用については，著作権や特許権等の知的財産権についてライセンス料の支払いが必要とされていたというケースも考えられます。プログラムに加え，画像や音楽，文章，名称といったソフトウェアに関わるすべての素材について，権利侵害をしていないか，第三者の素材を利用する場合には，必要に応じて許諾が取得できているか，確認が必要です。アダプティブ・ラーニングであれば，設問の正答率，解答内容や時間などから，その生徒に最適な設問を提示するという仕組みを搭載したソフトウェアが多いと考えられます。そのため，多くの良質な設問群が必要になるところ，既存の問題集のデータを用いることもあると思います。その場合も，通常は既存の問題集の著作権者の許諾が必要となります。

(2)　画期的な機能を搭載

　日々生徒に接する現役の先生であれば，校外のプログラマーよりも生徒のニーズをよく理解しているでしょう。すると，生徒の学習に役立つ，画期的な機能を搭載したソフトウェアの開発をされる先生もいるかもしれません。これをそのまま一般に無制限に販売した場合，その画期的な機能について，ソフト

ウェアを解析され，無断で利用されてしまう可能性もあります。この場合，そ
の画期的な機能について，特許法上の新規性，進歩性等の要件（同法29条）を
満たせば，発明として特許権の対象となる可能性もあります。特許登録された
場合，その発明は出願日から原則として20年間は独占的に実施することができ
ます（同法67条1項・68条）。なお，登録できなかったとしても，無断利用につ
いて，登録を必要としない著作権法や不競法等により，法的措置が取り得るこ
ともあります。

4．ソフトウェアの販売

(1)　通信販売に係る規制

　完成後，いよいよ販売の検討です。本設問では，自己のホームページ等から
インターネットを通じてのダウンロード販売を検討しています。リアルな店舗
運営，在庫管理，輸送等を考えることなく，広範な消費者への販売も可能です。

　なお，今回は日本語で構成された日本人向けのソフトウェアを想定し，海外
法制の規制は及ばないことを前提とします。これはいわゆる特定商取引法（以
下「特商法」といいます）上の通信販売に当たります。個人であっても，社会
通念上，反復継続してソフトウェアを販売する場合，事業者としての義務を果
たす必要があります。販売サイトにおいて，販売価格，支払時期，支払方法，
キャンセル条件，事業者の氏名，住所，電話番号，動作環境などの必須記載事
項を明示しなければなりません（特商法11条）。個人の住所の記載に抵抗がある
場合，レンタルオフィスやバーチャルオフィスの住所でも，現に活動している
住所といえれば法の要請をみたすとされています（消費者庁ウェブサイト「特定
商取引法ガイド」）。通信販売では，消費者にとって広告は唯一の情報となるた
め，記載が不足したり，不明確であったりすると，トラブルの原因となる可能
性があります。

(2)　景品表示法上の規制

　また，個人事業主であっても，景品表示法の規制にも服します。実際よりも
優れた品質であるかのようにみせかける優良誤認表示（同法5条1号）や実際
よりも有利な契約条件であるかのようにみせかける有利誤認表示（同条2号）
は禁じられ，違反した場合は警告や措置命令等の可能性がありますので，注意

が必要です。

(3)　個人情報取扱規制

　さらに，個人事業主であっても，個人情報保護法の適用対象となります。事業者として，個人情報の①取得・利用，②保管，③提供，④開示請求等への対応などのルールに則って取り扱う必要があります（同法15条以下）。今回，買主から取得する情報としては，配布に当たっての本人確認のため，氏名，メールアドレスについては必要となる可能性が高いです。いずれも個人情報ですので，決済に係る本人確認やライセンスキーの配布等の利用目的を通知またはウェブサイト上などで公表した上で，データを保管するPCにはセキュリティ対策ソフトウェアを導入する，個人情報を含むファイルにはパスワードを設定するなど，安全管理を行う必要があります。また，顧客の同意なしに個人情報を第三者に提供することはできませんし，問合せにも対応する必要があります。決済完了後も，顧客に対して，売主として不具合，キャンセル対応等のため，一定期間連絡先等の記録を保持することになります。また，納税に係る帳簿書類等の保存義務の関係上5〜7年間程度は記録を保存する必要もありますが，必要期間以上に個人情報を保持し続けると，その間上記の管理義務や開示義務を負い続けることとなり，漏えいのリスクもあるため，不必要な個人情報は削除を徹底することが望ましいでしょう。

(4)　決済方法

　決済方法について，数がそこまで多くない場合には，銀行振込も考えられます。もっとも，手続を簡略化し，売上を伸ばしたい場合などに，クレジットカードやバーコード決済等のキャッシュレス決済の仕組みを導入することも考えられます。この場合，個別の個人事業主が独自にそのような仕組みを構築することは，技術的にもコスト的にも困難ですので，決済代行会社等の仕組みを利用することが考えられます。この場合も，仕組みや代行会社の信用状況，セキュリティなどさまざまな要件を確認し，適切なサービスを選択することが重要です。

Q60　外部委託の注意点

　私立の通信制高校である時活高等学校では，学校の働き方改革の観点もあり，以下の外部委託を検討しています。契約，運用上の注意点について教えてください。

(i)　A社に対して，同社の製品である校務支援システムについて，出欠記録等の承認時にコメント機能を付けるというカスタマイズを委託したい場合

(ii)　B社に対して，生徒のモチベーションアップのための定期的な進路セミナー，進路個別相談会開催業務について委託したい場合

A

　学校の業務については，本来教員や学校自身が実施すべき業務を除いて，外部委託することも考えられます。制度上の位置付けにより，学校法人や自治体が委託者となります。委託先については，実行力，信用力のある委託先を選定し，適切に管理することが重要です。また，委託契約では，業務の特定，成果物の権利関係の明確化，報酬，解除や損害賠償の規定等，予め起こりうる事象を具体的に想定して定める必要があります。

1．学校における働き方改革—教員が本来担うべき業務の充実

　昨今の急激な社会の変化の中，子供が予測不可能な未来社会を自立的に生き抜く力を育成するため，学校教育の改善，充実が求められています。もっとも，現状の学校現場では，教員が授業以外の業務でも多忙を極め，授業の準備等に十分な時間を避けず，長時間労働で疲弊しているという実態が見られます。そこで，文部科学省において，教員の働き方を見直し，より効果的な教育活動を実施できるよう，時間管理の徹底，教員本来の業務の明確化，組織体制の見直し等，働き方改革としてさまざまな取組みが進められています。

　この取組みの中で，教員が本来の職務に専念し，それを充実させるため，外部への業務委託を取り入れることが必要となる場合も想定されますので，以下検討します。

2．委託先の選定に係る注意点

　本設問においては，個々の学校に選定権限がある場合も，自治体等が選定権限を持つ場合も，観点としては共通です。委託先の選定にあたって，業務内容に応じて，どのような実績があるか，対応のスピード感，業務実施体制，情報セキュリティ管理はしっかりしているか，信用力，財政基盤は十分かなど，提案内容，見積もり等を通じて総合的に評価することが重要です。今回，(i)については，システムの納品後も，不具合などへの対応，保守等も重要になるため，中長期的に見ても安定的に専門的な対応力があるか見極める必要があります。(ii)については，セミナーを担当する者の知識，経験，力量が重要と考えられ，法人たるＢ社と契約する場合，担当者の指名，交替の場合の要件を明確にすることが必要です。なお，(i)(ii)いずれの場合も中小企業や個人事業主と契約を検討せざるを得ない場合，自治体や学校法人であっても，その固定的な財産の額等により，下請代金支払遅延等防止法（以下「下請法」といいます）の適用対象となりますので，発注書の交付義務（下請法３条）や納品後60日以内の支払期日の設定義務（同法２条の２），不当なやり直しの禁止（同法４条２項４号）等同法の規制にも注意が必要です。

3．委託先との契約における注意点

(1)　業務内容の規定―請負契約と委任契約

　契約において，委託者たる学校は，委託内容を具体的に記載し，何をどこまで実施することに対して報酬を支払うのかを明確にする必要があります。

　(i)校務支援システムの開発については，完成したシステムを納品するという仕事の完成に重点のある契約となりますので，請負契約（民法632条）となります。請負契約では，いかなる要件が満たされれば，仕事の完成と評価されるのか，当事者間において仕様を客観的に明確にすることが重要です。今回依頼するコメント機能について，UI（ユーザーインターフェース）上も権限の管理を個別に行いたいなど，具体的な検討が必要です。

　一方，(ii)セミナーの開催業務等については，通常，内容や進め方については受託者側に一定の裁量があり，仕事のプロセスに重点のある契約となりますの

で，委任契約（同法643条）となります。この場合でも，最低限やってほしいことやスケジュールについては明確にする必要があります。

　なお，部活動については，業務委託により外部コーチ等を依頼することもありますが，平成29年度より，学校の正式な職員として顧問を務める部活動指導員（学校教育法施行規則78条の2）の制度も運用を開始しています。

(2)　成果物に関する権利関係

　成果物の権利関係については，財産的価値のあるものに，複数主体の権利が絡み，トラブルとなる可能性が高いため，特に注意して定める必要があります。今回，(i)校務支援システムについては，他者の著作権，特許権といった知的財産権（以下「知的財産権」といいます）が及ぶ技術やプログラムが利用されている可能性があり，(ii)B社のセミナー資料にも他者の著作物が用いられている可能性があります。この場合，A社，B社には権利侵害のないこと，各権利者から必要な許諾が得られていることを保証してもらう必要があります。この点，既存の校務支援システムは，A社が自社の製品としてさまざまな顧客にライセンスを付与して販売を行っているものであるため，その権利については譲渡できず，学校が利用するために必要な許諾を得ることになります。(ii)B社のセミナー資料についても同様に考えられます。一方，(i)では今回時活高校専用に，コメント機能のカスタマイズを依頼しています。このカスタマイズ部分については，時活高校専用のものとして，許諾を受けるのみならず，場合によっては知的財産権の譲渡を求める選択肢もあります。

(3)　支払条件，支払方法等

　何をトリガーとして報酬が発生するのか，後払いか前払いか，月額支払いか納品後一括支払いなのか，振込手数料の負担など，実態に即して規定することが必要です。前払いの場合は信用リスクが発生することから，合理的な理由がある場合以外は選択すべきではないと考えられます。(i)の場合は納品後の一括払い，(ii)の場合は月額支払い等が一般的ですが，各校の経理サイクルに応じて設定する必要があります。

(4)　解除などによる契約終了，損害賠償責任等に関する条項

　委託先が契約上の義務をきちんと履行しない場合や，信用不安をうかがわせる事態が発生した場合，成果物が契約条件に整合しない場合等に備え，解除や

損害賠償の条項をきちんと設ける必要があります。(i)ではスケジュール遅滞，納品物に契約条件との不整合がある場合，(ii)については，内容が乏しく生徒の参加率が芳しくない場合など，契約の解除を検討せざるを得ません。相手方から，広範な免責条項を主張された場合，公平の観点から妥協点を探ることとなります。

(5)　その他一般条項

そのほか，生徒の個人情報等を含むセンシティブ情報の管理委託が発生する場合も考えられ，一般的な秘密保持条項に加えて，情報管理について人的，物理的安全管理措置を含む手厚い規定が必要となる場合もあります。また，委託先の手腕を見込んで委託するため，自由に再委託されたり，契約上の地位の譲渡をされたりしては困ることから，再委託の制限や権利義務の譲渡制限に関する規定等も重要です。

4．委託先の管理に関する注意点

委託業務の過程において，学校は，適切に委託業務が実施されているかどうか，きちんと管理する必要があります。(i)の請負契約の場合は，予定どおりに進捗しているか，仕様どおりに作成をされているか，(ii)の委任契約の場合は，善管注意義務を以て適切に業務が実施されているかを確認します。もっとも，委託先のスタッフは，学校が雇用しているわけではなく，あくまでも委託契約に基づいて業務を実施しているに過ぎないため，指揮命令関係にはありません。したがって，直接委託先スタッフの勤怠管理を行ったり，業務の進め方を指示したり，直接に業務を命令したりすると，いわゆる違法な偽装請負となる可能性がありますので，十分に注意が必要です。さらに，情報管理体制等については，必要に応じて，実地も含め委託先の監査を行うことも考えられます。以上のように，委託先の選定，契約，管理を通じて適切に外部委託を活用し，教員が本来業務に集中できる環境を作ることが望まれます。

Q61　生徒の肖像権

　私は通信制高校で部活を指導している教師です。最近，バドミントンの大会で入賞した生徒（高校3年生）の表彰式の写真を本人の同意のもと，ウェブサイトにアップロードしました。そうしたところ，生徒の保護者から削除して欲しい旨の連絡と，法的手段に訴えるという強いクレームが入ってしまいました。削除請求には応じる必要があるのでしょうか。

A

　高校3年生の生徒ですから，概ね16歳以上と思われ，法的には本人の同意があれば，保護者からの削除請求に応じる必要はありません。ただ，子どもの写真をアップロードされることを好まない保護者がいる可能性もあることから，生徒と保護者の両方の同意を取るのが慎重な対応といえるでしょう。

1．背　　景

　通信制高校に限った話ではないですが，生徒の写真等を紹介する際に，誰の同意を取る必要があるのか，という問題があります。特に通信制高校の場合には，多い学校では1万人以上の生徒が在籍する高校もあり，多様な生徒や保護者が存在しえます。最近については，スポーツや芸能の世界で活躍するために積極的な意図を持って通信制高校に通う生徒も増えています。しかし，以前は通信制高校について，引きこもりや不登校の生徒の受け皿と考えられていた面もあり，保護者の中には子どもが通信制高校に通っていることを知られたくない，という方もいます。そのため，生徒の華々しい活躍といえる部活の大会での入賞の場面においても，学校のウェブサイトやSNS（公式アカウント）にアップロードすることに対し，通信制高校に通っていることを知られたくないと考える保護者との間でトラブルとなるケースが散見されます。生徒の写真を学校のHPや，学校の活動記録を紹介するSNS等にアップロードすることについては，通学制の高校よりさらに慎重に考える必要があります。

2．問題となる権利の内容

　本設問のように，たとえば，部活動で活躍した生徒の表彰式の写真を，活動記録としてSNSにアップロードした場合，かつ，生徒個人からは同意がある場合，保護者から法的に削除請求や損害賠償をされる可能性はあるのでしょうか。まず，本設問で，自社のウェブサイト上に生徒の写真をアップした際に問題となる法的な観点としては，生徒の肖像権，プライバシー権，個人情報の３点が挙げられます。肖像権とは，他人から無断で写真や映像を撮られたり，公表や利用されたりしないよう主張できる権利です。プライバシー権とは，自己に関する情報をコントロールできる権利とされています。肖像権はプライバシー権の一種といわれることもありますが，ともに憲法13条に規定される幸福追求権の一つとして認められた権利です。また，人の肖像により個人を特定することは可能ですので，個人情報とも捉えることができます。

3．本人の処分権限

　民法上は未成年者が法律行為をするには法定代理人の同意を得なければならないとされています（民法５条１項）。民法上の未成年は2022年４月１日から18歳未満になると定められましたが（改正民法４条），法律行為とは，売買契約や，賃貸借契約など，主に財産に関する法的効果を発生させるものです。これに対し，氏の変更（民法791条１項），自らが養子となることの承諾（同法797条），遺言（同法961条）などについては，身分行為と言われ，法律行為とは異なり，いずれも15歳から保護者の同意なくできるとされています。民法の身分行為の考えが一つの根拠ともなり，肖像権やプライバシー権のような自らの情報のコントロール権については，15歳以上であれば単独で処分できるものと考えられています。

4．国や地方自治体，諸外国の対応

　下級審の裁判例（名古屋地判平18・12・７判時1973号98頁）では，15歳の少年のプライバシーにかかわる内容についてのテレビでの放送について，母親の事前の同意は，取材や放送を適法とする根拠とはならないと認定したものがあり

ます。この事件は，事件当時未成年であった原告がいわゆる引きこもりの状態にあったところ，そのような者に対する矯正教育・指導を標榜する被告会社との間で，被告会社の行為に対して，原告が損害賠償を起こした事件です。原告が問題とした被告会社の行為は複数あるのですが，その中で，被告会社がテレビ局による取材，撮影等に協力したことによって，プライバシーや肖像権を侵害する番組を放映されたという主張がありました。この事件自体は消滅時効の成立を理由に不法行為に基づく損害賠償は否定された事件ですが，判旨の中では，事前に母親の同意を得ていたことが，「本人の承諾を得ることなく，思春期である15歳の少年のプライバシーに関する内容を撮影するについて便宜を与えた行為を適法化するものとは考え難く」と述べられ，母親の同意を有効な承諾と認めず，原告のプライバシー権を侵害する違法なものとしました。

　肖像権やプライバシー権とは少し切り口が異なりますが，顔写真の個人情報としての側面を捉えても，個人情報保護法において，「親権者から同意を得る必要があるか否かは，取り扱われる個人情報の項目，事業の性質，利用目的，未成年者の年齢等を総合的に勘案して，個別具体的に判断すべきであるが，一般に12歳から15歳までの年齢以下の未成年者については，親権者から同意を得る必要がある」とされています（「個人情報保護に関する法律についてのガイドライン」及び「個人データの漏えい等の事案が発生した場合等の対応について」に関するQ＆A（1-58））。そのため，少なくとも16歳以上については，親権者からの同意を要件としていません。また，多くの地方自治体は，未成年者の法定代理人からの開示請求の取扱いについての報告書や取扱要領の中で，開示対象者が15歳以上である場合，その親による請求や親に対する開示を認めない，あるいは，未成年者本人に対し開示についての同意の有無や範囲，その理由等の意見を聴くものとする方針を取っているようです（参考：長野市HP「自己情報の開示について」。なお，Q15参照）。海外においても，欧州一般データ保護規則（GDPR）では16歳未満（または加盟国が設定する年齢）の場合には保護者の同意が必要とされています。処分権限を15歳からとするか，16歳からとするかについての評価は多少異なりますが，個人情報の処分権限は概ね15〜16歳付近が分水嶺といえます。

5．本設問について

　以上を前提にすると，大会での入賞の様子を紹介する，という目的で，本人の肖像をアップロードするという行為は，16歳以上と思われる本人が同意している以上，違法性はないと評価され，保護者からの削除請求や損害賠償といった法的請求は認められないという結論になるのが妥当といえます。もっとも，ある特定の年齢であれば問題ない，と明確に定めたルールは今のところありません。そのため，結果として，違法ではなく，保護者の請求は認められないとされるとしても，無用なトラブルは避けるべきです。

　そのため，本人が特定できる形でウェブサイトやSNSの公式アカウントなどにアップロードする場合には，本人の同意に加えて，保護者からも同意を取ることが安全と考えます。具体的な対応策としては，入学時や進級時に肖像権やプライバシー権について同意書を取得するとともに，実際にアップロードする際には再度本人，保護者に確認をするなど，慎重な対応が望ましいと考えます。なお，本設問では保護者からの削除請求でしたが，同様の問題として，保護者から生徒本人の情報についての開示請求について，保護者の請求のみで応じてはならず，本人の確認を取ることが必要となるという点にも注意が必要です。

COLUMN 5

通信制高校の今

1　通信制高校の特徴

　通信制高校の特徴は，なんといっても通学しなくてもよいことです。登校日（スクーリング）は最短で年間 4 日，通常の高校と同様 3 年で卒業できます。その特徴もあり，人と接することが苦手で高校に行けなくなってしまった生徒や，他にすべきことがあり，通学の時間が取れない生徒も多く在籍しています。登校日の少ない通信制高校ですが，なぜか制服もけっこう売れているらしく，スクーリングの際に使用するほか，親戚の集まりや冠婚葬祭で使えることも理由のようです。

2　通信制高校の変化

　当初は不登校の生徒の受け皿として開始された通信制高校ですが，最近では，テニスやゴルフといったスポーツ選手，さらにはアイドルやモデルなど芸能活動を行う生徒も多く所属するようになっています。専門的な学習・活動を行えることに加え，練習時間や活動時間が取れることが大きな理由のようです。プロのスポーツ選手を目指していたけれど，ケガで引退し，進学に切り替え，医学部に合格した生徒もいるようです。

3　これからの通信制高校

　昨今さかんに取り上げられているのが「eスポーツ」コースです。eスポーツは，「エレクトロニック・スポーツ」の略で，コンピューターゲームを使った対戦をスポーツ競技として捉えるものです。昨今ゲームの時間が条例で規制されるなど，ゲームについては賛否両論あるところですが，eスポーツ市場は爆発的に拡大しており，国内外で大きな大会も開かれるようになっています。eスポーツコースは，引きこもりなどの生徒をサポートしたいという発想から設立されたようですが，通信制高校と相性が良く，生徒数も年々増加しています。海外での大会に備え，英会話の授業や，相手の心理を読むため心理学の授業も実施されるなど，本格的な指導がなされています。

　こんなエピソードもありました。eスポーツコースの生徒が海外の学生との交流戦に参加することになりました。場所は海外，しかもヨーロッパの大都市。生徒のご両親は，人込みが苦手でずっと引きこもりだった自分の子が海外に行けるのか，と心配しながらわが子を送り出しました。結果，帰ってきた生徒は両親の前で「すごく楽しかった。また海外に行きたい。」と目を輝かせながら語り，ご両親はその場で泣き崩れたそうです。通信制高校は以前のような消極的な選択肢から積極的な選択肢と変わりつつあるように感じます。

索　引

《監修者紹介》

日本組織内弁護士協会（JILA）
Japan In-House Lawyers Association

　日本組織内弁護士協会（JILA）は，組織内弁護士およびその経験者によって2001年8月1日に創立された任意団体。組織内弁護士の現状について調査研究を行うと共に，組織内弁護士の普及促進のためのさまざまな活動を行うことにより，社会正義の実現と社会全体の利益の増進に寄与すること，および会員相互の親睦を図ることを目的としている。

　現在の会員数は1,817名（2020年11月30日時点）。全会員向けのセミナーやシンポジウムの開催，会報誌や専門書の発行，各種政策提言などを行っている。また，全会員が所属する業種別の10の部会，任意参加の11の研究会，関西支部，東海支部，中国四国支部，九州支部の4つの支部などを通じて，多様な活動を展開している。

　主な監修・編集書籍に，『〔改訂版〕契約用語使い分け辞典』（新日本法規出版，2020），『公務員弁護士のすべて』（第一法規，2018），『事例でわかる問題社員への対応アドバイス』（新日本法規出版，2013），『最新 金融商品取引法ガイドブック』（新日本法規出版，2009），『インハウスローヤーの時代』（日本評論社，2004）がある。

《編者紹介》

河野　敬介（こうの　けいすけ）

JILA第6部会所属
テルモ株式会社知的財産部　弁理士
2001年　株式会社日立製作所入社。知的財産権本部配属（〜2006年）
2013年　弁護士登録（2020年登録抹消）
2013年　国立大学法人千葉大学入職。特任准教授就任（〜2020年）
2020年　テルモ株式会社入社。知的財産部配属。

神内　聡（じんない　あきら）

JILA第4部会所属
本郷さくら総合法律事務所　弁護士
兵庫教育大学　准教授
2010年　弁護士登録
2012年　東京都の私立中高一貫校にて教員を兼務（〜2020年）
2020年　兵庫教育大学大学院教育実践高度化専攻学校経営コース　准教授
〈主要著作〉
『学校弁護士　スクールロイヤーが見た教育現場』（KADOKAWA，2020）
『スクールロイヤー　学校現場の事例で学ぶ教育紛争実務Q＆A170』（日本加除出版，2018）
『学校内弁護士（第2版）』（日本加除出版，2019）
『新しい学校法務の実践と理論』（共著，日本加除出版，2015）

《著者紹介》

明谷　早映子（あけたに　さえこ）

JILA第４部会所属
東京大学大学院医学系研究科　博士（理学）・弁護士
東京工科大学　客員教授
2003年　産業技術総合研究所入所（〜2006年）
2013年　弁護士登録
2014年　知財系法律事務所入所（〜2014年）
2014年　東京大学入職
〈主要著作〉
「東京大学の利益相反マネジメント」産学連携学13巻２号
Aketani et al. 'Syntheses and structure-activity relationships of nonnatural β-C-nucleoside 5'-triphosphates bearing an aromatic nucleobase with phenolic hydroxy groups: Inhibitory activities against DNA polymerases' Journal of Medicinal Chemistry 45（25）, 5594-5603, 2002.
「日本の大学における実効的かつ効率的な利益相反マネジメント」産学連携学17巻１号

足木　良太（あしき　りょうた）

JILA第３部会所属
ブロードメディア株式会社　法務部長　弁護士
2009年　弁護士登録
　　　　ブロードメディア株式会社入社
〈主要著作〉
『業種別ビジネス契約書作成マニュアル』（共著，日本加除出版，2015）
『インターネット新時代の法律実務Ｑ＆Ａ（第３版）』（共著，日本加除出版，2017）
『AIビジネスの法律実務』（共著，日本加除出版，2017）

岩永　愛（いわなが　あい）

JILA第４部会所属
2007年　弁護士登録

岡田　常志（おかだ　じょうじ）

茅ヶ崎市教育委員会　法律専門職（弁護士有資格職員）
2016年　弁護士登録
　　　　弁護士法人北千住パブリック法律事務所　入所（〜2018年）
　　　　NPO法人「ストップいじめ！ナビ」弁護士チーム　所属
2019年　茅ヶ崎市教育委員会　任用
〈主要著作〉
『スクールロイヤーにできること』（共著，日本評論社，2019）

幸田　宏（こうだ　ひろし）

JILA副理事長・第4部会長
さいたま市　弁護士
1998年　東京都庁入庁（〜2012年）
2014年　弁護士登録
　　　　さいたま市役所入庁
〈主要著作〉
『Q＆Aでわかる業種別法務　自治体』（共編，中央経済社，2019）
『隣地をめぐるトラブル予防・解決文例集―筆界・所有権界，道路・通路，近隣紛争―』（共編著，新日本法規，2020）
「公務員懲戒処分と争訟法務」都市問題2019年12月号
「はんれい最前線」判例地方自治383号〜（共同執筆）

児玉　洋子（こだま　ひろこ）

JILA第4部会所属
弁護士法人アルタイル法律事務所　弁護士
厚木市 教育総務課 主幹（教育法務担当）
2007年　弁護士登録
　　　　弁護士法人東京フロンティア基金法律事務所入所
2009年　石西ひまわり基金法律事務所入所
2015年　弁護士法人アルタイル法律事務所入所
　　　　エセックス大学人権センター客員研究員（〜2016年）
2018年　厚木市入庁

櫻井　俊宏（さくらい　としひろ）

JILA第4部会所属
学校法人中央大学　法実務カウンセル弁護士
弁護士法人アズバーズ　代表社員弁護士
2009年　弁護士登録
〈主要著作〉
「『ながら運転』の厳罰化など〜道交法が改正されました」企業実務2020年4月号
『業績悪化に対応〜家賃減額についての法律問題を考える』企業実務2020年10月号

髙橋　博丈（たかはし　ひろたけ）

よこはま第一法律事務所　弁護士
川崎市教育委員会　法律相談弁護士
2014年　弁護士登録
　　　　よこはま第一法律事務所入所
2019年5月〜　川崎市教育委員会非常勤嘱託員（現会計年度任用職員）任用

武市　尚子（たけいち　ひさこ）

JILA第4部会所属
弁護士，千葉大学客員准教授
2013年　弁護士登録
　　　　黒木法律事務所入所
2015年　東京女子医科大学入職
〈主要著作〉
「事故発生時の初期対応マニュアル」病院安全教育2017年12月号
「内部通報制度とリスク管理」クリニシアン673号

竹山　太郎（たけやま　たろう）

JILA第6部会所属
弁護士法人SACI　京都アカデミア法律事務所　弁護士
2015年　弁護士登録
2016年　国立大学法人京都大学産官学連携本部法務部門入職

土井　健太郎（どい　けんたろう）

JILA第4部会所属
明石市　弁護士
2009年　弁護士登録
2015年　明石市役所入庁
〈主要著作〉
「教育分野における法曹有資格者の活用について」自治体法務研究60号

名取　恭子（なとり　きょうこ）

JILA第3部会所属
株式会社ベネッセコーポレーション　法務部　弁護士
2015年　弁護士登録
　　　　村越法律事務所入所
2016年　丸の内総合法律事務所入所
2018年　株式会社ベネッセコーポレーション入社
〈主要著作〉
『一問一答　金融機関のための事業承継の手引き』（共著，経済法令研究会，2018）

秦野　真衣（はたの　まい）

JILA第4部会所属
弁護士法人イノベンティア　弁護士
2013年　弁護士登録，法律事務所勤務

2015年　国立大学法人京都大学総務部入職
2019年　弁護士法人イノベンティア入所

兵頭　勇一郎（ひょうどう　ゆういちろう）

国立大学法人京都大学総務部　弁護士
2013年　弁護士登録，法律事務所勤務
2017年　国立大学法人京都大学総務部入職

福岡　充希子（ふくおか　みきこ）

JILA第3部会所属
株式会社ベネッセスタイルケア　法務1部　弁護士
2009年　弁護士登録
　　　　西村あさひ法律事務所入所
2012年　株式会社ベネッセコーポレーション入社
2017年　株式会社ベネッセスタイルケア出向
〈主要著作〉
「インハウスローヤーとして輝く（特集 法を学び，法曹をめざしてみませんか?―活躍する法曹たち：弁護士編）」法学セミナー2015年5月号
「消費者問題法律相談ガイドブック［全訂版］」（共著，第二東京弁護士会消費者問題対策委員会，2020）

真喜志　ちひろ（まきし　ちひろ）

JILA第6部会所属
虎ノ門総合法律事務所　弁護士
2017年　弁護士登録
2018年　医療法人社団さくら会入職
2020年　虎ノ門総合法律事務所入所

水谷　幸治（みずたに　こうじ）

JILA第4部会所属
シティユーワ法律事務所　弁護士
2007年　弁護士登録
2008年　シティユーワ法律事務所入所
2015年　学校法人早稲田大学出向（～2016年）
〈主要著作〉
「【特別企画】シェアリングエコノミーのトラブル対策　事例検証①"場所のシェア"」ビジネス法務2019年1月号

道田　旭彦（みちだ　あきひこ）

JILA第４部会所属
国立大学法人京都大学総務部　弁護士
2015年　弁護士登録，法律事務所勤務
2016年　国立大学法人京都大学総務部入職

壬生　百香（みぶ　ももか）

JILA第４部会所属
早稲田リーガルコモンズ法律事務所　弁護士
2013年　弁護士登録
2017年　学校法人早稲田大学出向（～2020）
〈主要著作〉
「商標法第３条第１項第３号と独占適用性（上）」特許ニュース2014年６月24日号
「商標法第３条第１項第３号と独占適用性（下）」特許ニュース2014年６月25日号

山下　晃男（やました　あきお）

JILA第４部会所属
弁護士法人SACI　京都アカデミア法律事務所　弁護士
2015年　弁護士登録
　　　　国立大学法人京都大学産官学連携本部法務部門入職
〈主要著作〉
『Q&Aでわかる業種別法務　医薬品・医療機器』（共著，中央経済社，2019）

吉岡　真理（よしおか　まり）

JILA第４部会
吉岡法律事務所　弁護士
東京弁護士会所属
2012年　弁護士登録。都内法律事務所で勤務。
2016年　厚木市教育委員会にて教育法務担当の職務に従事（～2018年）
2018年　吉岡法律事務所開設。

吉野　夏己（よしの　なつみ）

JILA第４部会所属
岡山大学法科大学院教授（元岡山大学副学長）・弁護士
1997年　弁護士登録
2004年　岡山大学大学院法務研究科准教授
2010年　同教授
2016年　岡山大学副学長（～2019年）

〈主要著作〉

『紛争類型別行政救済法』（成文堂，2012）

『憲法　事例問題起案の基礎』（共著，岡山大学出版会，2018）

『よくわかる地方自治法』（共著，ミネルヴァ書房，2009）

『憲法』（共著，不磨書房，2008）

「『現実の悪意』の法理の再構成」法学セミナー780号（2020）

「アメリカ合衆国の民事名誉毀損訴訟における非自発的公的人物概念と表現の自由」『岡山大
　　学創立60周年記念論文集』（有斐閣，2010）

「スラップ訴訟と表現の自由」岡山大学法学会雑誌67巻3・4号（2018）

Q&Aでわかる業種別法務

学校

2021年2月15日　第1版第1刷発行

監　修　日本組織内弁護士協会
編　者　河　野　敬　介
　　　　神　内　　　聡
発行者　山　本　　　継
発行所　㈱中　央　経　済　社
発売元　㈱中央経済グループ
　　　　パ　ブ　リ　ッ　シ　ン　グ

〒101-0051　東京都千代田区神田神保町1-31-2
電話　03 (3293) 3371 (編集代表)
　　　03 (3293) 3381 (営業代表)
https://www.chuokeizai.co.jp
印刷／東光整版印刷㈱
製本／誠　製　本　㈱

© 2021
Printed in Japan

＊頁の「欠落」や「順序違い」などがありましたらお取り替えいた
しますので発売元までご送付ください。（送料小社負担）
ISBN978-4-502-36901-8　C3332

書籍紹介

日本組織内弁護士協会 〔監修〕
「Q&Aでわかる 業種別法務」シリーズ

Point

・法務の現場で問題となるシチュエーションを中心にQ&Aを設定
・執筆者が自身の経験をふまえて,「実務に役立つ」視点から解説
・参考文献・関連ウェブサイトを随所で紹介。本書を足がかりに,
　さらに理解を深めるための情報を提供しています。

銀 行
桑原 秀介・西原 一幸 〔編〕
A5判・280頁・3,200円＋税

不動産
河井 耕治・永盛 雅子 〔編〕
A5判・284頁・3,200円＋税

自治体
幸田　宏・加登屋　毅 〔編〕
A5判・280頁・3,200円＋税

医薬品・医療機器
岩本 竜悟 〔編集代表〕
平泉 真理・水口 美穂・三村 まり子・若林 智美 〔編〕
A5判・296頁・3,300円＋税

証券・資産運用
榊　哲道 〔編〕
A5判・252頁・3,200円＋税

製 造
髙橋 直子・春山 俊英・岩田　浩 〔編〕
A5判・280頁・3,200円＋税

中央経済社